"十一五"国家重点图书出版规划项目

北京市社会科学理论著作出版基金重点资助项目

启 功 全 集

（修 订 版）

第 十 卷

书 信

日 记

北京师范大学出版集团

BEIJING NORMAL UNIVERSITY PUBLISHING GROUP

北京师范大学出版社

图书在版编目（CIP）数据

启功全集（修订版）. 第10卷，书信、日记 / 启功著. —北京：北京师范大学出版社，2012.9

ISBN 978-7-303-14712-0

Ⅰ.①启… Ⅱ.①启… Ⅲ.①启功（1912—2005）—文集②启功（1912—2005）—书信集 ③启功（1912—2005）—日记 Ⅳ.①C53②K825.72

中国版本图书馆CIP数据核字（2012）第 181734 号

营 销 中 心 电 话	010-58802181 58805532
北师大出版社高等教育分社网	http://gaojiao.bnup.com.cn
电 子 信 箱	beishida168@126.com

QIGONG QUANJI

出版发行：北京师范大学出版社 www.bnup.com.cn
　　　　　北京新街口外大街19号
　　　　　邮政编码：100875
印　　刷：北京盛通印刷股份有限公司
经　　销：全国新华书店
开　　本：170 mm × 260 mm
印　　张：372.5
字　　数：5021千字
版　　次：2012 年 9 月第 1 版
印　　次：2012 年 9 月第 1 次印刷
总 定 价：2680.00 元（全二十卷）

策划编辑：李　强	责任编辑：李　强　王　强
美术编辑：毛　佳	装帧设计：李　强
责任校对：李　菡	责任印制：李　啸

启功先生像

目 录

书 信

日　记

書信

1. 致陈垣 2通

（一）

再启者：晨间奉手教，如钦提命。知墨井册是伪物，证据确然，实一快事。同时所见另一横方册（无年月者），以笔墨观，与故宫藏大册相近，似不甚恶，惜无资料足供引据耳。今自吾丈钧著刊行，恐将平添若干墨井赝画。俫有友人好摩古作伪，晋铎纪念册终不敢示之也。俫功又上。

（1937年）

（二）

援老世伯大人台座：

违教多日，惟道履安胜。启者：昨于固始张效彬先生玮镜菡榭中，见墨井真迹，绢本立幅确无可疑，谨录原题奉上，不知足入年谱否？又于日本影印《宋元明清名画大观》中，见一卷是吴中吴湖帆先生梅影书屋所藏，缩小过甚，画笔已不可辨，谛玩其题字，亦殊不类其他画所题，不知其辞句内容有无关系？故一并录上也。专此敬请

文安！

俫功再拜廿四日

雨过遥天水气腥，树连僧屋雁连汀。松风谡谡行人少，云白山青冷画屏。忆予戊申嘉平赞侯四兄同客淮上索画，此幅匆匆未能即应，忽又三年矣。今归虞山，聊写大痴遗意，殊惭效颦耳，庚戌闰春吴历。

右张氏藏

甲寅秋日仿方壶笔意于饮绿山房，适篱菊初开，颇有佳兴，渔山吴历。

右吴氏藏

陈垣（1880－1971），字援庵，广东新会人。中国历史学家、教育家。曾任京师图书馆馆长、故宫博物院图书馆馆长、教育部次长、辅仁大学校长、北京师范大学校长。

2. 致刘贡扬 1通

贡翁仁丈台座：

　　违教经年，时深驰系，敬维杖履增胜，当如私祝。今年厂甸百物冷落，虽屡游观，一无所得。吾丈想有同感焉。前者携去影本千文，不知尚有需用处否？如已用完，敢祈遒和兄便中掷交校中教员休息室，功当祗取。此种印本市场近恒见之，五洲书局曾见二种，一种无跋薄本，印刷相同，索价颇廉，册本较昂，敢以奉告。拙作一篇是校中讲演稿，谈草书，多谬见，附函呈览，敬求海正。专此不尽，即颂

福安，并叩

春禧！

晚 启功 顿首再拜 上元后二日

（1943 年 2 月 23 日）

　　刘毓瑶（1888—1970），字贡扬，号讷庵，天津杨柳青人。宣统年间，京师大学堂预科毕业。对金石文字、古碑帖有较深研究。

3. 致初大告　1通

尊敬的大老先生：

侯、胡两位同志转来华章，拜读之馀，仰见雅音高迈，逸韵宏深，且于母校之感情弥挚。于此可征先生树人育材之愿，与振兴文化之心，与山岳齐崇焉！

钧作谨请重挥椽笔，再付我校同志，印入纪念刊物，俾得流传永永。无任欣忭企盼之至！

春寒未减，伏惟千万珍摄！

专肃敬颂

撰安！

后学 启功 敬上 一九八二·二·九

附：初大告先生诗

北京师范大学建校八十周年纪念

巍峨庠序建功长　培育英才秉义方

识博德高师道重　乐群敬业学风昌

毅推万众臻尧舜　筹运百科跻富强

慈范光荣登八秩　莱衣拜祝寿无疆

一九二六年北京师大第一届英语研究科毕业生初大告敬献

一九八二年十月十二日于北京时年八十五

初大告（1898－1987），山东莱阳人，北京外国语大学教授。1945 年 9 月 3 日与许德珩、潘菽等民主人士一起筹建了九三学社。

4. 致林散之　1通

散之先生函丈:

久钦山斗,瞻近无缘。累奉惠赐书画,敬悬斗室壁间,起居瞻对,如承提命,攻错他山,获益深厚。且蒙以长句赐题大作,讽诵回环,精醇莫喻,此种分量求之元明诸家,无可擅相比拟者,有清六家更无论矣。石溪画笔略近椽毫,而题咏惜时杂禅和子气,后学妄论,敢求棒喝,亦足见景慕之深,所陈难尽百一耳。功十馀年来痼疾纠缠,至为苦痛,去冬住进北大医院,经四阅月,今春出院后,病况略减,所谓略减者,只是发病距离较长,发时情况较轻而已。然所苦不但不能根除,且不能多看书,尤不能深思构思,稍久立致发眩。最近一月馀又有增重之势。医有新方,即服长效硝酸甘油,此亦救急之法,非长久之计也。友朋书问,每致稽延,盖过简不足申怀,稍详便忧病作,而修敬久阙,亦直此故。伏维杖履增胜,诸符颂祷,又闻寄兴挥毫不殊凤昔,此上寿之征,亦颐养之有素也。功生于壬子,今始六十过三,而衰病侵寻,已竟若此,所恨不能日侍笔砚时获箍棰,则十年凤疾不愁不涊然汗出而霍然病已也。未悉尊址地名,敬肃寸笺,由韩瀚同志、田原同志代呈。功昔曾略学吟咏,每苦贻笑于人,积压敝箧中,未尝敢录之行卷,今拟于贱疾得间之时,誊写入卷,就正宗匠。又先祖昔在安徽,曾制墨数种,今获什袭数铤,因韩瀚同志行期在即,不敢烦其代发邮裹,请俟获得详细通讯地址迳为邮寄,以为笔砚之助,倘蒙恕其烦渎,当时修笺牍,以求教诲。头昏笔战,纸短意长,瞻望南天,不胜依泝,专此敬叩
万福

后学启功谨上　七月廿四日
(1975 年)

林散之(1898—1989),安徽和县人,江苏省国画院画师,曾任南京书画院院长,第五、六届全国政协委员。

5. 致方介堪 2通

(一)

介堪先生:

抗日战争之初,台从寓北京同梓胡同张八先生之家,功曾趋承教益,今已将近卅年。敬闻杖履安胜,又见铁笔,腕力千钧,最具大年之征。承惠刻贱名诸印,顿使拙笔增辉,感佩莫可言状!谨具菲仪,付邮寄上,敬希哂纳!昨晚王湜华兄已将原石交下,寿山青田,石材精美,更劳分神代购,尤深惶悚!尚有闲章数种,容当另寄石章,再恳奏刀。功有旧印(先生曾赐刊元白居士朱文一印,又启元白圆牙章一件,俱谨保存无斁),多是居士道人之类,今俱不可钤用,又友人每以大幅见命,昔日小印,亦不足镇住篇幅矣。馀容续陈,肃候

台绥!

启功 谨上 六日

(二)

介堪先生坐右:

拜读手教,已深欣忭,又瞻玉照,更见精神矍铄,极慰下怀!承惠以天山高岭石治吉语印,贱体久婴痼疾,蒙此嘉贶,不啻上林僵柳,又有复起之望矣。感荷之情,曷可言宣!近拟摄取鄙像,寄呈几下,以代面谒。以前此所摄,皆电车月票上所贴之快像,头如指顶大,面目全非,不堪仰对台览也。

所示制纽之事,前承赐治诸印,已极精美,不敢复劳郢匠之斤,且寄递往返,更多周折,故拟俟诸异日。惟于此事,窃见先生目力之明,尤堪喜慰者也。近日每有朋友嗜痂,下索拙书,因而印章日形短绌,前求诸刻,仍有不敷用处,尚拟再渎清神,赐治数枚。唯印文尚未想好,一俟拟出,即行奉恳,恐石章仍须奉求代办,北京现无前赐之佳品也。匆此申谢,并颂

撰安!

晚学小弟 启功 谨上 五日

方介堪(1901-1987),原名文渠,字溥如,后改名岩,字介堪,以字行。著名篆刻家。曾任西泠印社副社长。

6. 致台静农 1通

伯简先生台座：

倭乱虽平，依然离阔。建公归来，藉悉尊况胜常，为之欣慰。今夏闻公从有北来之讯，而又不果，为之怅怅。弟教书之外，惟以涂抹骗钱，所画致无一笔性灵，诚可哂可叹！前青峰传达雅命，见索拙笔，苦无惬心之作以副知己，不尽关懒惰也。弟前因临摹《急就章》学其草法，遂集众本，较其异同，材料渐多，不觉成篇，发表于《辅仁学志》，谨附函寄上一份，致希破格指正，勿稍客气。今春多暇，作诗数首，容别写呈；拙画即当著笔续寄。日日停电，油灯昏黑，小窗秋雨，倍增怀人之念！建公处亦有一书，霁野、诗英两公想常晤面，希为致声。讲授之暇，何所遣兴，至盼时惠宝翰，以代晤语。专此，即颂

撰安！

弟 功 谨上 中秋前一日

前得小铜印，人言是秦铢，不知确否。印呈一粲。

（1947 年 9 月 28 日）

台静农（1902—1990），字伯简，安徽霍邱人。作家、书法家。早年系"未名社"成员。曾任台湾大学教授。

7. 致锺敬文　1通

静老：

前黄公与公命功撰稿，迟于交卷，今已脱稿，呈上请与黄公审阅。

昨日见新华社陈铭同志，谈及我公所约之稿，即是《文存》，乃陈公经手者，他因直接向功索要，功以必经二公经眼始能给他。因将此稿奉呈，功拟于明日上午趋谒面谈，因明晚陈到舍下，如可用，即交他了。他说已去电报，使刊物付型缓发一两天。

拙稿有需改处，即请直接笔削也！

敬礼！

启功　上言　廿日

锺敬文（1903—2002），原名锺谭宗，广东汕尾海丰人。我国民俗学家、民间文学大师、现代散文作家。与顾颉刚等人组织了民俗学会。曾任北京师范大学教授。

8. 致董寿平　1通

寿平先生：

《傅山画集》已交，红卫兵战士为开了带公章的收据，上款是给荣宝斋文革的，《傅山书画选》亦开了收据，是给私人的。

功自前日重感冒，发烧 39.1 度，今尚未全退。收据容亲自送上，不敢附入信函，恐有遗失。

两位战士指出：您前写的材料过简，因您于此事有上下牵线的重要关系，前写材料不够详尽，战士们在山西所知比您写的还多，故此要您速写一份详尽的，速寄太原市山西社会主义学院主楼 416 室清华大学井冈山野战军邢晓光同志收，愈速愈好，此致
敬礼！

启功

1966. 12. 5

董寿平（1904—1997），山西洪洞人，书画家，曾任荣宝斋编辑，中国美协会员，第五至第八届全国政协委员，全国政协书画室副主任。

9. 致陆宗达　1通

颖老先生：

　　贵恙大痊，甚为欣慰！兹有鲍文卿同志拟奉访一谈，敢希惠予延见。鲍同志系外文局《中国建设》之编辑、记者，为报道专栏之名作家。采访名流，积稿甚多，皆曾在国内外发表。因仰我公为今学术界之灵光，亟有报道之必要。渠与功相稔颇深，知公初占勿药，亦不敢久事打搅，暂作望门识荆，以后何时可以详谈，敬请当面指示。陆晏工作能力极强，深为同志称许，附此奉贺！真"强帅手下无弱兵"也。春寒仍望多加珍摄！功节前大病，感冒未愈，未敢躬叩起居。稍痊当趋诣承教！

弟　功　敬上　初五

　　陆宗达（1905—1988），字颖民（一作颖明）。浙江省慈溪人。训诂学家。曾任北京师范大学教授。

10. 致张中行 4 通

（一）

中行大德吾师侍者：

昨夕拜奉寄赐近著《负暄琐话》，捧读回环，不能释手，及至终卷，已晨四时余矣。午十二时半起床，不待盥漱，亟具寸笺，以申受教之益。昔人云：嬉笑之怒，甚于裂眦，长歌之哀，过于痛哭。此书小中见大，淡中见浓，摸老虎屁股如摸婴儿肌肤（此喻不全，应增解剖狮子如解剖虱子耳）。世间苦寒无常，悉成乐国仙奏。弟子亦因此而悟所谓雅人深致者，只是不屑理他罢了。至于吹毛之求，略有一端。人生年岁各有其数，北大先师寿夭不齐，每以某人为玉尺。谓某人长其一岁，某人少其二年，则未免近乎以某人为中心之嫌矣。夫某人固有其佳处，如弟子最爱狗，如不知其为猎狗时，无不可爱，然当其在鹰下奔驰，深承猎人叱斥时，则但觉其肉之香，而不见其皮毛之光泽矣。公之大作一出，如佛按指，海印发光。弟子謇言一出，则轮回振动，泥犁门启焉。仍丐慈悲惠为忏悔也。书中多弟子亲炙承教之人，讽读高言，未免使人肝肠易位。其中果位不同，所敢言者，无佛则已；如有佛而可以人身成者，唯李夫人王氏一人而已。纸短情多，诸容续具，谨求棒喝。恳勿示人。即请

道安！

弟子沙弥 功 和南 十月廿七日阴历也

（1986 年）

（二）

中翁大德侍者：

您把沙弥害苦了！又一夜没睡着，反复拜读大"话"，怎么那么短！何时出续集？我把馀生看书精力存着攒着，以待多看续"话"！

世间"如火如荼"、"你死我活"、"天大地大"、"理气性命"等等等等的事，都在拈花一笑中。好像著笔时唯恐一字落言诠者，所说分明梦境，给人印象却是"至人无梦"。以文境论，只有《红楼梦》庶几可上媲大"话"耳！

张中行（1909—2006），原名张璇，河北香河人，作家。1935 年毕业于北京大学中国语言文学系。曾任人民教育出版社编辑、特约编审。

昨上芜笺，有迁怒处，在海印光中，自惭形秽矣！

是史、是诗、是史诗、是诗史，怎说都行，仍不得已而借引得烂了的一句话："无韵离骚"。其意可取，其辞已被引腐，不以辞害可乎？

一块发硬处，亦实是骨鲠在喉不得不吐者，唯"信而好古"一章。敢贡一转语：一日章伯钧宴客，先出一伪画，挂于壁上曰："此幅买价甚廉，你们随便说假可也。"客为一笑，于是一席间所阅之画无非真迹矣。

略有校对小误："故事新编""故"误植"政"；归懋仪章有"某某小阮"四字中间误植一顿；"不为无益之事"二句，似出庄子，其人名下脱"引庄子"三字。则真无关大事者。可能尚有他误，容当续禀。（此是仙乡何处之银闸人语。）

前函妄评无佛则已，有则必为李夫人王氏。今补一句云：无仙则已，有则必为中翁大德也。再申之：所谓仙，非飘飘然向上飞升之物，乃热极成冰者，乃蔑视宇宙者，乃游戏人生者。孙以悌章阐透至理，惟能解剖孙氏者，才能成此大"话"焉，未知然否？敢求得捧吃！

娑诃！

沙弥 功 合十 一日

（1986 年）

（三）

中老大德侍者：

捧读法语，有入厨治庖话头，所期过殷，岂悬椎钝根如小子者所堪胜任！出版物误字二十处即可占中等，其要求未免稍苛。以小子观之，印出书来，即是上等，即使二百处，不过二百条勘误表，又有何难哉！闻有改型之望，则更值得额手，"是故应顶礼"者，此之谓也。

"不为无益之事，何以悦有涯之生"。诚非庄子之语，顷从李文石《无益有益斋读画诗》序中说：见到二语实出张彦远《历代名画记》（颇疑有法书要录之可能），张引陶隐居论书之语如此，则是陶氏之论也。亟以奉闻，以当芹献！

顷周正逵同志见访，言及我公将鄙札置之镜框中示众，谨此叩求，赶紧撤下，则"福聚海无量"矣！其中颇有"不妥"之语，如在"革"中，便是"不法"，安有人而敢于以身试法乎？故亟盼速予撤下，且勿示人，至叩至叩！匆此敬颂

炉安！

沙弥 功 合十 十七日

（1986 年）

(四)

仲老先生：

违教又多日，想手稿又积盈尺矣。前稿二种想有消息，如境外出版或更快些，但进口则须纳税矣。记得《说禅》似是港版，近日如何，敬念！张铁铮垂询盛伯羲事，及具笺奉复，又失去其地址，只得求您费神赐转一下，叩头叩头！

弟 功 敬上 三日

11. 致铁铮 1通

铁铮先生：

手教敬悉，承询盛昱事。按盛为清肃王豪格派下宗室，字伯曦，亦作伯羲，号意园，某科翰林，官国子祭酒，著有《意园文略》、《郁华阁遗集》等。大略如此，不知足以解决问题否？即颂
撰安！

弟 启功 敬上 三日

铁铮，疑为原全国政协常委李铁铮（1906－1990），著名藏学家，教授。汉族，湖南长沙人。

12. 致潘伯鹰 2 通

(一)

伯鹰先生座右：

持读教言，并乔先生印脱二册，祗悉一一。前由黄苗子先生交下尊笺一面，以拙笔久荒，又为宗匠奏技，"气焰摄人"（米帖中语），故逡巡未敢下笔，本拟书成一并奉复，奈季末工作奇紧，竟未克如愿，谨先奉寸笺，大篇留作献岁之信。大作乔先生传记，柔亦不茹、刚亦不吐，（并藉以形容大作风格，不仅上赞道履也。）此二册自签题至印刷装订，无不精美，忆昔人论五律四十字中著不得一个俗人，可以移书册尾也。赐询拙作"戾家考"一稿事，此稿夏日呈稚兄审定，蒙提出意见，非常恰当，本拟即时修改，不意拖延至今，兹当乘寒假之暇，力疾修改，誊清后，先呈法鉴，以便再加遵改，其于寡误。近获读大著"中国书法简论"，如聆謦欬，如观挥洒。而深入浅出，虽为初学说法，实则陈义甚高，即已入门者，亦须佩诵。册后插图，尤多珍品。最可羡者，如宋拓各帖，多属孤本，不知将来是否有影印流传之望耳？

引据古人论著，有若干条末学不知出处，俟摘录誊正，另函请教。去年曾为平复帖试作考释，附印于新版平复帖之后，因当时出版社索稿匆迫，不及先呈审订，今虽已刊成，仍可争取再版修改。谨将抽印之考释部分附函请教，务希不吝珠玉，赐以斧削！夏间有书局亦约弟写一谈书法之小册，当时因工作紧迫，（选注讲义"散文选"，）未能即时著笔，今读大著，可谓"真者在前"，拙笔更无从提得矣！

尊恙想已大瘥，惟此类慢性之症，总宜随时珍摄，不可疏忽。侧闻黄兄言：在医院修养时，仍不废吟咏，想雅怀逸兴，固有益于精神之恢复，实为摄卫之一端，但亦望多加注意也。又闻中药参类，于恢复巩固肝炎疗效最利，想多闻夙知，不知曾试用否？匆此肃候，并申谢悃，不尽百一，既颂

道安

弟功谨上 一月十四日

潘伯鹰（1898—1966），安徽怀宁人，名式，号凫公。同济大学教授，是近代"二王"书风的追崇者。著有《中国的书法》、《中国书法简论》、《玄隐庐诗》等。

（二）

伯鹰先生座下：

前奉瑶函，敬悉清恙日愈，深为慰忭！当时初自川鄂归校，立即投入紧张工作及学习中，兼以感受风寒，喘嗽经久不愈，至友关怀，多相存问，我公垂注，殷切尤深，稽迟至今，始克修敬，疏慢之罪，想早在洞鉴深谅之中也！肝疾服参，非弟有何知识，只以数年前在京北乡间劳动时，有人婴肝炎之患，一人连服人参归脾丸六十丸，居然大愈，因知参与肝之有益也。近日师大周副校长因患肝炎过久，腹中长水，医院束手，弟偶与校医谈及，引起极大注意，弟谨将尊函及清恙获痊之经过详示校医，俱深惊异，闻弟校当局将设法与上海有关方面联系，向房老先生请教，唯远隔千里，诊视为难耳。又侧闻此疾不宜过劳，我公笔砚精勤，著述为乐，在颐养期间，必需节制，恐即看书亦不宜过多也。大著书法简论，已敬读不止三遍，不但评书多具卓见，而论人论世，尤多前人所未发者，按读之时，不觉时为击节，亦或会心而笑。盖此等文字，最不易写，过专则枯，过浅则薄，深入浅出，又极饶风趣，此非大匠不能办也。前谈杨少师一条，因弟曾辑抄其事迹，累盈一册，故于此一家事迹，印象稍深，偶贡蠡言，谬蒙奖饰，实于古之书家，未能一一有所探讨也。至于蔡君谟条，正是极饶风趣之处，鄙意非谓措语可商，乃觉君谟之书，似尚不克当斯艳异耳。窃谓蔡书虽美，略乏自家风貌，劲媚不如柳诚悬，侧媚不如赵子昂。于明颇似祝希哲。博学古人，俱得一似，终乏本家自得之体。谬论如此，不免厚诬古人矣，幸高明进而教之！

尊著法书赞，不悉已成多少篇？此是史笔，不是艺谭。文格淡而不轻，密而不涩，求之数百年间，未见其匹，即于金陀之作，亦有其流动，而无其率易，不知馀篇尚可获蒙赐读否？各家姓名，亦不知俱属谁何？想以人存书，当为主旨耳。去年承惠印泥，感谢莫名！经冬并未凝滞，春暖愈见匀柔，色正油和，真推极品，所愧拙笔之后，用此殊为不称耳！拙作书谱考一篇，原是旧作，文物编辑部持去付刊，知必多有差误，敬求不吝教言，剀切指正！侧知文物编辑部曾直接寄赠，因不重寄。又拙作读红楼梦劄记一篇，刊于师大学报，抽印单篇，附函呈正，此是去年为曹雪芹纪念而写之应时文字，乃学校中之任务，不足当大雅一晒，并祈予以斧削！雨夜怀人，不觉琐琐，同奉稚柳天格各一书，以报鄙况，言纵万千，不能当一握也！春暮仍寒，诸维倍加珍摄！专此敬颂

俪安！

弟功谨上　四月四日夜

13. 致施蛰存 1通

蛰老先生赐鉴：

手教敬悉，拙诗竟蒙披阅两过，深仰诲人不倦之至意，感佩何似！惟手教先到，邮包后到，今夕奉覆时，尚未获读批示也。

东书堂帖为明周王所刻，为明藩邸刻帖中最下之本。以其既翻阁帖，又搀以其他诸帖，刻工又粗，于考古、学书，两无所用。如肃帖可考阁帖，宝贤可考大观，而东书一无足资，遂不为藏家所重。如背纸有趣，不妨留置，但亦不多值也。东温夏清张猛龙，实是乾隆拓本，功昔曾于故宫见曲阜诸碑之乾隆拓本，即寰宇访碑录之唐本所据之物，温清不损，可知明拓之说不足凭也。

北京现在此类物"无价有市"，私人交往，袖金相易，无行价可言。即在琉璃厂，帖铺内行，动輒数十元，但约卅元以上者，又不轻售与一般买主，而古旧书店中，则有时有佳本，竟与帖铺定价至十倍之差。最近书店又请帖店老师傅往为鉴定，此门又复堵塞矣。

功于去年买帖店二碑，龙藏寺碑，"诸佛"下"智"字尚存者；麓山寺碑"英英披雾"尚存者，虽各有霉烂处，但其价甚廉，龙藏十元，麓山廿元。但刚刚拿到，到柜台开票，他们立刻后悔。今日则不复能得矣。以此类推，东书堂最多不宜超五元一本，张猛龙不易超五十元。是否过奢，只待法鉴斟酌。张猛龙可增，而东书堂不可增也。

虽说帖店取关门主义，但功前日竟又挖着一册龙宫寺碑，李绅撰文，比粹编多六字，石在缙云，清季已毁，此本有道光年人题跋，其价十元。此得自传闻，不知信否，先生幸有以教之。总之今日黑老虎毫无定论、定价也。

至于书法刊物，香港"书谱"，曾见去年数册，今年者尚未见，并不能满足功等程度之要求，无论先生之不过瘾矣。京中筹办刊物之说，并无所闻。上海书画社之"书法"，当阅读时，须服 VB6，以可止呕也。又闻上海书画社将出大开版之"书法"，并曾托人征稿。功以尚未见其面目，尚未敢冒然应徵。公在沪自然了解较详也。

又功曾虽以博文堂影印刘健之藏崔敬邕志细推之，知其石共廿九行，行廿九

施蛰存（1905－2003），著名作家、翻译家、学者，曾任华东师范大学中文系教授。

字，祖父二行在铭辞之后，铭文末行"哀哉"之下空廿字。倒四行"垂泪仰"仰字下，"怨亲宾"宾字下，俱有重划界线，即横线划成双行，此为判断原刻翻刻之佐证，公得之整幅拓本，视此何如？

匆促上复，不尽欲言，诸容续罄，即颂撰安！

后学启功敬上　廿七日

14. 致沙孟海　1通

孟翁先生侍右：

奉到手教并论书大稿，读之不胜景佩！此文诸论据，实具科学性，一洗世俗谬说，信属快事！功所呈照片并非珍贵之本，重劳标示，深增惭悚！前蒙惠赐珍茗，以琐事芜冗，久稽驰谢，齿颊留芬，肺俯铭感！想获遥谅其简慢之罪焉！

尊恙复查良好，至可欣慰，惟宜随时珍摄。此症有时于大者去后，偶生小者，则须再烧，勿惊诧，勿嫌烦。功有表弟曾有此症，前曾面陈其治疗经过，此其所谈者，敢以再陈。今渠已大痊，久已无须服药，且日饮白酒，亦无影响，可证此症今非难治者也。

大稿将于何处发表？想附图印出，更收并茂之效矣！匆此敬叩

撰安，并祝

新年万福！

后学启功肃上　卅一日

沙孟海（1900—1992），著名书画、篆刻家，曾任浙江大学教授，西泠印社社长。

15. 致孙楷弟 1通

子书先生：

前阅教言，于聂生尤多诲导，功亦感同在己。所谈解座文中阿婆问题。于昔日所抄材料中又寻得数处，并抄以奉览，恐已早经大著援据矣，因手边无国学季刊，前得抽印本又为学生借去，以至核校无从耳。

s.244号佛卷（此卷专抄押座文）三身押座文："今朝法师说其真，坐下听众莫因循，念仏急手归舍去，迟归家中阿婆嗔。"

同卷八相押坐文末尾曰："都讲经题唱将来"（此似可为大著中都讲唱经题问题注脚之一。）

p.2305号无常经变文（首残缺）中间有数处结束语气，但仍与下文连写。殆文虽一卷而唱时可随处截止耳。分抄如下：

1. "到彼永超生死，因兹渐得佛身，日晚且须归去，阿婆屋里乾嗔。"

2. "尚来劝他总须听，各各自家须使意，到家各自省差殊，相劝直论好底事。说多时，日色被，珍重门徒从座起，明日依时早听来，念佛阶前领取偈。"

3. "更拟说，日西垂，坐下门徒各要归，忽然逢著故醋担，五十茄子两旁箕。"

4. "更拟说，日西止，道理多般深奥义，明朝早到与君谈，且向阶前领取偈。"

5. "日晚念佛皈舍，事须传语亲属记。"（按此处二句，且上句似脱"去"字。）

6. "日晚念佛归舍去，莫交老……"（此处只二句，老字下作"……"符号。）

7. "劝即此日申间劝，且乞时时过讲院，莫辞暖热成持，各望开些方便。还道讲来数朝，施利若无大段（按若字似应是苦字），念佛各自归家，明日却来相伴。"（至此全卷毕）

无常经变文过长，一时抄录不易，容寒假中携以奉观。兹摘抄有解座性质之句数处似供采择。师大下周起即将考试，考后有何任务，尚不知，总以备下季之课为最重要。虽然，出城半日之暇终当争取，再图一聆高论也。匆此致敬！

弟启功谨上 一月廿三日灯下。

孙楷弟（1898－1986），字子书。古典文学家、戏曲理论家，毕业于北京师范大学。

16. 致苏渊雷　1通

钵水先生史席：

早钦山斗，瞻止无缘，曾读论学大著暨吟咏佳什，莫不衷心服膺。且沪上师友皆先生契好，屡闻雅范，心藏未忘，去岁由张兄韶华转下瑶函，并亲录近作，具谂宠锡之厚，惠教之深，谫学寡闻，顿开茅塞，不啻亲承麈教，感幸讵可言宣。惟贱体患骨质增生之证，颈椎十二孔已坏其七，偶一弯曲即致眩晕，跌倒通衢已不止一再，遂致精神恍惚，转瞬即忘。去岁即准备奉覆，借呈拙作以求斧削，以反复检点竟未有敢登行卷者，一搁经年，又兼遗忘，致成简嫚，罪何如之。虽异有心，亦无以获谅于长者。韶华书来，知其误蒙责备，知末学一失累及学友，歉仄之怀殆不能喻，敬盼曲宥下情，并念韶华之苦衷也。今夏又于陆俨少兄画卷中获读大作，诗情云沛，草法龙腾，曾拟步韵，终惭才薄。又于中华书局曾与杨兄廷福共事数月，每谈及硕学鸿文，弥增远慕，不知文斾何时一莅首都，当与陆杨诸公偕叩函丈，一聆宏论。末学打油之什将求良友转呈，以免面遭简尺之扑也。匆此敬肃

教安！

末学启功谨上敬宣

十月六日

22

启功全集　第十卷

苏渊雷（1908－1995），浙江平阳人，曾任中国佛教协会常务理事，华东师范大学教授，在文史哲和佛学诸方面都有重要建树。

17. 致苏绍智　1通

绍智同志：

手示敬悉。适上一函，恰恰相左，想已察及。原想注出鄙见，后竟放笔乱写，俨然成了"改稿"，狂妄殊甚，幸勿见罪！

鲁迅先生日记中既有，更有值得提出几事：

一、鲁迅为研究一块志石，不惜重买许多份拓片，以资研究对比，此治学精神及治学方法之当学习者；

二、鲁迅为顾氏题跋时间最先，得到"吕超静"拓本在最后，虽不能说后得者即是后拓本，但得到时间既在最后，则拓时最后之可能自不排除。后拓多"静"字，其经洗刷所拓之理由更充分，可见鲁迅非不知其为"吕超静"矣。亦有可能静字者为最早拓，其后流传的都是已泐本。

三、全集既未收此跋，补遗亦未印证拓片，好似鲁迅并不知其有静字者，今既获静字拓片，又见日记之各条记载，尊稿录此跋，又后再附日记，则鲁迅先生研究金石之全面深入，更为瞭然，更值得敬佩和学习了。

尊稿如将此三层道理酌为补充增入，则此稿所论之必要性更加明显了，高明以为如何？敬礼！

启功　十六日

苏绍智（1923—　），曾任光明日报总编、社科院哲学所所长。与先生有远亲关系。

18. 致陈梦家 1通

梦家先生：

前承询辅仁所藏甲骨，据图书馆负责人谈天壤阁已印者外，尚有卅一片现在本馆。所存全份拓本只剩一份，故不便投赠。此外有残本两份，一存廿八片，一存两片，如不嫌残缺，可以交换，无论书籍图片均所欢迎。如无可取，尚希示复，俾不专为我公保留也。专此即颂

撰安！

弟 启功 顿首 三月十日

陈梦家（1911－1966），曾使用笔名陈慢哉，浙江上虞人。古文字学家、考古学家、诗人。

19. 致梁树年　1通

树翁先生：

　　命题吕凤子先生书签，敬书出奉上，求赐转呈。如有不适用处（此非客气，因印刷式样有关也），请示下重写。左宗棠书联误字，东堂先生所校极确（笔名东堂者，必居东堂子胡同之史翁也），窃谓必出大笔，贸然举似鄙见，想东堂先生必发大噱！即颂

撰安！

弟　功　敬叩　廿九

　　梁树年（1911－2005），字豆村，北京人，当代中国画坛名宿，美术教育家、理论家、篆刻家和诗人。曾任中央美术学院教授。

20. 致周采泉 1通

采翁先生：

在西泠印社获瞻道范，至慰平生。惟以匆匆未得多承教言，旋又赶赴上海，未克趋府奉候，深以为歉！尊稿承命寄还，以琐事牵缠，竟未及详加籀读。闻沙孟老既欲为之在杭付刊，将来刊出仍有学习机会，故暂即挂号呈上，敬乞检入。北京新年时有雪，旋即晴霁，风和日丽，不似三九气候。想西湖初春，更将倍增靓丽，不禁神往。一俟得暇，定当再访仙乡，并趋承雅教！匆此奉复，即颂

撰安！

弟 启功 敬上 三日夜

周采泉（1911－1999），原名湜，笔名是水、稀翁，浙江鄞县人。曾任浙江省文史馆馆员。

21. 致王锺翰　1通

锺翰先生：

　　前承枉驾，得闻宏论，受益良多。所询满语诸词汇，经向鄂长亲请教，知其大略如下：

　　1. "莫知格"亦作"莫吉格"，义为送信人。

　　2. "昂实"长言之为"昂阿什"，义为孀妇。

　　3. "噶剌达"，"噶剌"义为"手"，引申为"翼"，"达"为"头目"、"首领"。"噶剌达"即左翼或右翼统领之职，俗称"四门大人"，盖总帅为九门提督。一翼只管四门耳。

　　4. "金前"即"精奇尼"之短音，义为子爵。

　　5. "伊立奇"，义为"副"。

　　6. 其他"峰路达"名称尚未查出，不知是否"峰"字上尚有他文否？如单言"路达"即传递钱粮之人也。

　　7. "哈阿"不知何义，译音原无定字，但后来较有规律。此初期对音，原本文无清字，一时尚未易查出。

　　8. "爬拦米"亦不知是当时汉语俗译，抑是满语译意也？俱俟续奉报。

　　匆此缴卷，恐不够"及格"也，是否有误，尚希教之！

敬礼！

弟 启功 谨上 十月廿六日

　　又花沙布绰哈，又作花纱布勒绰哈，义为养育兵，以绰字写成"掉"之例观之，则其他有无误书之汉字亦未可知也。又及。

（1951年）

　　王锺翰（1913－2007），湖南省东安县人。清史、满族史专家，曾任中央民族大学历史系博士生导师。

22. 致黄苗子、郁风夫妇　20通

（一）

苗公我兄坐右：

昨夕分手匆匆，未得畅游书肆。郜兄今晨想已成行矣。

昨晚归来见到尊社所惠审稿费，读书一遍，不缴学费，反获厚酬，真觉惭悚！又承谦辞，累称过薄，真将谓名不副实矣！谨此申谢，并表歉忱，以所校实不周密也。

近获陈凡同志寄赠王羲之墨迹帖一册，自《快雪》以下，俱见收刊，故思取敝藏旧印诸本一对，记得数种尚在尊处，昨谈《中华墨宝集》之外，记得尚有《奉橘》、《澄清》、《宋拓王右军书》、《十七帖》数种，（此数种容或记误，请谅其有"讹诈"之嫌也，哈哈！）如暂时不用，俱拟取观，用毕再行奉上参考。日内拟枉谒自取，千万勿劳远送，因尚拟借看尊书一二种，故必须自往，非客气也！专此，敬颂

撰安！

弟 功 谨上 十月十一日十六日发

（二）

苗子先生赐鉴：

阿英同志所藏有关《红楼梦》之手札，顷已检出，另邮寄上。

饶自然之书，已读毕，极有关系。尤其詹景凤之跋，弟更感兴趣。兄之考订已详，于斯书之源流，已无馀蕴，至深佩服！

大作各条亦俱盥诵一再，极有前人未发之蕴，弟觉此类研究成果之积累，乃是新美术史之基石，诸悬案一一解决，则新史必将有焕然一新之面目。补缺拾遗，亦敬贡愚见及材料线索数条，以供采择。俟稍暇，即当趋呈。弟近正忙于赶注释扫尾，故比假前更紧张些也。专此致敬！

弟 功 谨上 三月一日夜

黄苗子（1913—2012），曾用名黄祖耀，广东省中山市人。著名漫画家、美术史家、美术评论家、书法家、作家。澳大利亚昆士兰州格里非斯大学名誉教授。

郁风（1916—2007），原籍浙江富阳，著名画家。曾任中国美术家协会书记处书记、常务理事、中央文史研究馆馆员。

（三）

苗兄赐鉴：

两日前作一书，并王右军帖目一纸，怀带此函，竟自未发。今午始在沟沿投入邮筒。随即奉得来教，真有如此巧而不巧之事，只得再具此函也。妙句讽诵回环，思欲奉和，愧难继响，奈何！敝校图书馆藏《南香画语》，当即往借，借得立即送上。弟自下周开始暑假，约有二三星期之谱，因编教材事，尚需随时动笔也。芳嘉主人近日想已暑假，不知出游名山否？下周中，两公何时有暇，俱可奉陪，如蒙指示，当即遵约。以弟建议，仍如前次之城市山林为妙。且以集体作东为"雅"（此钱玄同先生之典故，每谓让账为不雅，故常以聚餐为雅）。又西直门外白石桥紫竹院有一活鱼食堂，如非星期，游人甚少，天棚之下，颇为舒适。前临湖水，空气亦属澄鲜。芳嘉主人游踪甚广，不知曾到否？又上次北海分手后，弟夜间腹颇不适，不悉吾兄尊体何如？弟在家与内子谈及，颇为悬系，然竟忘奉询。兹方作书时，内子提及，忽然忆起，可知弟近日之神经衰弱矣。（然此并无碍于再在北海小聚也。）大著《云林传记》，必有奇获，深以先睹为快，日间大雨，晚间公用电话处已休息，灯下先作此函，以代晤语，诸容面罄，即颂

撰安！

弟 功 谨上 二十五日夜

（1974 年夏日）

（四）

苗公吾兄：

前晤后更忙起来，李复堂札弟所抄一份，虽略有考索，尚未全解决，竟被藏者索看；至请文物编辑部所照之相片，又未照得，以致竟拖至今日，始克呈上。此照片乃文物所存资料，弟求其代洗者尚未得，故此份仍求较早掷下，弟之加洗者，后再补呈。此中之张廷枢亦已查得，李复堂乃康熙五十年举人，其出张门下，乃张任江南学政时所取秀才也。此诗如发表，颇与李复堂之声望有损，恐其在野派之画家清誉，未免动摇耳，公谓何如？《收租院》已获观，真好，说明小册中之文字亦拜读，真有教育意义也！尚有书拟奉还、奉赠，容趋面谈。

敬礼！并候年禧！

弟 功 谨上 十二月廿九日

郁风同志年禧！附呈照片一份。

（五）

苗公大师：

法曲拜诵，沁人心脾！

妙语回环，后无来者。此题此事，恰发高吟，信今传后，允称诗史！小子亦曾拈一律。然粗鄙叫嚣，极伤雅道，勉录举似，略见心情之舒畅耳。

正宇兄竟尔抛弃宾客，痛曷可言！八宝山未能往吊，固以宿疾间发，更以每去则刳肠刻骨，悲自中来，每避而不敢率往，此恐张夫人不克知其究竟也，已专函寄唁。更望我师与其家属诸同志晤面时，赐代致其拳拳！

唁函寄张自忠路前青艺宿舍，未知确否？前闻我公上午习武，下午修文，今气候渐寒，未知尚日课无间否？

匆此，即颂

冬安！

弟 功 谨上 十日

拙句附呈：

叛徒粉碎不成帮，意外听来喜欲狂。转眼狐臊难再冒，当心狗腿未全光。四人一瓮登时捉，八蛋同宗本姓忘。从此更须齐努力，莫随东郭放豺狼。

（1976 年 10 月）

（六）

苗公吾兄赐鉴：

锺敬老来，闻将组一局，公祝夏瞿翁寿，弟极赞成。敬老欲令弟作陪客，是恶乎可！谨先备案，申请加入一份，务祈分神纳入预算为盼！

拙作小册，闻蒙赐墨，真可谓"存殁均感"！千祈不拘形式，不拘主题，信手一挥，罔非妙谛。不胜诚惶诚恐稽首顿首感荷之至！

前在高斋获见诸友佳什，尤以广东某公（忘其大名）咏杨太真之作为压卷。是日归来，曾作小诗八首，琐事牵延，未及写呈。兹附寸笺，敬求斧削。诸容面罄，即颂

撰安！

弟 功 谨上 十六日

郁大姐同此恕不另具。

邕兄处烦代致敬！

于友人案上见传抄咏杨太真诗，所以讽四人帮者，但恨今雌不称耳。因抒鄙见，得短句八首。

东施蒙不洁，丑秽加一倍。妙句咏蝇蛆，可惜它不配。

鞞鼓动地来，蛾眉马前死。倒霉杨太真，遇上陈玄礼。

一架西洋镜，中间四个人。如今拆下了，不值半分文。

只批四个人，打击不扩大。帮人如治帮，刀自帮外下。

连天鞭炮响，又是一年春。昔日同帮者，应悲少四人。

被逼男为盗，因贫女作娼。莫将两好字，抬举四人帮。

四个教唆犯，要使天下乱。忽然被隔离，四个大笨蛋。

臭下几万代，相形粪亦香。从今惜文字，不咏坏婆娘。

（1976 年 10 月）

（七）

苗公赐览：

昨电话滥索八大资料，不顾文几上是否尚作披阅，思之十分歉仄！诚因有人约撰一篇八大书法小文，几种手边资料有不敷用处，乃出此"坐索"下策耳。参考毕当仍奉呈，万乞见谅是盼。又如插架不易寻找，即请作罢。弟可向王大山再借，因找书之难，过于买书，彼此俱有深尝之苦也。昨日《台声》杂志嘱题一诗。录呈一粲：

峡水中分骨肉亲，星移可望得回春。

一邦两制相携手，共作欢天喜地人。

今日狗嘴忽然吐出象牙，岂能不举似印可耶？即颂

撰安！

弟　功　敬上　二日

（1983 年以后）

（八）

十六字令

猫，性命相依品独高，须眉气，不在一身毛。

猫，公正无私迈贼曹，仓廪内，鼠雀耗全消。

猫，履险如夷意自豪，乔柯上，猛虎不能骄。

猫，护得琅嬛万卷牢，尊文化，试问有谁教。

猫，玉雪波斯万里遥，来异域，介寿胜蟠桃。

一九八五年冬，夏衍同志老先生八十有五揽揆之辰，敬赋小词，为华筹之侑。维我夏翁，望高神岳，兴富童心，雅好之中，猫为尤最。猫之于翁，亦性命相依，每有堪风薄俗者。小词咏猫，倘亦先生所乐而肯进而教之者乎！

右小词五首，拟以寿夏翁者，先抄出求赐斧削。意愿轻松，苦于板滞，薄植所限，竟莫如何。故竭诚求教，为之"稀释"些，可否？此上，并候

苗公、郁姐双安！

小弟 功 再拜 廿四日

（1985 年）

（九）

郁风大姐：

先德老伯大人暨伯母大人遗集拜领拜读，仰见先烈英光，敬佩无教！展读匆匆，尚未卒业。另一册已交锺老伉俪，嘱先代为申敬申谢！承赐之册，前有题款，内著"伯伯"二字，当然出自戏笔，究竟折受小子草料！又似旧家庭中"小婶"称"大伯"为伯伯，此例亦何可援引？亦仍是折受小子草料。敢援旧时"尊谦敬璧"之例，专肃奉呈，以赎草料馀福，想吾姐必大笑而颔小子之可教也！

苗公大哥：

胡书两册，拜领无误，此因前为系中研究生谈胡学问题有一粗略提纲，有人怂恿写成小稿，故需略引原文。然此人究不易评，褒贬俱难。因此益佩作者唐公之高材也。如我公有需补阅时，当再随时呈上也。酷暑不复聊生，弟心脏病又发，已若干夜不能睡矣。望千万珍重，热稍减当谋一叙。即叩

俪安！

小弟 功 敬上 七月廿四日

（十）

苗公座右：

尊示及大文拜悉，提出有"罪"，此"罪"诚然：何为把丑恶形象写得如此有声有色？应罚"刷色"不实之欸！至于标题，定是主笔者为了噱头，此完全可以推断者。但此题仍有问题：以实质论，此人确是此裔，真实不虚，唯在有清统治既溃之后，在数十年前报纸如此类赫然标题之下，其内容必是"现眼"之行径，而非刷色之性质。今写此裔而有此色，未免刷及其祖，恐涉"维护封建统治者"之嫌耳。罪上加罪，罚不胜罚，只好作内部矛盾处理之！畅公批语，信而有

征！且说一故实：运动初，有蛙之同姓者，革命多年，无人知其族望，忽以"西太后外孙"之罪，大加惩罚，最后问及下走，告以"西太后何以有同姓之外孙？"于是此罪始涣然冰释。而蛙在青年群众中，为名牌的封建馀孽，反而成为封建事物之字典。此尾虽揪，揪法曾经不同，但不知今后揪法如何耳！昨日下雨，"夜中不能寐，起坐而拉稀"，虽有步兵美酒，竟不得闯宴一享，赋命之薄，亦可见矣！剪报附璧，尚此申谢！即颂

撰安！

弟 功 谨上 十八日

累次看电视，发现郁大姐之相贵不可言，有副总理之相，如登台辅，定当重酬相士！

（1986 年）

（十一）

雷父长兄先生赐鉴：

捧读诗书画刊，惭悚交并！奖誉过情，实非克当者。殆如长兄之爱幼弟，虽顽劣不率教，见之亦觉其怡然可喜耳！弟书《如梦令》事，记得我公似未出席，何以得悉此夕之事，竟入龙门之笔耶？至于"赞曰"一段，不独首二语令人愧汗；末二句，谓欲策其不逮，则宜有期勉之冠语，始足使读者不致误以为其已果有新猷之献耳，一笑！"寄情八法"等六句，捧诵几为堕泪，以"写乐写忧"，实能道出心髓。转念诸语，如我辈共用，则不妨大字书之曰："俱属实录"也！"天马"二句，可谓深符"诗教"，"兴观群怨"，见于八字，盖昔之可怨，今之可兴，但在读者所见而已。文心至此，岂作隔壁听之钝汉所能解者。

卞公一文，所记之事，信属奇绝，而张大姐之才华，应不在沈祖棻之右，咏柳四首，尤令人回肠九折，而晚年寿福，则远胜沈君，以诗卜际遇，可知其不确耳。谨此致谢，不觉啰嗦盈纸。转念聚首不易，此亦可代一席闲谈，或更免形迹之周旋焉，此阿Q之论如何？专此即致

敬礼！（再加小注：此二字应分而读之！）

弟 功 谨上 五日凌晨

郁风大姐同此！

又绀翁逝世，弟撰一联，已写出送去，并为静老誊写一联。弟之一联云：

革命抱忠心，何意门中遭毒手；

吟诗惊绝调，每从弦外发奇音。

又："赞曰"末二句，三复之余，总感芒刺在背，乃忽得二句，欲僭易之、代之，其词曰：

"自言有养生之秘诀，

学等身之皮球。"

首著"自言"二字，庶合赞者之角度也。"等身"与上联之平仄合掌，或易为"竟体"如何？

又上

张应流赠书，由政协田同志带下，敬谢！

（1986年4月5日）

（十二）

苗子我兄：

别又多日矣，弟之选文工作一直甚忙，致疏奉候为歉！下周起或有一段暑假，以编教材工作与上课者不同也。

忽忆及前谈搜罗王羲之资料，竟置诸脑后，恐已有误，撰写参考之用，至为惶然！因亟就谫陋见闻所及，另纸开列一目，并妄附管见，评其甲乙。幸加以严格批评，并恕其狂妄为荷！

又闻王逊曾撰王羲之评述（或年谱），刊于周叔弢先生六十生日纪念论文集中，弟未有是书，不知兄曾见之否？此类文字，常是后来愈备，定较鲁一同等为密（？）也。

暑假一放，即先奉诣，以倾积愫。畅兄近日木器大文忙得何如？弟亦未暇晤谈及奉书，希为致候。

专此先交一卷，诸容面罄。即颂

俪安！

弟 功 谨上 十二日夜

流行影印的王羲之帖目

△1.《淳化阁帖》卷六、七、八，有正影印宋拓本。

2.《大观帖》卷六，古物同欣社印。

3.《澄清堂帖》，△有正印三册，又单印一册，△日本印一册，今五卷原本俱在故宫。

△4.《宝晋斋帖》，中华书局新印本。

△5. 各小楷帖，宋越州石氏本最精，明停云馆摹较便，旧文明书局影印晋唐楷

帖四十种多存宋拓。

6.《宋拓王右军书》，一册，商务印，此乃真宋拓泉州本也。极佳。

（其他零帖，散见各丛帖中，无甚重大关系者，似可不论。）

7.《十七帖》，以张伯英先生印《右军书范》之底本为最佳，然印刷稍差，见原本比印本精神百倍，现藏上海博物馆。（以上石刻本）

8.《万岁通天帖》中羲之二帖，辽宁博物馆藏。

9.《丧乱》《孔侍中》二帖，日本藏，日本影印。

10.《快雪时晴帖》，故宫印。

11.《此事帖》，张伯英藏，印于《右军书范》。

（容庚先生印，"二王墨影"，搜古摹墨迹略备，然有后出者未及收入耳。）

（又雍睦堂收赵尔莘旧藏一帖甚劣，可不论。）

△12.《行穰帖》，日本影印卷子，极精，书道有影本。

（以上唐摹各帖墨迹本）

13.《定武兰亭》，以故宫印"柯九思本"，焚馀赵子昂十三跋本，日本藏吴炳本三种较可信，馀俱伪定武也。

14.《唐摹兰亭》，以故宫藏神龙本为最佳、最有据，馀多不足论者。（以上兰亭）

△15.《米临王右军书》，见《宝晋斋帖》中，以七帖最佳。

16.《唐临右军书》（汉时等二帖），不全，赵子昂补完，日本斋藤董盦藏。

17. 敦煌出《晋人尺牍》，字体与《阁帖》王书极相似，可证《阁帖》中不尽右军亲笔也。见罗振玉先生《贞松堂法书》（或是《百爵斋法书》，记不太准）。

18. 日本人临右军帖，△《东瀛珠光》中印一帖。小野道风临本数帖（见《书道》）（小野临或题藤原行成临）。

以上除有△者外，弟俱有之，需用何种，请示下。

（十三）

苗公赐鉴：

前谈鄙友刘君嘉福事，兹请其趋前拜谒，诸事恳予关照提挈，弟感同身受！其画作并呈览，望赐指教！

此次弟不克同时奉陪南行，但可在彼相会，请释尘念。拙笔一幅，随即交刘君代呈。馀容电话详谈。即颂

晨安！

弟 功 再拜 二日

（十四）

郁大姐、苗大兄：

午间受罪，想同之也！提到高吟，想多佳作，容当趋谒，面读大稿，邮递多遗失也。弟昨忽俗兴，套剃头诗一首，敬呈

批判！

弟 功 再拜 十一日

闻道官能倒，何曾倒不官。有官方可倒，无倒不由官。倒自他称倒，官仍我是官。请看官倒者，人亦倒其官。

（十五）

苗公法座：

请恕便纸

胜利归来，尚未瞻仰丰采。闻此行极为哄动，可贺也！拙作《臂阁铭》，敢请椽笔赐书，不胜惶悚！以拙铭顺口溜，殊多不辞，敬请先加斧削，然后著墨。叩头叩头！即颂

撰安！

弟 启功 和南 廿一日下午

字不一定求满，一行一角，方便为主也。其词曰："习静跏趺当禅板，阁臂钞书力可缓，一节能持莫嫌短。"（莫字或不字，哪个可用？）

（1985 年）

（十六）

郁姐、苗兄：

小弟头晕之后，今复尝耳聋滋味，其狼狈不堪言状。捧读大札及惊人佳句，何啻陈琳之檄！

弟在聋中将门铃移安室内，居然若无其物，隔室电话自可想其有若无矣。

自念龟而不川，为之怏怏，兄嫂闭目想其可悯之状，不难发笑也。

雪滑终必有化，当谋咸亨一醉！雷霆雅韵，敬和一首，只免曳白，不堪一打屁股也：

百苦丛身后（后字单用），余甘入耳中。衔标犹乐圣，负鼓逐盲翁。立割苏公喝，坐忘华子工。鼻喉施细管，闻观得常充。

昔海藏翁诗有"画楼银烛坐怀人"之句，自注"坐怀"二字连用，阅者绝倒，拙句单用之注，乃反其道也。

专此敬颂

双安！

小弟 功 顿首 五月五日灯下

（十七）

苗公法座：

承示魏广洲砚拓题语，不觉大笑！此老原壤固可笑，亦复可怜！一块泥遇范成形，亦文人之悲剧，自古虽二陆不免，况下劣如蠢驴乎？惟此老于此砚，确属懵懵，其铭有何可下转语处？竟看不出逻辑。亦见此老之毫无风趣也。勉强凑趣，弄得词不达意，为可笑耳！我公高明以为如何？

闻《美术家》已出，有人见到，甚漂亮，上海《书法》杂志亦出，尚未见，闻远逊《美术家》，未知确否，想必然也！

连日弟有河鱼之疾，稍差当奉谒。

专肃即颂

撰安！

弟 功 谨上 廿四日

（十八）

苗公赐览：

违教又多日矣，无时不在念中。尊帖已寄到，七册较重，挟持挤车稍难，日内抓方便车专趋奉上，绝不多延时日也。有关胡适之书二小册，敬祈顺便找出，倘能在送帖时带回最感，因正写小文，亟需引用也。华公寄赐一漫画极妙，届时当携呈览。酷热诸惟珍重！即颂

撰安！

小弟 功 敬上 十八日

郁大姐同志奉候！

（十九）

苗兄赐览：

累奉手教及晒蓝各件，敬悉敬领！弟近时实在过忙，皆由前此积压过多，致有此戚，亦可笑也。迟复过久，谅不见罪！

大作何时刊出（水陆画之文）？印本制版污损之说，别有本事，容奉面茶余佐谈。前与邕公谈，唐伯虎集外编一书（师大所藏"善本"）已见到，乃诗文，非画论，且书已残，似与本集诗有小异，尚未校，然关系不大耳。拙作《董其昌代笔人》一文，近由师大刊出，另裹寄上。王冕小册出来，弟不识作者，其中否

定《保越录》之说，公见之乎？

　　尊记卡片，恐邮筒有失，谨缄藏以待面呈。稍喘气当趋候

阖院起居，一倾积愫。专此

敬请

撰安！

弟　功　谨上　五日

（二十）

"后学"

　　尊谦敬璧　启功叩首！

苗公长兄赐鉴：

　　贱体患带状泡疹以来绵延四月有余。半个月前，逃于京郊一个招待所，其处招待殷勤，空调力大，又患感冒，苦乐抵消，竟不知谁为胜者？奉到大作《减字木兰花》，正拟仰和，又奉到《水调歌头》华笺，佳音稠叠，正值目不暇接之际，忽见赫然"后学"二字，惶恐万分！谨恭敬剪下，粘于芜札之前以敬璧！并申后约，如再开此玩笑，是不以弟辈示我矣！是岂可哉，是岂可哉！

　　奉和《水调歌头》一首，另笺录呈，尚为待改之稿，祈勿示人也！专此敬叩

兄嫂俪安！

小弟　功　敬上　二十九日

附录一：水调歌头　　　　　　　　　　　　　　黄苗子

七月二十八日值启功教授米寿，戏呈俚词致祝。

"米"字八十八，"发发"最时髦。发掘发扬文化，乾惕敢辞劳。手不停披万卷，夫子诲人不倦，善奏解牛刀；桃李遍天下，文章教尔曹。

以余事，弄柔翰，更名高。遐迩但论书法，启体领风骚。若有假充冒伪，一任旁人议论，瞆瞆是高招。悟得《养生主》，乐寿在挥毫。

　　注："天子重英豪，文章教尔曹，万般皆下品，唯有读书高"，小时候读过的幼学诗句。有人拿了市场上买来的启功书法，请启先生鉴定真假，启老不耐烦，说："我怎认得出这许多，总之，写得劣的是我的笔；写得好的是别人的就是了。"

（2000 年）

附录二：水调歌头

奉和

苗公长兄惠赐介祝之作

八十零八岁，米寿赶时髦。费了若干茶饭，诸事尽徒劳。口说古今中外，目见玄黄天地，尾堕不须刀。且看虾蟆跳，纷纷是我曹。

多吃饭，少喝酒，岁增高。眼底黄斑病，纸上溺痕骚。如到潘家园去，处处拙书挂壁，商品远相招。敬向苍鹰道：不必察秋毫！

小弟 启功 呈稿

（2000 年）

23. 致王世襄 3通

（一）

畅安我兄：

"空招"一晤，归来想李苦禅挽联事，今晨始得两句，写呈一观。肤泛不切，亦不知苦老详细情况也。联稿暂拟云：

"半世历颓波，饱阅人情，几度横眉遭众妒；

（套鲁迅语，为免蛾眉字样耳，可否？）

一瞑堪自慰，重甦画笔，八旬摩眼见中兴。"

先有下句，强配上句，诸公务为斧削！空招号码，竟遗失，无法通电话，故用前法，敬寄尊寓，以求转呈苗公暨诸老也。

此致

敬礼！

弟 功 敬上 廿日

（1983 年）

（二）

畅公我兄赐鉴：

弟自六月五日至十四日，到香港一游，乃带章景怀夫妇去折腾，毫无正事。居然遇到苗公夫妇，同席二次，信称快聚。谆谆嘱代致候，于在京诸友我公伉俪尤所拳拳也。最后弟离港日之晨尚接电话，最后不约而同以"相晤非遥"四字为祝。想见其怀土之心。大刚得一子，其翁婆为买一轧水果机，为之携来，尚未由大刚取去，亦见老人之心矣。闻寓于柏利基学院，盖在港大讲学也，弟未能去，实在寓舍时亦不多耳。

命复印之《王献之帖》，印出呈观，不知相校如何，如需正式作插图时，当再印重色者，今日所印过淡，略见轮廓而已。拙作《说八股》一文已出版，附呈，敬恳再赐教言，排印比抄稿略清晰也。即颂

俪安！

弟 功 上 十七日

（1991 年 6 月 17 日）

王世襄（1914—2009），号畅安，祖籍福建福州。著名学者、文物鉴赏家、收藏家。曾任国家文物鉴定委员会委员、中央文史研究馆馆员。

（三）

畅老尊兄先生：

在医院顺手间断拜读大作《獾狗篇》，每读无不拍案叫绝，但当时每日不断有医师护士干扰，未能一气读完。昨日近午时出院，回家关门作"冬眠"式之办法，不接电话不开门，一气读完大稿六十页，但觉其短，以为如再有六十页，才过瘾呢！

此稿有动物学之科学性，民族、民俗学之学术性，语言笔法生动之文学性，绝不应以小品视之。窃谓蛐蛐有"促织经"，此文"篇"字实应易为"经"字，如题为"猎獾经"庶几名副其实焉！

纯粹北京话，今已甚难听到，况在文章中，有人颇事模拟，但看来多不地道。今大作则是生活与语言融合无间，此事物、此生活、其中人物，非如此笔墨不足以透澈表达，真绝大文章。昨晚读毕六十页已至午夜，晨起先欲写一些校记，不觉有先"吐"为快之心。为省篇幅，先写校记：

P4. 倒三行，"一作"后有"："号，以下多不加"："号，仍以全有为宜。

P6. 二行，开章明义，章为"宗"之误。

倒六行，乙《溜与蹲》，宜作"乙章中《溜与蹲……》"因《溜……》、《勤……》为乙章中之二节，似宜交代明白，不致误会《溜……》为章之名。

P10. 倒七行，养成，应是"养着"、"养了"之误。

倒二行，一拃，似宜加注，拃字的音，拃字表示的长度，手掌伸开，拇指尖到中指尖的长度，即古之"搩"字音，窃意宜如此说明，但太繁，与全文体例不合，此只表意而已，请酌。

P12. 末行，"还有长头"，长音 zhǎng，指成长，似宜加注，以别于"长大的头"。

P13. 例五行，"爬行"，是一种特定的动作，与普通的动作不同，似宜加注，或注明"见 P39 第十行"。

P24. 倒七行，"背得熟"，与愁谐韵，宜加注音 shóu。

P29. 倒六行，"不共戴天"，此句不宜用，"恨之入骨"已够了。

P33. 七行"哑巴院"，宜加注。

P40. 四行，"又在附在"，是"附近"笔误。

P45. 十行，"趴子"、"拱子"宜注。

十二行，"茅司"即厕所，亦作茅厕，或写"茅厕"，注音（读如茅司），请酌。

P46. 四行，"那一次来……漂过"，文中那哪有时互用，似宜划定，哪上声，指任何；那去声，指彼处，如何？漂过指放过，此指未参加，未漂过，即没有一次不曾参加的，以加注为宜。

P55. 十行，"冲嘴儿"，或作"冲盹儿"，盹字从目，容易联想为困乏闭眼之义，如何？盹字儿化为（dun er）请酌。

P57. 二行，"十分要的日子"似脱一字，重要、要紧？

末行，"哪里有老养家"，哪那义有别，此处不知指的是磨盘松一地；抑泛指如有老养家来处？请酌。

P58. 四行，原来是那儿的，似是说是何处的，以用哪为常见，又七行，"那里强点儿，那里差点儿"俱以用哪为宜。

（此类词是上声音，加口字音，亦似圈上声字的符号）何如？大稿暂存，容当面缴。即颂

撰安！

弟 功 谨上 廿三日

再陈者：大稿为我校出版之负责同志看见，大感兴趣，以为此是独开生面之文章及北京风俗之一环，询弟是否尊处已有出版成约，如尚未有约，是否可许我校出版社出版。此事弟所未悉，用敢奉询。如承肯予洽谈，一切要求、条件等等事项，不妨先作非正式之接触，指定时间由社中同志趋谒请教。如有距离，另作研究亦无不可。

谨代出版社奉询，敬望赐示尊意。如赐电话，以晚饭后为宜。

弟 功 又上 廿三日上午

（1993 年 4 月 23 日）

24. 致马箫云　2通

（一）

箫云兄：

　　承指示拙著误字，至为感谢！因底稿抄写仓卒，校对不细，平仄字样太多，时常牵混致误，已校出数处，承示者，其一也。又罄与磬古通，尚可用，陈子良隋人，与唐人陈子昂为两人。相字一作想，板本不同，似以相字为长，言将来老了可能回江南再见此景，乃预期之意，如云见此景则想到江南景物，却与白头二字无涉，故采用相字之本，"何时一樽酒，重与细论文"，少陵之愿，今吾辈随时可得，真多幸矣！专此申谢，即颂

撰安！

弟　功　上言　十四日

（二）

箫云学兄：

　　前由邮递寄下赐还之十元，此款弟原无所用，何必如此速掷耶？谨收讫，请释念！

　　承惠佳章，奖饰过情，既感且愧！数日间，每思奉和，奈理屈词穷，竟不能得一字，只有缄铭宝贶，以俟将来略有寸进，再行具草，以求郢斧耳！

　　再陈者：兰亭讨论，拙作尚非最末刊出，更不敢妄忝"定论"之誉，此与当日参加讨论之诸公鸿文有涉，敢祈稍易尊注之语，勿事过奖为感！

　　弟近来所患之美尼尔氏综合症，发作频数，看书写字，俱能导致发病，故奉到华函，稽迟上答，想贱恙公所素知，或不以为罪也！内日服新方，稍见效，惟两耳全聋，人成傻子，医云耳必全聋，始有痊愈之望，此亦不知果然否？一俟病况稍减，谨当踵门奉谢，藉谋畅叙，匆此敬致

敬礼！

弟　启功　谨上　一九七一、三、卅一

　　马箫云（1914－1989），原名马士良，号箫云，清内务府大臣绍英之子，曾作教育及文史研究工作。

25. 致王大珩 1通

大珩学长先生：

少年同案，睽违以来，一瞬竟七十年。我公于科学坛坫，巍然泰斗，弟则操瓠糊口，潦倒半生。春首欣逢，喜如梦寐。未及抠衣叙旧，先有冒昧干请者：

弟有挚友建筑学家傅熹年先生，为梁思成、刘敦桢两大师之得意高足。于建筑之学，贯通古今。有专论若干篇，发近代中外学者未发之秘。弟于斯学，原属门外，但观其论文，略亦知其所诣：上自陕西周原古明堂结构规模，近至北京天坛建筑之中轴偏正，中间若元大都于明清改建南北拆迁之沿革，以及历代巨大营建取中为尊之标准，一一探索，得其科学根据。

又如中土及日本宝塔层楼之比例模数，莫不具有科学原理，俱依一种不变之模数为折算之基础，乃知北宋营造家李诫所言之"材"，并非泛泛之借称。以数千年来地上、地下之实物材料印证宋代建筑科学家之理论，竟得蝉联贯通，实为我国科学技术史上一极有意义之发现，与夫只从风格特点以论时代之异同者，大有不同。按风格固可见其异，原理始足知其同，营建必以坚实不拔为根本，亦必有贯通各项建筑之根本原理，此傅熹年先生之发现发明，实为我国科学技术史上开一新篇章，与但评建筑风格以论营建沿革者有所不同也。

由于傅熹年先生以上之科学研究成果，用敢奉闻。近悉建设部正将其成果向上呈报，推荐为学部委员之候选人，倘荷鼎力评判，俾我国建筑科技奥秘之探索成绩，又多一项公诸世界科技之林，又不独弟与傅先生之私幸也。

兹事如有奉报未详之处，敢望便中向清华大学吴良镛教授一询，可更得其详细情况也。

专此布臆，敬候

大裁，并颂

台安！

弟 启功 谨上 七月十二日

傅先生关于建筑科学技术之重要论文（及其提要）附呈
台览。又及

王大珩（1915—2011），江苏苏州人。应用光学专家。1936 年毕业于清华大学物理系。中国科协副主席，中国科学院 、中国工程院院士。

26. 致刘九庵 1通

九庵同志：

兹有友人陈荣琚同志有其亲戚家藏明人字卷一份，已蛀损，请法鉴，并拟出售，敬求分神指示其真伪，并求尊院斟酌，如能收购，尤所感荷！陈同志在电影学院工作，一切请赐面谈。容日趋候领教。专此即致

敬礼！

弟 功 谨上 廿九日

刘九庵（1915－1999），河北省冀县大齐村人。古书画鉴定家。曾任国家历史文物咨议委员会委员、国家文物局文物鉴定委员会常务委员。

27. 致刘漠 1通

尊敬的党总支、刘漠同志：

关于调整工资事我已向刘漠同志当面表示过我的想法和提出诚恳的要求。

现在我从各方面听到传说和我自己的揣度，料到这次提工资很可能有我的机会。因此我再在这里用书面向组织上郑重倾诉三点意见：

1. 我得到党和国家的鼓励已经太多了，我自己生活上没有更多的需要，再多即是浪费了。

2. 现在名额分配在我所在的这一层人员，实际负担比我大，而能力比我高、工作比我努力的同志确实不少，处理必费周折，腾出一额多一回旋余地。

3. 我不是只表"不要"，只求"缓给"，我确实相信今后国民经济一定很快增加，下次调整，为期不远，两三年后争取学习改造工作贡献有所进展，那时再调，岂不心安。

恳切要求此次如无我请不加入；如有撤出，留待下次，绝非沽名钓誉，以退为进，至求亮察下情，俯纳所请。

（1980 年 4 月 7 日）

刘漠（1915—2003），曾为延安鲁迅艺术学院干部，1980 年任北京师范大学中文系主任兼党总支书记。

28. 致王会庵　1通

会老长兄先生赐览：

　　手教敬悉，退休颐养，实仰清福。天寒路滑，步履尤宜小心！所示藏园老人游记事，极获鄙心。前曾为向巴蜀书社介绍，结果退回傅府，封署"傅增湘同志收"，巴蜀书社联系人来，下征鄙意，拟印其乡贤遗著，而编者竟闹此笑话，真使人哭笑不得。与其谓之文化教育之失败，毋宁谓之另一角度之成功也！奉闻以资一噱！尊函曾示熹年老弟，渠将有书上闻。专肃即颂

冬安！

弟 功 再拜 廿五

47

王会庵（1915－1994），河北新城人。曾任中央文史研究馆馆员。

29. 致杨仁恺 11通

（一）

仁老我兄先生：

手教敬悉，迟复为罪！舍下存文物数种，都成"包袱"，既蒙尊馆慨予收存，真所谓"存殁均感"，存者小弟，殁者乃我先人及已故之乡先贤也。兹将大约种数，列具于后，乞为过目，如符入藏之例，如何交接，请赐明示。拙书遵命写上，如文物交接时，可一并呈上也。专此即致

敬礼！

弟 启功 敬上 十五日

赵同志同此，恕不另具！

（约 1977 年底）

（二）

仁恺先生赐鉴：

阳历去年在京握别后，获读手教，示以辽博将有人来京。鄙事冗杂，未能即时上复，深以为歉！前时又获大函，言收理捐件，尚待台从便中同行，敬悉一切。此事本非迫切，千万勿以介怀！闻尊院运动甚忙，此在意中，且各地所同者。弟仍每日到书局工作，乏善可陈。近日拙著《诗文声律论》幸获出版，其中尚有误字，谨寄呈一册，恳求指教，其误字已在改版中，稍迟可能再版，出书后当再寄呈也。京中现多流行感冒，沈地更寒，望多珍摄。专此敬候

撰安！

弟 功 谨上 一月十二日

（1978 年）

（三）

仁恺长兄赐鉴：

献岁敬惟兴居万福！节前奉到手教，又接博物馆保管部寄来捐件清单，盖章后挂号寄回。此盖印之清单亦求赐为一询。又以宣纸小笺，敬复垂问（此函未及

杨仁恺（1915－2008），号遗民，笔名易木，四川省岳池县人。古书画鉴定家，曾任中国古代书画七人鉴定小组成员，辽宁省博物馆名誉馆长。

挂号），并说明弟对怀素《山水帖》（又名《论书帖》）之管见，亦承下问者。今捧读来教，颇似此函浮沉。春节机关放假，可能未登签室也。今闻台从近将来京，又可快晤，欣企何如！赵诚同志赴吉林，原拟待功偕往，其后以任务紧迫，不及同行。于老前有春节后来京之说，未知何时成行。来示云将在沈会晤，则来京自将推迟矣。

大作《论怀素帖》文，已否脱稿？刊登何处？闻吉林将有大刊物发行，包罗名作甚广，弟曾闻有拟目，尚未获见。又闻于老为编委，其阵容可想而见，必有异彩焕然。大作是否即在此园地发表耶？鄙况如常，惟浮肿增多，非心即肾，尚未就诊也。专此奉候，即颂

撰安！

弟 功 谨上 廿四日

附收款收据一纸，敬求便中转上组织。

（1978年2月）

（四）

仁老我兄赐鉴：

手教敬悉，拙稿小片收到，未见批示改正，未免不足耳！吾嫂大号，在沈拜谒时忘记请示。《平复帖》临本上如何题写，尚祈见告。又三件名画签题，谨当遵命书写，惟卷有高矮，签有长短，不便随意裁纸，仍请以普通纸略画尺寸，并求写明哪一条写什么画题，庶可不误也。拙稿蒙转寄老谢至感！

弟归来即投入忙乱，乏善可陈。北京文化文物方面之事，颇有可喜起色。荣宝斋已直接归文化部领导，并且由黄部长直接抓，其精神面目，自然可以想见。恐不日孙树梅诸同志北上更可得具体消息也。

文物出版社俞筱尧同志云，将出辽博藏品第二集，问弟曾闻我兄谈及否，有什么意见等等。弟答云，此去紧张看画，无暇谈及其他，弟更不过问其馆中出版问题，故不知也。此亦事实如此。侧闻"吕后"颇不得劲，或谓正在三大讲，皆待下回分解者。又闻彼正在付印《神骏》、《虢国游春》等图，将陆续印行，以易外汇，俱尊馆藏品也。近日所闻，只此数端而已。

馀俟续布，敬颂

撰安！

弟 功 谨上 十六日

（1978年6月）

（五）

仁老我兄先生：

别来想更忙了。承赐题《双蛙图》，精悍无比。惟过谦不肯往宽处写，使得白空处又烦一友，遂致付裱又迟时日矣。今请袁行云兄题字，袁为珏生先生之侄，亦吾辈人，亦必有妙语。题满后，当付裱照像，照出当奉寄留念！

于老闻于十一日走，近数日尚未见，明晨拟往谒，或可晤也。

匆此奉谢！馀俟续谈。拙书有一二条已付托背，托成可与《蛙图》同拍照，一并寄上也。此即

撰安！

弟 功 敬上 十日

（约 1978 年）

（六）

仁老馆长老长兄：

荣宝卅年会后一别，倏又多日，敬想尊候万福，新年快乐，定符私颂！

突然奉书者，乃有"无事不来"之讯。一事敬求分神赐为一询：报刊报道辽宁图书馆收得罗振玉旧藏旧抄《阳春白雪》，其中有许多未曾见过之作品。弟有好友适研究元曲，并有著述，极有价值。近考白仁朴生平，已成年谱，其稿甚详实，有见解。近既闻此材料，亟思一加核对。其稿中论点本已完成，倘能核校一番，则更可放心。故求我公鼎力玉成，奉商办法，拟有数项：

1. 可否去辽，亲自翻阅？

2. 可否将白仁朴部分翻拍或抄出？

3. 其他可能之办法（此则求我公费心设计矣）。

如获寓目，弟与鄙友，同深铭感！诸容续罄，即颂

撰安！

弟 启功 敬上 二日

（1980 年底）

（七）

仁翁馆长老长兄赐鉴：

手教捧读敬悉，大稿十竹斋之说明，迟复至罪！弟于年前，连续感冒，反复多次，其苦不堪。灯节前一日，以感冒就诊，校医发令：每日须有人陪同，不许个人活动，不许看书见客。因此研究生轮流值班，家中竟备氧气袋一个，其架势

之可笑，不难想见。最近据闻，当日之主动脉声音已如墙壁，译为术语，即心肌梗死也。前次奉复时，已涕泗交颐，但非悲泣，其狼狈可知。故复澄同志来京，仅电话中一谈，为免贱疾感染，申明未便接触。其时不但尊稿已忘之于九霄云外，且亦无力拜读矣。顷承督责，实深惶恐。谨依鄙见，一一贡其一孔之愚，以为有见必陈，庶尽仰答垂询之谊也。谨在尊稿中以铅笔各标"?"号，兹依次上陈：

1. "诸作"，本指胡氏不止编刊此谱，但下句只曰"此谱"，则诸作二字，似亦大可从省。

2. "无人问津"，宜易为"未能实现"之类词句。下文"本身"二字，实是"本馆"。

3. "书画谱"三字稍秃，宜加"十竹斋"三字，使成全名。

4. "笺、印"二字概念不明，"笺"自是指"笺谱"，乃笺谱二字之缩称，"印"字似是动词，指印刷画谱耳。似是"所印笺谱、画谱"之意，请查酌。

5. "有如"不如用"已如"。

6. 再见"笺印"字样，请核酌，或弟误解。

7. "现代印刷，究有古代木版水印云云"，处此措词似宜再加斟酌，免于贻人口实。

8. "整理"，此次是摹刻，似以说"继承发展"为妥。又本行中"完成"二字，似稍夸大，复刻画，即算完成如此使命，是否有偏高之嫌，请酌！

9. 末段可省。

总之此稿不似出自斵轮老手，门下起草，老师必宜严格把关，小弟久病头昏，易生妄论，伏乞鉴察！并求教言！专此敬颂

春安！

阖第统此！

弟 功 谨上 廿八日
（1984 年）

（八）

仁老长兄先生：

别来又多日，敬想兴居增胜！兹有二事奉陈：

1. 钟敬老之研究生事。闻其大徒弟云，明年当由他们全小组办起，唯今年已来不及。但不知董小萍同学计划如何？亦未知其今年进止如何。此虽远水，譬如望梅，姑妄言之，以待分解。

2. 金君友人几幅旧画事。哈馆有信，谓宋元人作品，各出六千一件（未见原物），并希物主携物前往面谈。云云。金君令功作价，并云杨老曾有此说。功告之云：杨老开诚相见，诸君已当面领教，故此鄙见以为，宜向杨老和盘托出，自必有双方满意之策，否则藏钩捉迷，并非竭诚之道，绝非功不肯负责。且此事公（金君）亦居中，立场与功相同，物主外行，最难毫无疑虑。

又告以此批只有吴、张轴册可观，其余石经只是玩意，无多价值。

又《远游篇》（赵书），咱们曾见，退与之者，却是极劣一卷，其他内容，彼正交涉更换，未知如何。已告金君，如退到当先呈阅。经过如此，我公自可心中有数，想金君亦必如实奉陈也。

京中酷热，想沈阳正免炎蒸。弟已搬入京西宾馆，大约咱组开始时搬出，又可在一招聚首矣。

于思翁溘逝，功发唁电，中云"深哀至痛"，语出五内，想公亦有同感！

匆此即颂

大安！

弟 功 敬上 廿六日
（1984 年 7 月）

（九）

仁老馆长尊兄侍右：

手教敬悉，垂注可感！弟今夏各处避暑之约，俱未能去，以贱体病情奇怪，每日失眠，近日又患喉炎，异常狼狈。徐公曾枉顾，亦曾申雅意，至友关怀，一一可纫！

九月四日，弟赴香港，旬后归京，在校讲课一段时间，以学生要求老教师上课也。约计须在十月中旬以后，可于沪上拜聆教言矣。

董小萍同志来京曾晤，钟老亦极关怀其课业，闻先作毕业答辩（当然绰绰有余），想今已藏事。惟博士生事，钟老仍不肯招，并不因董文不够也，附此奉阅，馀容面罄，即致谢忱！顺颂

撰安！

弟 功 敬上 廿三日
（1985 年 8 月）

（十）

仁老长兄大人：

别来敬想兴居增胜！奉示知省人大开会，公自更忙。谢公有书来，提醒目录

中勿漏"古代"二字，足见其负责心细，至可佩也。承惠赵跋照片，捧读不啻球璧。此公谓《兰亭》是新体，足征自有卓识，不独功力之高，其千秋作祖，信有由矣。

　　弟在九三学社开会二周后，今始稍闲，在家睡觉一天，恍如奇遇，此味想我公亦必深谙也。专此致谢致敬。新年在即，预贺春釐！并颂
阖第安胜！

小弟 功 再拜敬上 十九日

（十一）

仁老尊兄：

　　谨于明日（十六日星期四）下午六时，在东四北十条口江苏餐厅楼上，略具菲酌，敬屈大驾，以为阖坐之光！奉陪者皆熟人：上海谢、唐诸公；此地畅、苗诸公，尚有张夫人、顾大姐，皆有共同语言者也。千乞勿却，并盼早临。专肃敬叩
晨安！

弟 功 再拜 十五日，星期三

　　昨日傍晚趋招待所奉谒，误到和平街，及回车经和平里，又复过站，足见不够至诚。容当再趋旅邸，作竟夜之谈。又上

30. 致王静芝　1通

静芝先生座右：

故宫研讨会，弟之旅程屡费清神，至深感荷！今距六月会期日近，念之欣喜，益觉瞻晤非遥，已似神驰左右矣。研讨会弟分得题目为《心畲先生南渡前之艺术生涯》，勉撰一稿，下笔不能自休，为恐贻笑于会场，即以上尘我公，先予审阅，如见谬误，即恳径加削改，改后更求赐为转致故宫，如再蒙秦院长印可，则拙稿付印庶可免于腾笑矣。又旅程手续所需之照片等件，为免于另封易失，因即附于此函，并求吉便代转。礼平兄通话谓：弟之身份又生枝节，故鄙照倘得我公亲付，前途庶可免再生葛藤焉。琐渎再三，歉仄弥甚，转维既叼深知，必蒙亮詧，把晤可期，统容泥首。专肃即叩
春绥！

弟 启功 再拜 三月六日

附功及舍内侄章景怀照片每人八张，我校致故宫公函一页，拙稿卅九页，此真可谓琐琐奉渎矣，想公必为大笑也，再叩。

王静芝（1916—2002），书画家，原台湾辅仁大学教授。

31. 致杨敏如 1通

敏如先生：

奉到手教，不啻一次畅叙，得知诗人骑驴入剑门之风味，不胜健羡！

功于昨日出院，暂作冬眠，不知能维持几许时。出蛰后当趋谒快谈。

先生赐教时之心情，悉见于纸上，但功所求赐答之问题却俱来不及谈。兹再求费神赐复：

1. 尊寓之电话号；

2. 罗晏之宿舍、其家之电话号；

因"艺思"二字，须要缴卷，请罗晏同志代转也。

专此敬候

大安！

沛霖同志同此致敬！

宪益兄嫂同请代为致候！

弟 启功 敬上 廿三日

杨敏如（1916— ），原籍安徽，生于天津。毕业于北京燕京大学，现为北京师范大学教授、北京文化发展研究院交流中心顾问。

32. 致冯文光　2通

（一）

文光同志：

叠获手示，并蒙多珍之惠。至为惭荷！且赐称过谦，所宜敬璧。以后文字往还，望勿多拘礼数！

属写各件，另裹寄上（册签在内）。惟所集手札（册页）各签有"名达"字样，（具书之后，详拟签题，另作三条，不知能用否？）如拙书装于册内，则有自居名达之嫌，甚望多请友好题签。互相错开，"易册而题"（此句套自"易子而教"一语，不知通否？）庶免观者齿冷。前见尊书，具见功力，稍觉"帖意"较少。窃尝妄论作字如弹琴、击技，每日不离谱式招数，虽谱已熟，仍宜时加演奏，近人称打球谓"打出风格来"，书法亦然，风格之出，在熟，而不在行笔之快速也。书之谱式，即古碑帖。多看多临，是为秘诀，高明以为何如？专此奉谢，并致
敬礼！

启功 上言 十一月九日

传亭同志处，请转达鄙讯：脖子骨质增生，近稍能掌握规律，不过于俯仰及左右扭转，血管可免挤塞，即不致大发眩晕，小晕仍时不免耳。眼病渐瘥，俱请勿念，稍暇当专函致候。更请传亭同志代向敦进甜同志致意，至盼至盼！

功 又上

（二）

文光同志：

命书各件已涂抹毕，回看一无是处，小册写得又不一律，拟重写，忽又开会，遂致迟于寄上为歉！兹付邮呈览，至望不吝教言，庶获他山之助。更有郑重恳求者：弟与我公，年相若，且仰慕雅范已久，何可屡赐过实、过情之称呼？笔墨之事，聊同博弈，彼此商量，可代文娱活动，如着棋打球，岂可便以过谦之称谓自施？今特相约：互相开诚相见，各以同志相期，亦以同志相呼。超乎此者，俱当璧回。则恐函中内容，亦将不克奉命矣！至叩至叩！专肃，即致
敬礼！

弟 启功 上言 廿二日

冯文光（1916—1995），字丰知，号冷香斋主，安徽阜阳人，书法家、书画收藏家。

33. 致周绍良 4 通

（一）

绍良老兄：

承枉顾失迎为歉！

手教敬悉，师大《红楼梦注》为工农兵学员之作，弟调出已数年，此稿虽曾命弟过目，其时适值弟妇病危，其后更无心绪，遂至今未尝通读。其题签确出于拙笔，足征法鉴无讹，只是其稿与弟无涉，未敢贪天之功以为己有也。

玉钗之句，弟亦不知，究是何人，兄如检获，并求示下，以广见闻。

伯鼎大哥前闻将来京，何以未来？弟近奇忙，每月须看校样千页，稍暇容当奉诣求教，敬礼！

弟 功 谨上 十二日

（二）

绍良老兄：

手教敬悉，拙文蒙奖饰，深用惭愧！中华《通鉴》已再版，尚未出书。《全唐诗》未闻重印，当一询之。如出书，定当奉闻。元次山碑，庆云堂可能有拓片，容当询之，如有货，其价定不太昂也。买得即奉寄勿念！贱疾近一月馀发作奇剧，近二周稍可，仍可虞其复作耳。台从何时返京？当图一畅叙。匆此敬致敬礼！

小弟 功 谨上 廿日

（三）

绍公我兄：

承赐书久稽上覆，实因眼底出血，看字不全，难于作答为歉！所询之墨上款字事，此墨乃先祖在安徽学政任中所制。其时颇好填词，同时制有另一笾题曰"纨秋盦填词墨"，则"东山"二字殆取东山丝竹之谊耳。填词墨今已无存，不知公曾得之否？弟眼疾微有进境，但仍不能作小字，看书稍多即迷糊矣。尊恙头晕，想近痊可，今始知年老只是最忌"疲劳"，馀俱次要也。高明以为如何？即叩冬安！

弟 功 再拜 廿二日晨

57

周绍良（1917-2005），安徽东至人。著名佛学家、红学家、敦煌学家和文物鉴定家。曾任人民文学出版社编审、文化部文物鉴定委员会委员、中国佛教协会副会长兼秘书长等职。

（四）

绍良吾兄：

今获承教，畅谈至快！旋即与谢写唁信，再读原札，始晤张批清仪阁题跋忘求我兄带走。但致谢老信中只得谎说已交吾兄，免得老先生悬念。将来总在谢老回京前补行奉上。既发上海之信，遂奉此札，请兄通信时，但言不必罣念可矣。

专此即致

敬礼！

弟 功 谨上 十九日

34. 致张先畴　1通

先畴同志：

赐示蜀游近作，并索观俚什，爰录待正之稿，以求斧削：

《烬余》本五代宋元诸家词谦牧堂抄本也。一泯翁属题，用册中韵，书为邵伯絅先生旧藏，题识甚详

云淙健笔擅词坛，手疏缥缃语不刊。

击楫代兴豪气在，更将馀力护丛残。

青闱细字间丹黄，玉振金声聚一堂。

一叟勤搜非好事，欲莳艺海发红桑。

题友人所藏时人画册，册中有长江黄山、李白行吟、钟馗小鬼诸图

夜玉精笺白，朝霞小印红。大江流九派，高岭立群松。

面目分人鬼，云萍聚雪鸿。新陈更迭处，应见画中雄。

题潘天寿画卷

鸟似有情行草地，石终无语卧花阴。

萧寥短卷刚三尺，磊落柔毫值万金。

贺兰山石砚

中华民族久融交，万里舆图一版收。

砚是贺兰山上石，班超有笔莫轻投。

千辛采得高山石，众智成为巧匠心。

寄语临池挥笔客，要知一砚重兼金。

龙尾研

砚务千年久，良材此日多。案头增利器，笔底发讴歌。

肤理牛毛细，雕镌楮叶过。手摩一片石，神往歙山阿。

张先畴（1917－1995），曾任成都《新民报》总编、《红旗》杂志社编辑委员、中华书局副总编。

参预古文字研究会年会献颂二首

昔传星斗焕文章，真见文星聚一堂。

考古证今新义富，篇篇玄著迈三苍。

学海吾惭预胜流，又从北国到南陬。

车书枉说嬴秦一，那及今朝有壮猷。

纸生笔秃，书不成字，如此行卷，当遭简尺之责矣。姑先缴卷，以免曳白，专此即颂

撰绥！

启功 敬上 廿二日

35. 致翁万戈　1通

万老棣台世大人：

　　五世之谊，珍贵岂可胜言。虽重逢于近数年间，而情亲但觉溢于肺腑，不仅在文艺之好有所同也。功自作孽，春寒南游桂林，其气候湿凉，致婴肺炎之疾，服药无效，注射复一再易药，至今病去抽丝，尚不卜何日可以霍然而起也。

　　功此次得邀主人破格约请，全赖傅公熹年向我公陈述情况，我公千方百计说服主人，乃获函约。又承主人一再丁宁，不知费主人多少电传。最近复得示回程机票，其中部分尚须向会外募集，其艰难可感之处，在萍水之交如功，五内真有不敷铭刻者。敝校已就贱体病况电传于主人，正以未知森罗殿上之账记时日耳。今贱疾已历六日，饮食睡眠，俱起伏不可捉摸。窃念如万一届期仍未大愈，致使主人已有之安排全盘落空，其经济损失固非清寒如功者所克补偿，而且更将使我公承担荐非其人之谤。再三筹思，且与敝校负责诸君商讨，只有先请我公透其最坏之可能。此月馀间，功亦得另丐在彼亲故，倘届时幸可成行，亦不致上累主人之全盘预算。即使成行略迟，亦无损于参观展览之眼福耳。

　　贱疾详情及主人电传之详，将来俱可面陈，比际不敢觍缕上闻，且以节省篇幅也。主人于拙撰"论文"之外，复索提纲，嘱传于尊府，恐将请嫂夫人代为翻译，又将以拙稿上渎，殊不安也！敬颂

俪安！馀俟面罄。

启功　谨上　1992年3月12日

　　拙稿提纲，另纸抄呈，敬求斧削。

　　翁万戈（1918—　　），收藏家，翁同龢第五代孙，后移居美国。

36. 致刘乃和　9通

（一）

刘先生：

那天在电话中谈到许久未得聊天，总觉得有许多话要谈似的，但刘先生现在忙于对老师的护理工作，执行白衣战士的崇高工作，又怎能分出时间聊天？

刘先生在电话中谈到曾推荐我参加标点《五代史》的事，这事使我产生几个活思想：一、感谢刘先生对我的重视。这属私字，应该斗去。二、想到老师的学生何以一下子凋零至此！屈指计算，竟自数到了我的头上，实在有心酸之感。三、曾听老师亲自对我说过，许多书念起来不难懂，但下笔断句时，却不容易，这是说到《五代史》的标点。最后曾说，有些地方也只好随它去。这说明标点的不容易。老师尚且有此感觉，当然是从精益求精的要求出发，但在我辈，岂不更难，怎能不生畏难的心情？四、小弟原有岗位，并不在史学范围内，如果贸然参加，似易引起闲话，归根会落到老师的名下，于刘先生的公字也会发生误会……

如上所陈各点活思想，当然很多是应该批判的，但作为愚者千虑的话，似乎也不妨考虑进去。刘先生那天问我是否已有人接洽，据我想，如果尊议被"留中"，刘先生不宜再问，实是两全之计。或多想些人，以备采择，于公事确属有便，不知高明以为如何？

我有一个傻劲，也可以说是激动，我想这书是老师署名，我实有责参加一分（"分"字读平声或去声都可以）力量，我愿意把柴先生已标点的部分（不客气，包括刘先生已标点的部分）作为一个读者的角度和资格，希望先读一遍，提出意见和疑问，不管我是否参加团体工作，也愿意这样作，谅不讶其鲁莽！

以上是想聊天的一部分内容，有些公事的性质，所以先用书面呈上，其馀天南地北，见面时想到再谈。

这封信中有不少的封建情感，坦白写出，请您批判！专此敬致

崇高敬礼！

启功　一九七一、六、十九

刘乃和（1918—1998），天津杨柳青人。曾任辅仁大学讲师、北京师范大学教授，1955年起担任陈垣校长秘书。

星期日下午五时馀奉访，邻家云："未在家"，抬头见黑板留言牌，亦未及写。亦未敢将信自门缝投进，看情形建兰同志必又下乡了。

20 日晚

（二）

刘先生：

功现已上班，不时仍眩晕，但已较轻。

长沙汉墓简报寄上六册，其中一册奉赠陈璧子先生，因未悉详址，只好敬求转交。馀五册敬以奉赠，以供友好同志之需索。如有再多需要，请惠示，当续觅奉上。

容当抽时间趋谈，近日出版口每日学习也。此致

敬礼！

功　谨上　八月十三日

（1971 年 8 月 13 日）

（三）

刘先生：

请先恕我这样称呼！因为这是历史悠久的称呼，不是现在的客气语气。

今早我到系里去请假，才知道那天工人师傅告诉我的新任务，不是什么部队中画画写字，而是标点二十四史。我系徐主任说，这是上边指定的，通过校指挥部的。又说，那天得知我的情况，来接我的车就回去了。以后再来接，可去报一个到，现在先在家照顾老伴的病，因为这工作也不是一时半时能完的，时间是较从容。又说我校现派了二人，一是白寿彝同志，一是我。我当时万感交集不觉失声。我校领导如此体量照顾，回家即与老妻"变相"说之，我真不知如何是好。当时掩面而出，领导还亟予劝慰，"呜呼"！我这个人原有多少能力，刘先生是知道的。现在给我这个光荣任务，全是老师当初的谆谆教育，刘先生的恳切而肯定的推荐，鼓励。如今如毛滂捧檄，想把荣誉告诉老师，但已无从了。老友青峰，那天与内侄婿王大夫谈起，居然四十年之交，今如不死，此事责无旁贷。而今已无及矣！今日与领导谈，暴露活思想，老妻病将不起，我纵他日有一些成绩，她也将看不见了。呜呼！我之几"伦"，只有"朋友"，同志之督责，珍比兼金，我此没落而不健康之情绪，刘先生其将予以棒喝乎？我一定争取敬爱敬畏之同志，予以批评帮助！

写不下去了，再写即将在老妻面前暴露原形了。我没作过大手术，想像开刀

而不用麻药，大概是这般滋味。特此奉闻，不知将来能不负刘先生之鼓励否？

启功 谨上 八月廿四日

（1971 年 8 月 24 日）

（四）

刘先生：

上次去一信，说到老师住西安门时的事，不知现在有何人能知道了。"传记"写完了吗？

我最近接受一项任务，是王冶秋同志教写一篇关于郑注《论语》的说明，只能用业馀时间写，主要是星期日，写了一个架子，还在修改。

初十以后的一个星期日，不知您和陈先生璧子上八宝山去了没有？

陈乐素同志那天曾到中华去，他说他已退休。我联想到，不知《日知录》整理有无消息（我当然并没问他），大家一同谈话，也没有单谈什么，也忘了问他知不知西安门时事。

我昨天又遇流感，半夜里冷的上牙碰下牙，得得地发抖，随着便发烧，今早试表又不烧了，但前胸至后背都是疼的，今天未上班。

陈璧子不知究竟看着了文物没有，我猜可能并未看到。我想如果我这篇说明文字交卷时，可能有个机会进西华门，如果陈先生想去，我们可以研究一个时间。

我这几天原想下班去谈，今天又不能去了，流感影响很坏，必须注意。

有一方，是白菊花、贯仲合煎代茶，可以预防，请注意试试！

日内必当奉诣畅谈。此致

敬礼！

弟 启功 谨上 十二月二日晚

（1971 年 12 月 2 日）

（五）

刘先生：

承命查洪秀全卒之病因，是病死还是自杀？在此之同志，问询无确知者，罗尔纲先生不住这里，也不在此上班，已托人代询，尚未得复。李（书）局近代史组同志亦不知，查台湾本《清史》洪秀全载记，曾有一段，看其口气，似是来自太平天国人之"自述"之类，但载记不着出处，无法援引。此段文字见另纸抄录，请参考。词典条目，正在提意见，有些地方，大胆修改了，容将觉得应补词条题目一并奉上。稍暇当趋快谈，并与杜甫的儿子同喂大灰猫。

弟 功 谨上 廿八日

（1973 年 7 月 28 日）

（六）

乃和同志：

前奉手教并乃崇兄及钟灵同志赐和之什，何等欣幸！不期当时旧病大发，每日犯病一次至二次，精神上及体力上大为颓败。最苦者，看书写字都受影响，至迟迟上复，谅蒙鉴宥者！上周末又到北大医院诊视，经两位大夫会诊，决意用大量注射剂及口服药，每日注射二次，每次40 mg之烟酸，说来也真奇怪，已三天没犯病了，只偶然小小闪烁，已出意外矣，倘能如此便有较长时间之稳定，便可狂欢于国庆节矣。前与人谈古乐府云"乐莫乐兮新相知"，功戏改云"乐莫乐兮有希望"，久病之人，当无可如何之际，医疗有微效，便不啻有再生之幸。贱疾原无生命之虞，其奈天旋地转，头昏眼花，不死不活，对于急性子之人如功者，实不啻大惩罚也。

乃崇兄与钟灵同志，当专函上复，并谢他们的鼓励，您如先通信，请先代致声！专此先将鄙况奉报，知定因功之有希望而同为一快也。即致

敬礼！

世小弟 功 谨上 九月十日

（1973 年 9 月 10 日）

（七）

刘先生：

我从星期一忽然发病，这次却不头晕，只是耳朵里大声震响，觉得脑壳大有震裂之虞，因之心里恶心，此美尼尔症之又一病象，偏偏被我一一尝之，岂不怪乎！今日始上班，仍不得劲。以致未能奉诣一谈。

上次谈老师轶事，据弟所知，当有一事，即当年居西安门时（此时弟尚不识），曾被军阀张宗昌拘禁，不准出门，当时适撰印《中西回史日历》（或《朔闰表》）。足见吾师安然不惧之风度，又见于被拘中竟能作如此精密之工作。但惜其原因为何，已不知道。似是张宗昌认为老师左倾，当时凡有反封建之思想者、有革命意识者，即使资产阶级革命思想，在军阀眼中即属危险之人。记得曾有人行李中携有红皮书，即被扣，其幼稚无知可想而见。况老师思想一向前进，虽未即参加工人阶级队伍，而鄙弃封建军阀则固属意中事。此事不知您有记忆否？又记

得其时是柯凤老为之转旋解决，可惜今将无处查询矣，不知张大哥知否？明日弟仍询陈述同志，如有下文，当再续报。此致

敬礼！

弟　功　谨上　星期四晚

（1973 年 11 月 19 日）

（八）

乃和同志：

睽违又多日，春节日电话排队，尤甚于平时，以致始终未获利用。

献岁更新，敬想

兴居增胜！日来瑞雪时降，更为可喜。并想

阖第俱胜，八弟夫妇、二位小将，安吉定如私颂！

功之颈椎架已戴上，非常不便利，惟其作用正在使颈项固定，只有待其日久习惯也。

（此信写至此，因查病房等事遂搁置，那天八弟来，亦忘了拿出。今日上午想起，遂为续写，请勿怪其"明日黄花"！）

颈椎架已渐习惯，但仍不如不戴之舒服。牵引加重，并改坐牵，只须人在旁帮忙，并加监视，因如有绳套故障等，以便调整。每日早起后仍不时有后脑闪动、心中恶心之感。用脑思考或仰头看东西时亦常有恍惚感觉，总之究属见好，况确知其根源所在，不致再枉受注射之苦（打了无数的磷酸组织胺、三磷酸腺苷等等）。

您近日学习一定极忙，那天听八弟谈时，知已甚忙，想这些日更有进者矣。

我争取早日出院，尚未知能哪一日实现，想亦不致太远。鄙爱人见到有人出院后病况反复（即在医院中见到本病房病友出院后来院复诊时到病房中来的人说起），所以她有些顾虑。但亦无可如何，只有在家严遵医生指示治疗，不作可能添病的"折腾"，想当无妨也。

不多写了，馀容续行奉告。请释垂念！专此即致

敬礼！

弟　功　谨上　六日

八弟回干校了吗？附此致敬致谢！

（1974 年 2 月 6 日）

（九）

乃和同志：

　　抱歉之至！秋间蒙惠临寒舍，并以援师手札册见还，适因赴辽宁，未获相晤。前者惠临，又失迎迓，歉何可言！功如云游行者，到处吃饭，东看西游。如被人堵住，又复如接力赛跑，送往迎来，精力与时间每每虚耗，有限人生，无穷学问，俱以无谓之酬对而滔滔以逝，思之不寒而栗。即欲访知友谈心，亦常无缘。为此而开罪于人者又不知凡几。贱体日觉虚耗，记忆锐减，最近友人在家请客，功出门自思，今日何事，百思不得，遂到北海看菊展，下午归，友人已来电话两次矣。"衰"之一字，今日始得体味。

　　功于上月廿六日应吉林大学电招，往开学术讨论会，廿七日到长春，廿八日报到，廿九日开会，今日为第三日，尚须开会数日，中旬始能归京，归后当趋高斋畅谈。

　　更有请者，功有《论书绝句百首》，上海书画出版社要出版，令功手写制版影印。刚写得五分之一，大约尚须月馀时间，方能抄出。功出版拙著，俱为援师题签，今此小册，不复能得师笔矣，言之痛心，不得已，敬求吾廼和同志赐为一题，如有若之似夫子，聊以慰仰止之私，敢以"不得已"直率奉陈者，自信绝不至遭垂讶，且当更蒙深谅而乐为挥洒也。

　　签条尺寸随便，照像影印，可以展缩。文为：《论书绝句百首》，字体繁简俱可，真行不拘，惟原稿俱繁体耳。不忙，功交稿恐须明年矣。匆此敬致

敬礼！并候

德莘同志健康！

弟 功 谨上 十二月一日

（1978 年 12 月 1 日）

37. 致刘乃中 4 通

（一）

汉宽吾兄：

命笔之件，谨书堂幅一纸，录拙作数首，以为笑噱之资，书不足观也。花笺联蹰躇一再，不敢著墨，以弟于书联，本无经验，佳纸当前，必定写坏，不如且留赏其套板工艺也，因将原纸奉璧，容当另以劣纸撰句奉呈，直接寄上。孙同志百忙中为取拙书，枉驾两次，迟延所致，深为抱歉！匆此即颂

撰绥！

弟 功 敬上 九月十三日

（二）

汉宽先生、贤淑夫人俪鉴：

春节后奉到赐寄干支二章，极敷所需，感曷可言！今年春节，贺节之风大盛，不但应接不暇，即斗室坐席亦无馀地。过节后荣宝斋领导人三位（有张均康）与出版社负责人（王铁权）同来，弟即向张均康同志说明贤淑夫人所谈之出版事，张说："您这就算向我说了，现出版社的主管在此，不就好办了嘛。"接着王铁权说："您请刘先生二位来京时找我一谈便了。"当时又有来客，他们即退。谨如实奉告。大作材料现在弟处，如台从来京有便，似不妨访彼一谈，何如？

专叩

近安！

弟 功 敬上 六日

（三）

汉宽我兄：

昨日文物出版社送来大作印刷估价情形（复印大作数页，暂留弟处），谓现在纸价印工俱贵，故所估与和平出版社相似，如说折扣，亦所扣无几（约少三数千元）。

刘乃中（1921— ），字汉宽，也作遁中。书法家、篆刻家。吉林省书法家协会名誉主席、西泠印社社员、吉林省文史馆馆员等。

他们所要问的：①是三千册归谁销售，如著者自销，与出版者销，则印费可不相同。②如印刷条件不如所示之严格，则苏君可代找其他小社磨价（印的质量不言可知，可能难符所示之要求了）。谨此奉报，敬候大裁！

弟 功 上言 十二月廿四日

（四）

汉宽我兄赐鉴：

昨夕捧到惠赐宝章，灯下展观，神明焕发，再读华翰，不啻执手促膝作肺腑之谈。卯岁光明敢拜千里，遥祝大著在深圳印刷，诚为得所。内地虽不乏影印机构，但出版之物每难尽如人意。尤其电脑所印封面题字，必加虚影且多加俗画，使人欲呕。至于书内正文，则又触目讹夺，不知何故也。晨兴即速执笔奉覆，以释廑念，匆祝

俪安！

弟 功 敬叩！ 八日

此纸光滑，宜于硬笔，故借用之。

38. 致牟小东 1通

小东居士慈鉴：

今检得拙稿，记米元章书"倒念揭谛呪"一则，奉上，未知法门中有此传说否？如左右有便，是否可代致方广锠居士一览。此事殊不经，恐属外道也。大雪亦甚奇，于灾区之人似不利，未知如何耳，雪后必更寒，千祈珍摄！

功 敬叩 廿一日

牟小东（1921—2011），北京佛教协会原副会长。

39. 致刘乃崇 1 通

董宦事抄出奉上。《谈荟》乃近人郭则沄诸人合编小说，此条所记多在《董宦事实》之外，其出处尚未查出，然即此大纲似亦可略为编剧之助。郭氏后段按语极谬，可发一笑。倘查得出处，当续奉闻。此颂

乃崇吾兄撰安！

弟 功 顿首

《董宦事实》所记头绪太乱，想必梳出纲领矣。又闻有《殿争录》一书与此事有关，至今尚未访得，盖希见之籍也，附闻祈便中一访之，如何？

刘乃崇（1921—2011），天津杨柳青人，毕业于辅仁大学中文系，戏剧评论家。

40. 致李世瑜 1通

世瑜同志：

　　首都博物馆郭子昇同志蒙介绍参加民俗会议，敬贺此学得人。郭公自谦，以为只搞博物工作，说不到专学，此客气也。开会在即，郭公即将趋津奉谒，又将为兄增添照顾之力，谨此申谢，即致

敬礼

弟 启功 敬上 十二日

骥良世仁兄前祈代致意。

　　李世瑜（1922—2010），天津市人，毕业于辅仁大学。曾任天津古籍出版社编审、天津文史研究馆馆员。

41. 致吴小如　3通

（一）

小如先生赐鉴：

　　十九日枉驾失迓，二十日赐宴又承虚候，歉仄之情，匪言可喻！惟其间尚有曲折：功受文联之任，陪同"全日本书道联盟中国书道研究会第一回访中团"到山东参观汉碑，并由三人为之讲课，弟居其一。于廿日下午首途，以致烤鸭店之约，不克趋陪。舍亲面陈不清，又闻告以向烤鸭店二楼通电话。因于廿日下午行前往彼店业务科通电（因不知二楼号码），特找到熟服务员冯玉波，告以请假致谢之事，孰料传话竟致未到。又十九日夕"九三"之王老师来舍，言及小东在西山，亦恐未必能分身入城，弟亦料及，不然即往西山通电话，请其代谢，孰知又与所料相左。当二公鹄候时，弟已在火车站矣。然则万分抱歉之中，殆有五千分应由冯君代抱焉！一笑！稿二份，论吴趼人一篇，系弟系一中年女教师，颇勤劬，材料为其自己翻检为多，闻南方有人同研吴氏生平，彼固未见其稿，未知异同如何焉。又论庾信一篇，其作者并非弟之研究生，然曾向弟谈其观点，弟亦曾告以参考材料，因见曹君有论庾之文，故投之凑趣。此人分配于北京他校，假期回南，尚未归京，容当面交之，改后送嘱办理。《元略志》去岁得于厂肆，即为奉呈而买者，以居心言，不为不诚矣，然并非预为奉酬阅稿之劳者，以买帖在先也。弟于《元略》一志，坦白言之，实无所解，非遇九方皋，焉能见赏于骊黄之外耶！特作瞎扯，以发故人一噱耳！闻台驾不常入城，软尘之外，一角西山，曲径疏篱，卧而阅稿，清福何修而得者耶？弟在校中又营一窟，终日门有剥啄，只得藏头露尾。第一窟门外鹰鹯过多时，遁而速之二窟，二窟亦如之，竟无暇执笔写稿，放眼读书，有限馀生，殆将同付蹉跎矣。东鲁归时，在泰安忽然腹泻，至今未痊，具书之顷，已再次更衣矣。专此奉报，即叩
撰安！

弟　启功　敬上　廿七日
（1981 年 8 月 27 日）

　　吴小如（1922—　　），安徽泾县人。文学家、作家、北京大学教授。九三学社成员、中央文史研究馆馆员。

73

(二)

小如先生：

久违为念，前读鸿文论马连良者，至深佩服，此非一般评戏之作可比，如此公平，如此透澈，虽学术理论之作，亦将望尘莫及，如评诺贝尔奖于文学域中，非兹篇其谁属！

老伯大人书展签题，遵命书上，请指正！

弟 功 敬上 廿九

（1986 年）

(三)

小如先生史席：

手教敬悉。诸天寅同志未获晤，尊札恐已浮沉。今日屋漏，书帖数事全湿，幸《元略志》未沾水，抖晾间，适奉来书，岂真有所谓有缘者耶？容当托便人呈上。《封龙山碑》敝箧无有，遥想隶法入古，何忽于此粗刻发生兴趣？最近上海选汉简数条，放大影印，颇饶新意，未悉公曾寓目否？拙画已完全抛荒，那堪齿及，且鄙事之能，已多成累，不胜再造漏因。猥承厚爱，感荷莫名，披沥下情，深有愧负者矣。弟蒲柳先零，不日即付一炬，其时倘荷赐撰一文，即跋《元略帖》共赏之事，庶托橡笔以不朽，则馀生之至幸也。拜读大著，论皮黄流派之文，真千秋之作。盖此事内行不能为，学者不屑为，亦不能为，而天地间却有此一桩公案。王静庵之《宋元戏曲史》凿破鸿濛，其力可服，其识最可惊也。窃于大著，亦欲云然。这不算拍马屁吧。此致
敬礼！

弟 功 顿首 七日

42. 致吴南生 3 通

（一）

南生同志老先生：

献岁新春，恭维阖第万福！高斋藏画各签写成，附函呈上，其宽度有馀，装裱时可按适宜度裁窄。所写如有不合处，请示下即当重写。万勿客气！专肃即颂春厘！

启功 敬上 初八

（1993 年 1 月）

（二）

南生同志老先生：

首先敬贺年禧！年前奉到惠赐明清法书三种印本。非常精美，至深感谢！前有同志自穗到京，带来俞涤凡画仕女图，正在草拟题词。功于一月三日晨起，忽觉舌根麻木不灵，吐字不清，右手写字极不听使。经照 CT，脑有栓塞，乃服药又滴药。今已渐愈，惟仍有吐不好的字。尤其写字渐写渐坏，忽灵忽又不灵，俞画题著不太保险。万一写到某处，忽生阻碍，非常不好，因此奉问：如不太忙，拟再俟一段时间，略有把握时再写；如有时间问题，是否先请别位题字（如来京同志已回广州则罢）。功大约今年五月可能去香港一行，如有条件，到穗一停，奉谒崇阶，藉聆雅教，但难保证耳。专此敬颂

阖第万福！

启功 敬上 十六日

（1994 年 1 月 16 日）

（三）

南翁同志老先生：

启功此次脑血栓症，幸托庇痊可，只是某些字吐音仍不甚伶便，右手写字仍向左歪斜，且愈写愈小，想逐渐可望扭转，请勿念！开会同志来，带下远惠多珍，无任惶悚，谨申至谢之忱！

吴南生（1922— ），广东省汕头市人，收藏家。1958 年加入中国作家协会，曾任中共广东省委书记、广东省政协主席。

俞涤凡先生画，实为精品，谨遵命勉题一段（用铅笔画直阑，轻写字句，然后擦去）。句俗字劣，敢求严格教正！拙作《启功絮语》最近出版，附呈笑览，并求斧正！

专肃即叩

大安！

启功 敬上 三月十九日

许大姐同志前同此致敬！

临纸仍多笔误，请谅！

（1994 年 3 月 19 日）

43. 致今井凌雪　1通

凌雪先生道鉴:

　　睽违雅范,倏又多时,每于《新书鉴》中,获瞻近墨,想见风采,足慰驰思! 功近一年来,婴心脏病,心房肥大,呈靴形,冠状动脉硬化,程度较高,经常失眠。今夏美国有古书画鉴定之学术讨论会,功谬承邀请,行前检查,医戒远行,并戒久出,于是始悉贱疾有增无减。前承雅意,嘱王学仲、陈文贵两位先生前后赐约,此事于功,得获求教机会,至堪幸慰。当时本拟再求医诊,倘见痊可,再定行止,遂未敢遽行上覆。最近再作诊视,病势仍不乐观,尤其时间较长之工作,更不允许。只有加强疗养,以希早得康复,庶报知交盛谊于异日也。至于贵校延聘之讲座,不宜久虚,窃念功有老友杭州艺专(今称浙江美术学院)教授刘江先生,曾受教于沙孟海先生等诸老宿,于金石书法篆刻俱有成就,现任其校中国画系主任。人品朴实,教学极其尽责。用敢奉荐,伏乞裁酌! 倘荷延揽,于文化艺术交流大业,定有增进! 临纸惶悚,敢伫环云! 失眠手颤,书不成字,并希谅察,敬颂

教安!

启功 敬上　一九八五年八月十八日

77

今井凌雪(1922—2011),曾任日本筑波大学书道研究部教授、雪心会会长。

44. 致来新夏　8 通

（一）

新夏先生：

手教敬悉，大著二种拜领，正在反复拜读中，此次邮递无误，请释廑念！《古典目录学研究》，深入浅出，于初学、宿学，俱有裨益。盖以往学者于此道有两极端：一者仅视为但备检索之工具；一者又视为自古学术流别之大道。古代不言，至章学诚仍摆起架子，几以斯学道统自任；而余季老度越章氏何止百里，而目录学之巨著仍标"发微"二字，以视季老之另一讲义《古籍校读法》（新印本籍改为书字矣），未免一仍章甫在身，一则放下架子矣。尊著独辟蹊径，每发潜幽。弟正读至胡应麟、张宗泰部分，尚未卒业。又略见特拈旧目中涉及自然科学之书，与另册大著《热心冷眼》（按：当为《冷眼热心》）中之"科普"一条合读，不禁击节称快焉！待通读消化后，所有问题，再行驰函求教！

有一问题："喜丧"条中，所砭陋俗，极为重要，唯言公抱太夫人之遗像，令弟抱"空骨灰盒"，"空"字是否衍文？抑有别解？又目录书目偶见误字，如清初刚林，误为刚令，近人容媛误为容缓，其他如有误字，联读尚较易见，人物名字则稍不同，待通读后，一总汇报也。

又目录书中，特表彰刘氏父子之大功，其开辟之功何在，似值得详告后学。子政之录只存数篇，已详纪之，而子骏之略已另换面目而存，其原作已佚，后学仍有未知者，尊著既兼为导俗便蒙，则前人已言之事是否仍以略加启示为宜？又功于别录之"别"字，颇有久蓄之疑，是谓所录别于原书，抑谓进呈帝览之外私存底稿？钱宾泗之"年谱"中似亦未有确述，用敢上问，祈便中赐教！匆此申候，即颂

撰安！

弟　功　再拜　四月十三日

（1997 年 4 月 13 日）

来新夏（1923—　　），浙江萧山人，著名作家、文献学家。南开大学教授。曾任南开大学图书馆馆长、出版社社长兼总编。

（二）

新夏我兄：

手教俱悉，武家坡王宝钏云："也有今日"！其以画锦颜堂者，犹浅乎其见识，钝乎其感觉也！乃知事求其实，方为有济，事事倘俱能如此，年年倘俱近乎此，则"齐国其庶几乎"？致钱伯城函，谨草就，请阅后加函并大稿一同寄去。其地址可查《中华文史论丛》之通讯处，此刻弟不记得了。此函到时，恐兄已起程赴晋，故于封外附言，请嫂夫人转寄耳。匆此即颂

教安！

弟 功 敬上 二日

（三）

新夏老兄：

前者奉到（约两个月前）大著《古典目录学研究》及《冷眼热心》杂文共二册，当时略翻之后，亟作一笺，报告已收到无误。其中并言及一二小问题，奉询求教。旋即因心脏病住进北大医院，住院期间无书可读，反复拜读《冷眼热心》，已无一字遗漏，而前此奉询之小问题，仍不知已否得登台览？前数日又奉到手教，言《林则徐年谱》已寄出。昨日（六月十六日）始获得邮包，即大著林公年谱。同时又读到《东方文化》杂志中有大笔《捧柴》之文，其中涉及不佞题签事，因及旧谊，并及薛平贵之典故。回忆前尘，几乎堕泪，以不佞亦曾自言"王宝钏也有今日"之语，虽然身世各自不同，而其为患难则一。抵掌印心，倍有感触，半世旧交，弥堪珍重！年谱一厚册，非一夜（昨看了半夜）可竣，容详读后，遇有求教之问题，再行奉询。专此奉复，谨释厪注！即颂

阖第均安！

弟 功 再拜 十七日

收到《目录》、《热心》二书后奉报一函，似未寄达。可见今日邮件之不可靠，京津无异。去年弟寄广州挂号一函，久未得达，收信者电话催询，又用专用快递蓝纸硬皮之函寄去，结果蓝皮之函退回，云查无此人。再久始来答复电话，云挂号之平信始到，乃知京广亦复如是矣。可诧可叹！

（1997 年 6 月 17 日）

（四）

新夏教授如面：

累奉赐示大著，拜读获益匪浅！尤以论及我辈交谊，字字深见性情，不佞一

门凋谢，先母先姑去后，先妻继又长往。小子零丁一身，偶膺虚荣，或获笔润，衷心哀乐，殊不自知，惟有知交，方能垂鉴！近年偶弄笔墨，灾及稿纸，友人哀集成册，竟费梨枣，朋好见索，出手弥觉羞涩！兹呈一册权资纪念，并求教二字，俱不敢题，以其不堪救药耳！

今年眼底出血，罣于黄斑处，已成"病变"之痼，左手执放大镜，右手作字，其苦殊难言状。屈指春秋，马齿已届八十又六周矣，前程可计，老友如赐挽章，幸使八识未离之际，得获一读，来朝"火路"（非泉路）堪增快慰矣！

更有奉询二事：

大著中有"贩卖"一章，言及明太祖指示文臣，有关八股最初模式，此八股文真正源头，纷纷臆测俱如瞎子摸象，鄙人拙稿其一也。倘荷不吝指示：此书见于何处，其所据出处曾否提及？（尊著某册，此时亦忘记，半盲双目，翻检难艰，幸谅其琐渎！）又尊著中曾及《颜光敏集笺注》事，其作者似近代人，鄙人未闻其名，亦不知其书何处出版，并望不吝赐示！弟曾见颜氏行乐图卷，作骑射之景。颜氏清代冠服，有顶有翎（忘其顶色），乘马张弓，居然武将风度。按冠上有顶，顶分数色以别品级，始于雍正前数年，如其像不伪，则颜氏已及雍正时矣。拉杂笔谈，以代晤对。气候初寒，望多珍摄！专此敬颂

大安！

弟 功 再拜 十月十八日灯下

（1998 年 10 月 18 日）

（五）

新夏先生（恕忘了台甫）惠鉴：

奉到手示，殷勤见慰，足征高谊之深挚！弟有一问题，敢望详示：在大著《依然集》中得见所引《稗贩》书中关于明太祖指示文臣有关八股之语。因弟学识荒陋，不知《稗贩》一书在何处可见，现在承惠之《依然集》一册亦被人借去失踪。即在尊著中，亦觉有未能详知之问题，如承拨冗惠示，实感谢无涯矣！弟之琐碎问题如下：

1. 《稗贩》一书是否希见之本，在何处可见？是否丛书中本？

2. 尊著所引是否其文中之全语？

3. 《稗贩》书中是否各注出处？

4. 其语是否引自《明实录》，抑出《明太祖文集》（此书北图有藏本）？

5. 其书大约多少卷?

　　大著《依然集》，可否惠借一本，弟复印后，再行奉还。今即再读尊著，亦觉仍有以上诸未知处，故琐渎清神，无厌请教，务望详加指教。因《依然集》所引，疑有删节，即仅知"卷五"，亦不解决诸问题也。叨在知交，谅不厌其烦琐耳!

　　即颂
撰安!

弟 功 一日

(1998 年 11 月 1 日)

(六)

新公老兄:

　　今午奉到手教，喜出望外! 承条分缕析赐答，使弟顿开茅塞。又承复印《稗贩》原文，又承重惠《依然集》，感何可言! 此条(或有关此事之文)一定载于《明实录》，当嘱人去察。此条于八股之最近源头，关系至大，弟有《说八股》一稿，多所猜度，想已蒙赐览，得此一条，将来补入，决不忘发现新大陆之哥伦布也。惟"八脚韵"一语，似是《稗贩》作者引原文时将后来之"传称"连引于此，想明祖当时不可能即有此称。书生迂习，遇文必作猜度，高明以为如何?

　　赐联二稿俱佳，看不出高低分别，倘承赐书，以小幅合书一纸为妙，因斗室堆积已无隙"墙"(更无隙地)，不能悬挂也。知承悬念，立即奉复。大著收到后再行续报。即颂
撰安!

弟 功 上言 六日

　　弟眼病日剧，画已不复能作，待于强光下拟写祝词，捡其中稍可者再行奉寄也，又及。

(1998 年 11 月 6 日)

(七)

新公老友:

　　《依然集》承重惠一册，至深感谢! 最近中华书局将拙文三种重印，一《汉语现象论丛》，二《诗文声律论稿》(印单行本)，三《说八股》(亦单行本)，弟引尊著中述《稗贩》中语，补入拙文篇后，此时不及抄出，不日印出，当先呈览。先此敬申谢悃!

大著诸册，内容札实丰富，可惜敝躯日劣，双目日昏，每日服药，效果毫无，遂深负高文，不克详读！今日阴霾，张灯作书，书不成字，即颂

撰安！

弟 功 敬上 十四日

（1998 年 11 月 14 日）

（八）

新夏先生惠鉴：

前获手教并索拙作《说八股》，以贱体眼疾时轻时重，又兼每日常有客人光临，晚间即筋疲力尽，致迟迟奉复，谅蒙赐宥！不佞近日于清代学术及初年之政策，略有看法，拟作汉武帝与清圣祖之比较，觉汉武有逊于清圣祖者，此非珠申子孙之私言也。至于八股一端亦略有新的探索，容当写呈求教！匆此即候

撰安！

弟 功 再拜 四月十日

中华书局合印本《说八股》一册中，金克木先生已作古，张中行先生亦卧病，不佞想不久亦与八股同废矣。

45. 致许力以 1通

力以同志：

赐函并《大全》文件草稿印本，敬悉。启功因患喉炎，未能及时陈覆。谨按文件草稿，十分周详，对各博物馆、出版印刷机构，勉其尽力，语重心长，想凡参预此事之人，自必无不尽心尽力！分类条目中第七页有"金石铭文"一项，未知具体包括内容，将来详目中自可分晓。因仅从此条目一行看，设想金文部分或拟独立出来，而石刻铭文，则易与碑帖部分相纠缠，因碑亦称"碑铭"，墓志亦称"墓志铭"。猜想立条之意，或以钟鼎等铭文太多，可以独立成项，如此是似可径称《中国历代（古代）金文大全》即与碑刻石部无冲突矣。不知有符原意否？匆此敬覆，即致

敬礼！

启功 敬上 八月廿一日

许力以（1923－2010），原名承学，广东遂溪人。曾任国家出版局出版部主任、副局长、中国出版工作者协会第一、二届副主席，中共中央宣传部出版局局长。

46. 致范用 6通

(一)

范用同志:

手教敬悉,尊恙大痊,甚为欣慰!

拙著获蒙亲自设计,实为厚幸,亦深增惶悚!

所设计各端,悉遵硕划。《张猛龙碑》用作封面,实胜港本之零碎墨块。至于拙书手稿,原本已归港上友人,印本中者俱用照片。其印片前曾以一份奉上(连底片俱已呈上),今既不存,今师大只存印片一份,容日将并张碑一同奉上,请选择用之。

又想到如只用数首,是否可由功另写作起草之样,字稍行草,略加修改,作假草稿,虽未免欺人,亦可避免雷同,而稍见别致,不悉高明以为如何?

敬礼!

弟 功 谨上 二十五日

再陈者,经详查,拙书《论书绝句百首》小楷底片与印片全份,昔俱呈上(并前补所缺诸页,俱已呈过),恐尊处放置参差也。

今已托人将旧存一份印片重新翻拍,以备选用,其原稿早归香港马国权同志,如必从原迹拍照,只好向马索要照片矣。附此奉闻,并希惠示办法。又上。

(二)

范用同志:

今午劳大驾上下高楼,不遑喘息,衷心悚愧!奈何奈何!

尚有有关拙稿中四字校订处,补行呈阅,望赐为补改:

拙作第九四首(无端石刻……)"徒逞斫断之口,悻悻之心";又"昔之斫斫然累牍连篇者",二处共有四个"斫"字,排印俱作"龂"。功思二字本通,遂未加改。继查,"斫"可通"龂",而"龂"似不能通"斫",是以仍以作"斫"为宜,敢望便中赐为改校,是为至祷!

馀容面叙,且必求一畅饮之聚也。

范用(1923—2010),江苏镇江人。曾任中央人民政府出版总署出版局副主任,人民出版社副总编、副社长,生活·读书·新知三联书店总经理。

午与苗公通电话，亦以畅叙为盼焉。

专此即颂

大安！气功务望不稍间断！！

弟 功 敬上 二日晚

信尚未发，今早通电话，得知尊体欠安，可知昨日上下楼太速，以致又喘，衷心歉疚，不知如何奉慰！千万保重！因不知尊寓之地，只好仍寄办公室也！又叩，三日。

（三）

范用同志赐鉴：

在杭奉到手教，获知拙稿插图所缺各件。在杭即托浙江美院的同志代拍，因其手边尚有不足者，遂未补全。

归来因腿受寒，不良于行，又迟许日，方将所缺补齐，惟二次所拍，底片大小不一，想制版放大，当无问题。

如有何处技术尚不足，请速示，当再补做。

今明二日为人民美术出版社召开《美术大全》会议，未克趋承教言。十号以后，当谋畅叙。

专此奉候，即致

敬礼！

启 功 敬上 一九八七、五、八

85

（四）

范用同志：

前承命题电影场名，由邮寄呈，想早蒙察阅，不知合用否？

功匆促应命开兰亭书会，七日赴杭，九日赴绍兴，今已回杭，尚须参加鉴定书画二周，然后归京。

前电话中闻拙作《论书绝句》插图尚有短缺，不知是何图。如承责任编辑同志查出，请即寄示，因如待功回京后，则又将隔近一月时间矣。此地有书法资料，亦有人可为拍照（上次所呈各片，校内俱曾有底版，不记得是否已将底版并交尊处）。希望便中赐一详示，因如待回京，则又需时日了。功现住杭州北山路新新饭店西楼102室，如承赐函，请寄此处即可，专此

致敬！罗公恳望代为致意！

弟 功 敬上 十二日

《外国漫画》（曾在尊社见其底本）未知已出否？

（1987 年 4 月 12 日）

（五）

范老：

拙稿《论书绝句》第四八首，P96 第二行"怕妇李老"四字用典有误，应改为"李靖诸碑"。请赐改正！

书签另纸写呈，附上。又致陈万雄先生一纸，求代转。

书签不知两地共用或分用，请赐选之。

敬礼！

弟 功 敬上 六日

《金禹民印存》，有拙序一篇求教。如有助于青年学艺者，拟自荐于《读书》，不知可用否，万勿客气！

（六）

范老：

承枉顾，诸多简慢！拙作论词、题画诸绝句录文敬以奉上，敢求赐教，并求便中转致。

又致李祖泽同志一书，由原编者黄君转致，一并呈览，览后亦求赐嘱通讯员代掷邮筒（如有不恰当处，请赐一电话，当再改写也）。

如承赐为附加一函，尤所感荷！如即此已足，则不附亦可，统求大酌。即致敬礼！

启功 敬上 六、廿七

47. 致李琪 1通

李琪部长：

命拟影印古代名家字帖方案，兹拟得数种，寄请参考。其中有一少部分（如长沙之兰亭、天津之徂暑帖等），未曾见过，姑先列入，以待再酌。见闻不广，罣漏定属不免，敬求惠予指正！此致

敬礼！

启功 谨上 三月二日

（1965年）

附呈：影印古代字帖设计方案一册

影印古代字帖设计方案

1. "二王法书墨迹选"（方案一）

（名称亦可用"历代法书选——二王墨迹卷"，其馀名册俱在总名之下作分册的标题，如"唐人墨迹卷"、"宋人墨迹卷"之类。）

王羲之：万岁通天帖中前二帖	（唐摹）	（辽宁博物馆）
两后帖	（唐临）	（故宫）
此事帖	（唐摹）	（张氏）
寒切帖		（未见，闻在天津博物馆）
曹娥碑		（辽宁）
黄庭经	（唐临）	（故宫）
王献之：万岁通天帖中一帖	（唐摹）	（辽宁）
鸭头九帖		（上海博物馆）
中秋帖	（古临本）	（故宫）
东山松帖	（宋临）	（故宫）
附其他名家：陆机：平复帖		（故宫）
谢安：慰问帖	（宋临）	（故宫）
万岁通天帖中二王以外名帖		（辽宁）

李琪（1914—1966），原中共北京市委宣传部部长。

王珣：伯远帖　　　　　　　　（故宫）

（以上只收国内现存之晋帖，兰亭序另作专册，不收入此册。）

2. "晋代名家法书选"（方案二）

陆机：平复帖

王珣：伯远帖

谢安：慰问帖

王羲之：万岁通天帖中二帖

　　　　　两后帖

　　　　　此事帖

　　　　　寒切帖

　　　　　曹娥碑

　　　　　黄庭经

王献之：万岁通天帖中一帖

　　　　　鸭头丸帖

　　　　　东山松帖

　　　　　中秋帖

附录：

王羲之：快雪时晴帖*

　　　　　九日都下帖*

　　　　　奉橘帖*

　　　　　大道帖*

　　　　　远官帖*

　　　　　丧乱帖　　　　　（日本）

　　　　　行穰帖　（张大千）

　　　　　游目帖　（古摹）　　（日本）

王献之：送梨帖　　　　　　（不详，有照片）

　　　　　白骑帖　（宋临）　　（日本）

　　　　　鹅群帖　（宋临）　　（不详，有罗振玉印本）

（附录中之各帖俱不在国内）

---

*　台北"故宫博物院"藏。

3. "二王法帖选"（方案三）

（此册只选宋刻宋拓著名法帖中的二王佳帖，取材范围以故宫及上海博物馆所藏各帖为主。各帖中选取字佳、刻精、拓精的，例如王羲之"建安帖"。淳化、大观、澄清、宝晋各帖中俱有，择取其中刻拓最精之一本。又各刻中王羲之所有之帖，不少于一百多件，在其各件中选取精品。照顾各种字类，如真草行等。此类帖多是三五行为一件，各自单行，并不发生割裂文辞的问题。）

取材各种古刻：

淳化阁帖、大观帖、澄清堂帖、绛帖、宝晋斋帖（以上是主要的大宗来源，其余零星古帖不计在内）。

（十七帖、黄庭经、十三行等，可另编一册或二册，不入此内。）

4. "兰亭帖选"（甲）（方案四）

唐摹（神龙本）本	（故宫）
米跋褚临本	（故宫）
唐摹绢本	（长沙博物馆，未见）
天历本	（故宫）
米跋陈缉熙本 （明人摹）	（故宫）

附：

米跋黄绢本	（日本）

元人陆继善钩摹本*

（附录二种可有可无）

（此册只取摹临之墨迹本，不收石刻本）

5. "兰亭帖选"（乙）（方案五）

定武翻本	（故宫）
游相藏本八种	（故宫）（一种在庆云堂）上海博物馆有游湘兰亭三种附有兰亭诗（陆谏之）
宋拓褚摹本	（故宫）米摹兰亭　王士祯
其他旧刻本	（天津博物馆藏翁方纲搜集兰亭帖多种，合装数卷，未见，可选拔佳品）

附录：

定武柯九思本*

---

* 台北"故宫博物院"藏。

定武独孤本　　　　　　　　（日本）

定武吴炳本　　　　　　　　（日本）

（此册只印石刻古拓本。如为一册中可见全貌，可将方案四、五合为一册。）

6."唐代名家法书选"（方案六）

欧阳询：梦奠帖　　　　　　（辽宁）

　　　　卜商帖　　　　　　（故宫）

　　　　张翰帖　　　　　　（故宫）

　　　　千字文　　　　　　（辽宁）

张　旭：四诗帖　　　　　　（辽宁）（唐人书无名款）

颜真卿：竹山联句　　　　　（故宫）

　　　　湖州帖　（宋临）　（故宫）

柳公权：蒙诏帖　（古临本）（故宫）

高　闲：半卷千字文　　　　（上海）

怀　素：苦笋帖　　　　　　（上海）

　　　　论书帖　　　　　　（辽宁）

杜　牧：张好好诗　　　　　（故宫）

（唐人墨迹，国外尚多，如作资料，可另印一册，本册内分量已足，似无须附录。）

48. 致何惠鉴 1通

惠鉴先生赐鉴:

　　两函敬悉,迟复为歉! 廿日已补发电传以奉惠徵博士,想已赐览。兹再奉陈:启功遵命出席讨论会;四月十五日随同北京故宫一团同行;论文一篇电传与翁万戈先生代转;散会后有友人约游一段时间,由鄙友负担;回程机票望予以灵活用票,以便延时应用。所示鄙人签名信件,此纸是否合格? 请谅!

　　　　　　　　　　　启功 1992. 2. 22 北京时间下午 6 时 45 分

　　何惠鉴 (1924—2004),著名学者,陈寅恪弟子,长期居住在美国研究中国绘画,在中国绘画和佛教美术研究方面卓有成就。

49. 致何惠徵　1通

何惠徵博士：

　　承邀参加董其昌研讨会，谨遵命出席，准备论文一篇，已寄翁万戈先生，求为请人翻译。行期，据闻北京一组为四月十五起程，启功已与北京故宫一组相约同行。故请将赴美机票与北京故宫者一起惠寄。至于回程机票，请赐予暂不定期者，因会后有友人相约再迟几旬，大约五月下旬始得回程（会期廿日闭幕，启功未能即回），故请将回程票购为灵活之票。尊处机票制度，鄙人不熟，多费清神。不胜感谢！

启功 一九九二. 二. 廿

何惠徵，美国大都会博物馆研究员。

50. 致武静寰、胡云复 1通

武静寰、胡云复同志：

我现在想写一种普及性的小册子，专为中小学生以至中小学书法教师参考之用，取名《书法辅导》，或加上"中小学"三字。

设计是前边一段解说或评论，不超过二千字，后边有几页图。图有解说。

不定期，多者可出十小册，少者四五小册（第一次如反应不好，就停止）。一册有一个重点，说明一家书法、一个帖、一种风格的特点和写法等等。

现在写出一个"前言"，是一些基本问题，后边拟附几页图解：

1. 柳公权帖一页（选字）。

2. 用透明纸划出柳帖各笔划的中线一页（二页可以叠起映光可看出中线的关系）（印本可不用透明纸）。

3. 把这页的字用简体写一过（我用毛笔写）。

4. 再把我写的简字一页划出中线。

5. 把这四页缩小排在一面里，成为四个小楷帖。

6. 把上面过程、用法、好处，加以简单说明。（以上是第一册的计划）

以后一二册拟把那个前言仍列在前，因它有普遍性，甚至各册全用它。

第二册拟讲那个黄金律问题。

第三册讲行书。

第四册拟讲对一些旧说法的批判。（或摆在第二）

第五册再讲一回楷书，欧、褚、颜的风格比较。（或用两册）

第六册讲草书。

第七册……（以某帖、以某家某派为单位地去解剖）

……

每册不超过十面，计价最好不超过两角。

这个设想，不知是否合乎实际，应增减修改处，您还有什么意见，请不吝指示。即致

敬礼！

启功 敬上 廿七日

93

武静寰（1924— ），原北京师范大学出版社副社长、总编；胡云复，原北京师范大学出版社副总编。

51. 致冯其庸　2通

（一）

其庸同志：

久仰了，未得承教。前由吕启祥同志转来所赐大作葡萄一幅，诗书画俱造妙境，不胜佩服！

功笔砚久荒，有时略习草书，画笔则廿年未动，原思勉答琼瑶之投，藉求鞭策，不意二周来左眼忽现黑翳，仅用右目，手不随心，且写不及一幅即一片模糊，不能成字。明晨再到首都医院诊视，恐一时不易恢复，如待缴卷答谢，必将拖延过久。谨先申谢忱，容当趋聆雅教。专致
敬礼！

弟 启功 敬上 廿六日

（二）

冯老：

照片俱看过，午间电话面陈，再看乃有误辨处，"校字"处，实水湿痕迹，并非挖补。至其真伪问题，实不易说，因至今未见其真迹何似。如果前些年双钩书序字作章草者可算真迹，则此四字与彼颇不相似。如果彼双钩本不够真迹，则此四字更无从比较矣。不知高明以为如何？专此敬颂
新年万福！

弟 功 敬上 廿七日

承惠罐头，无任感谢！

冯其庸（1924— ），名迟，字其庸，号宽堂，江苏无锡人。红学家、书画家。历任中国人民大学教授、中国艺术研究院副院长、中国红楼梦学会会长，现为中国人民大学国学院名誉院长。

52. 致 李 瑚　1通

伯琦我兄：

奉到自曲阜手示，至深欣快！板桥资料，奇趣横生，真妙墨也！其中"京斋"疑为寓斋之误。因"枝下村"在扬州，故不可能又云京斋，或"寓"字形近而讹，如非光暗难辨，则此画或出摹写，然即使出于摹写，其文词固出板桥，仍为重要史料也。此藏处是否属博物馆？应如何称，因弟记入"击脑编"中，当注其藏处也。

民国史是大工程，我兄此番搜集，定有若干新发现。曾闻谢元璐同志言，孔德成之父或其上一代某人，袭衍圣公，劣迹多端，兄在彼当不乏所闻。

莱子侯刻石传拓甚多。今虽禁拓，恐亦不值一拓矣，想定剥落更多故耳。

孔墓中究有何物，上次挖开，有何出土物？兄闻之乎？

北京南郊黄土岗公社出现汉墓，可能不减马王堆，兄有所闻乎，闻日内可发掘。台从归来，或可值其清理时。

孝萱兄同行，收获定亦复不少，未知与兄分工如何？又未悉同行尚有何人？会厂兄同去否？

贱疾最近又发作略多，但尚轻，只频数为可厌耳。尚未能上班，甚令人着急，以乘车时最易发，遂有行路难之叹。知蒙注念，敬以奉陈。

匆此奉复，即致

敬礼！

弟　功　谨上　七月十九日

李瑚（1926—　），辽宁省锦州市人，中国社会科学院近代史研究所研究员。

53. 致 哲 翁　1通

哲翁先生坐右：

　　前奉教言，敬悉尊藏盛意园先生墨迹将赐为敝箧之宝，厚贶高情，敢不拜
领。惟功介然一身，珍弄无所，昔日所存先人遗物，全部捐与辽宁博物馆。今拜
尊赐不久又将转交博物馆，因敢窃申下悃，高谊百拜敬纫，宝墨仍求代管，容日
敬趋高斋一饱眼福。又大笔一幅参加沈阳书展者已经取回，现存鄙舍，垂棘归
来，几经周折矣，所幸完好无损，稍足慰怀。功近将应香港中文大学之招，前往
讲课，约须月余时日，待返京后即当叩谒
文几，以求教益，专此不尽，即颂
教安！

启功　敬上　廿七日

（1985 年 9 月）

哲翁，生平不详。

54. 致方子才　1通

子才老兄如见：

　　前奉到大作山水，宛然黄宾老风范，拟题数字以志倾倒，随写佛经数行，谢谢！命临草书《出师颂》，以近日无好笔（买不起了），容当续寄。昨奉户口残纸背上大札，如见敦煌古籍，雅不可言。查札悉与人易物而去，所易者兄所不喜，乃红兰居士荷花一幅也。苏公弟已经年不晤，虽住址甚近，而过从不多。《公羊》残卷实为珍籍，岂敢妄加贬抑耶？箧中经背又是何等珍品耶！可惜小弟无此等好画，用此等好纸装头；更无此好胆量，以此等好纸作书画也，兄谓如何？尊寓仍在张相公庙否？何时在寓，可相访乎？班上有无馀暇相谈琐屑无聊之事乎？多赐佳札以便珍弄。专此即颂

台安！

　　　　　　　　　　　　弟　功　顿首　八月二十四日

　尊处办公地点是何地名，信皮所写恐不易找也。

　　　　　　　　　　　　　　　　（1949年8月）

　方懿枚，字子才，生平不详。

55. 致 方 闻 1通

方闻先生台坐：

金台杯酒，一接清辉，谬蒙格外青睐，惠邀参加盛会。不佞学植薄陋，忝预鉴古名家行列，其愧恧何可胜道！

鄙人近岁忽婴心脏病甚剧，居常彻夜不能入睡，翌日疲惫不能工作。医诊以为心脏呈靴形，冠状动脉硬化，敲之作墙壁声，虽不敢言知命，但亦并无恐惧。惟蒙各级领导，事事关怀，亦不敢遽尔自弃也。

曾奉芜笺，略陈鄙况。更蒙殷勤鼓励，再促首途。盛谊难违，乃作行装之治。我校依手续呈报教育部，部中再向国务院请示。部院立即批示，认为以先作检查为要，倘医生以为无碍，手续立即办理，倘健康不足，则不宜轻于起程。今日上午起作各项检查，结果事与愿违，医谓不便远行。遥望云天，且盟息壤。倘末学有承教之缘，定托福庇，必有获登讲席，一聆高论之日也。

且此次四方名家，同聚一堂，即以国内同仁言，亦俱文物界之硕望。弟平生教学，已成庸匠，忝预胜流，无补于学术之发扬，念及少玷半席，又未始不足少减愧怍耳。

勉草发言稿一篇，已求故宫杨伯达院长代呈。其后发现脱误处，敬此补为更正：

"3. 书与画的关系问题"一段中，言及所谓"同核"之设想，"一、民族的习惯"一句，"习惯"后应加"和工具"三字。

"（五）诗与画结合也有庸俗的情况。明代许多人记载……""明代许多人"应改为"南宋邓椿《画继》"。（昏忘之馀，手边又无书备查，邓椿是南宋北宋，并求订正！）

又最末"我这个小学一年级生的艺术理论答卷……"一小段，朋友以为过谦则近于伪，谨遵直谅之箴，敬请代为削之。

专肃，敬颂

道安！

弟 启功 谨上 一九八五、五、十三

方闻，美国大都会博物馆中国馆馆长，普林斯顿大学教授。

56. 致 方 瑜 1 通

敬求方瑜女士便中惠转

启功 敬恳 十月十二日

台静农先生治丧会并转台先生全体宝眷：

惊悉

静翁噩耗，不胜悲痛！平生师友之谊，竟于此毕，如可赎兮，人百其身！只望节哀，以完先生遗志！即希

礼鉴！

启功 谨上 十月十二日

（1990 年 10 月 12 日）

99

方瑜，台湾大学中文系教授。

57. 致广元法师　1通

广元法师慈鉴：

　　杖锡北游，获瞻顶相，暌违数年，深喜法体增胜，欣慰之至。猥承雅命，书陈州太昊伏羲帝陵碑林题署。功自前年末患眼底出血，黄斑病变，视物不清，艰于作字，勉写较大之字，殊难仰副雅意，不得已重写数字，敬请鉴择，如仍不适用，望更示下再行试写，万勿客气，此非但向法座负责，且应向伏羲先圣负责也。专肃敬叩

道安！

启功和南　己卯夏五

燕市寄

（1999 年 5 月）

释广元（1928—　），台湾净律寺方丈，著名书法家。

58. 致王靖宪、谷溪　7 通

（一）

靖宪同志：

　　手示敬悉，承抄示黄子久资料目录，至为感谢。温君所辑之本，获知可蒙代借，更所感谢！即祈惠为代借一读，即留于尊部办公室中，功下周内到东城之便，即可取携，或求挂号付邮。西城路远，请勿远行专送也。

　　前查诸典故，"熊虎之状"一条，《渊鉴类函》中有之，但只注"《左传》越椒"，仍不知何年，所愧经书不熟，必须乞灵于《春秋三传引得》（哈佛燕京出版者），则"鲁僖司马"亦可从而解决矣。《引得》吾校虽有，但不在本系中，借阅须迟时日，了解在何处，可能为历史系借去，如向北京图书馆查阅，则准有无疑。专此致谢，并申

敬礼！

弟 功 谨上 三月十七日
（1962 年 3 月 17 日）

（二）

靖宪同志：

　　前奉上一函，谅蒙詧及。续于《图书集成》中查得有关之典故出处，再用《左传》印证，知陈郁实是误引。

　　一、杨食我生而有豺狼之声，见《左传昭公廿八年》；而楚司马子良生子越椒，则有熊虎之状，而有豺狼之声，见《左传宣公四年》，陈郁乃误记为一人。

　　二、尧眉事见《竹书纪年》。

　　三、龙章凤姿乃唐李揆事。

　　四、鲁僖司马秀眉事，则始终不知出处，陈郁既频频误引误记，安知此非亦误记者乎？姑阙疑，查着后，再行奉报。

　　专此即致

敬礼！

弟 启功 谨上 三月廿二日
（1962 年 3 月 22 日）

　　王靖宪（1928—　），浙江宁海人。历任中国美术家协会《美术》杂志编辑，人民美术出版社古典美术编辑室主任、编审。

　　谷溪（1946—　），现为人民美术出版社编辑。

（三）

靖宪同志：

那天奉访未遇。翟处始终无回音，后又将彼索书画扇面交去，以示敲打，据送去人谈，彼并未拆包看扇，其态度如此，实令人不解。只好再等一等了。鹤铭事，看了翁文，觉其言之颇有理，惟恨颜光敏本无印本，插图又太小耳，日本印中华墨迹大册，希望早从苗处取去拍照，因闻彼于春节又将赴港，恐其家人不接头也。

功 上 十八日

（四）

靖宪同志：

不晤又多日了，敬想一切顺利！新年多福！

弟从年前即感冒多日，好了又坏，非常讨厌，不敢与人接触。年后在灯节前一日忽然心脏病发，大夫秘不相告病情，由校系共派研究生轮流来值班，不许我活动，不许出门，自己感觉只是心荒（慌），有时心跳而已。

弟在香港所出的《论书绝句》单行本，需用插图，大部分在彼可以找到，尚馀若干帖，那里所无。

谨求我公在赤井清美的书中赐为一查，有什么即请赐拍什么，他们要放大到大三十二开版一面中用，恐亦不能全占整面，所拍能约够放的就行了。胶片请给我，让他们去放。

如公家中有什么可补的，也望赐拍。（记得公有包世臣论书绝句印本，我那本被于思泊要了去了。）叩头叩头！！

过几天，打电话去请教缺哪些，好另找去。（以免再烦公复信了。）

敬候

阖第春安！叶仙同志更加健康！

弟 启功 敬上 廿日

（1985 年）

（五）

靖宪同志：

又多日不见了！再有点事麻烦老兄：从前知尊社有《邦彦画册》出版之计划，不知有无消息？其照片可否惠予一观？能惠借几天，尤妙。兹由翁如兰同志往谒面谈，恳予延接，如承惠借一观，即交翁同志手，定当如教按时奉还。至盼

至祷！即致

敬礼！

弟 功 上言 廿六日

（六）

靖宪、谷溪二位同志：

政协会未完时，功即请假赴兰亭之会，行前将台静农书法选签寄去（还有《万岁通天帖》的），未知收到否？

功到杭之后，兰亭会毕，即加入鉴定活动，大约月底始完。完后即归京，咱们商量完书法教材的参考资料部分后，我再往安徽。

在这里杨仁恺同志提起我写的《万岁通天帖》一文，我即说起咱们单行本事，他很支持，并说我的拙文将来在他们合印的《藏宝录》还可用，不管一稿几投。还希望社中给辽馆打一个招呼（提到功在杭与杨老言明的），信函通知即可，不收资料费，将来能给些样书即好。以辽博藏画之册言，彼只送二十部，此亦可依例。通情达理，谅社中亦必不会有问题。

又拙稿彼能编入《藏宝录》，尊处如有复印本希望直接寄给辽博一份。如无时，我回京再寄亦可。（记得钢笔写的那份在尊处，较好印）如何？

拙文稿望便中寄："沈阳市和平区辽宁博物馆徐秉琨馆长收"。如招呼信中发亦可。

此致

敬礼！

启功

在绍兴见到《人民日报》的几位领导同志（连钱里仁社长也提起我那条字），还说日本笔没搞到，我十分抱愧，希望邵大姐替我致谢，不要再费心了，这些工作，难道还不应该么？请王靖同志恳切地替我说明，邵大姐分神挡住为盼！

又及

（1987. 4. 17）

（七）

靖宪、谷溪同志：

今日下午谷兄来述靖公同意鄙见《美术全集》署名之法，当时匆匆漫应之。随后追忆，那日所留鄙见，口说未能达意，留字亦非全貌。鄙意以为二文弟不能妄加领衔，只有扉页可加署鄙名，但并非只署鄙名，鄙名主编之后，必须加署王、谷（还有谁，我未知）同编之类联署。此是大会规定，亦须各卷一致，倘非由于一致之规格，则鄙名主编亦殊不应该，主编云云，实为掠美！又何能只署主编，不写同编，仅在文后注名，于理殊不相合也。兹重申之：⋯主编⋮同编。此式我不知究如何排，只求与各卷一律为要！每文之后或每篇题后各署撰文人名字，实较妥当，亦以一律为要也！

心不在焉，漫然答应，几误大事，亟为明确之。想必谅其马虎焉！

敬礼！

弟 启功 上言 廿五日夜

59. 致汪庆正 1通

庆正先生赐鉴：

前闻王立梅处长已自美归国，并带来阁帖及安思远（藏者）坚持之价。不佞功谨按：我国书法为艺术一大宗，王氏羲之父子又为书艺之主流。今传世只有二、三卷唐人钩摩之本，惟淳化所刻之《阁帖》为我国千秋学书者之模范。而自宋以来，千翻百刻，欲见真宋拓原本，已如星凤。近百年来流传真北宋拓本，仅存三卷（有王铎题签），又有第四卷一卷（与前三卷刻法拓工相同），足称国宝。安氏索价虽高，但仍表示全在我国保存国宝之面子上（四百五十万美元）。安氏又云，中国有拍卖行争着要拍，美国大都会博物馆亦想要，安氏俱拒绝，以表其重视我国收宝之面子。

《阁帖》之真伪聚讼数百年矣，宋代泉州翻本有"四十二泉"之号，其他翻本亦不胜数。近年许多人推重尊馆所藏十卷本，我公法眼早已鉴其非北宋之本，在明四家中，略近潘刻，今见真宋本益足见其较晚也。

近日"非典"传染猖狂，略陈鄙见，又深慨可谈此道者，已无几矣！

弟启功再拜

汪庆正（1931—2005），曾任上海博物馆馆长。

60. 致王嶽 3通

（一）

王嶽同志：

来书拜读，关注雅意，十分感荷！现在流行伪造书画事，更有因人伪造自己书画而一再涉讼之事。按有人作伪，可见其笔墨必有人欣赏收购，此正惭愧之不暇者，而涉讼之馀有时误将己作之稚劣者认为伪作，及至证实，反成笑柄。去年有友人相晤时言，藏有鄙书一幅，拟令我鉴定真伪，当即答云请看其字，写得好的即是假的，写得坏的即是真的，在场之人莫不大笑。且人生几何，身后有人千翻摹、百伪造，又将奈何！功于此事，只持自勉之志，如我写的字都能如二王颜柳以至苏黄赵董，则作伪者亦必较造启功字难若干倍，其伎俩易于暴露，我亦可省诉讼费用矣。我公高明，以为如何？在旧社会中，有切忌之事，揭人盗窃者，必被盗窃。今新社会，自全不同。惟既作欺人之事，此人即已不属新社会之人，吾辈亦宜以旧社会所忌者待之。无论昔日吾二人交谊如何（自恨真想不起来了），即萍水初交，此义不容不奉陈也。敬颂

夏安！

启功 上言 六月十七日

（1991年）

（二）

王嶽同志：

来函敬悉，说起旧事，如戏如梦。无论我欠人的或人欠我的，将来造物者面前，同成尘土。弟今惟一养生之道，即三个字：不管它！我公以为如何？前函笺纸，乃用泡沫塑料（此纸仍是）软笔头所书，托一友人代发。友人复印几页，并将印件装函奉寄，后并将复印件给弟一纸，弟仍未知函内装的是哪一张。及读大函，始悉其事，亦殊可笑。此次自己付邮，不托别人代寄，特为声明，此纸不是印件也。两读华笺，深见笔意灵妙，体势峭拔，知于八法，极有功力，惟函中小字稍逊封筒上较大之字，足证放开笔力之重要焉。何时挥洒之馀，惠我片纸，想到便写，莫拘内容，所谓千里面目，颇有摄影录音所不能起之作用。高明以为如

王嶽，书法爱好者。

何？弟日日奔波于笔砚之役，面目已无复人形。去岁心肌梗死，几乎真正作废，今由乌乎变为鸟乎，所谓差一点就乌乎了。可庆可吊，亦不自知也。匆复即颂

教祺！

弟 功 再拜 九日

（三）

王嶽同志：

前后共得来教三书：

1. 谈发现济宁有拙书伪品（当即奉答一书，代寄人将复印件装入）。

2. 来书询问复印本事（当即奉答一书，说明托人代为复印，其人即将复印件装入，致生疑窦）。

3. 今日来书，七月卅一日书，仍言前事，似功之第二封答书竟未寄到。

兹再详加说明：来教本意，弟亦了然，窃以为过去之事，如我欠人者只有统作忏悔，如人欠我者，则宜速加淡忘，不必重温烦恼。此种阿Q态度，无论阁下同意与否，弟已成痼习，或谓贱体近颇健睡，或得力于此，亦未可知。如遇谬赏者，更期共勉耳。

至于复印件事，是既具答书之后，友人来舍，见其谬论尚有可取处，携去代为复印，并谓即为代寄。谁知代寄时，乃自留下原纸，而以复印件装入封内。此事弟一无所知，更非珍惜自己墨迹也。自接到第二封来书，始知其情况，不意第二封奉答之书，竟未寄到，故此次用挂号寄呈，或无遗失。

此次来书，封外书"上海音乐学院"，封内书"山东济宁师专，邮码272125"，以前来书俱自济宁，故仍寄济宁，不寄上海，倘台驾回济宁自可见到也。

此次是用泡沫塑料笔头、炭素墨水所写，绝非复印件，请放心！

敬礼！

弟 启功 上言 八月十日

61. 致韩继东 2通

（一）

继东同志：

接到来信，非常高兴！知你在紧张工作中，还有馀暇留意这些考古的事。

辽墓的画，现在故宫修复，可惜我因病未能去看，但已听人说了内容，将来可能拍摄新闻影片，咱们都可以看到了。至于它是否杨四郎的妻子之墓，我倒没听说，将来不难分晓。总之，这是近年考古工作中又一大发现。

"曹雪芹故居"我没得参观，究竟如何，其题诗又是什么内容，我都不知道。总之我觉得曹雪芹之高明全在《红楼梦》一书，如果获得与他有关的东西，只是增加我们对这位作者的仰慕和纪念，恐怕对于分析研究这部著作很难有直接帮助，当然考古的目的也并不是要从遗物中分析作品，也只是为了纪念作者啊！我是爱读《红楼梦》的，因此我对书以外的东西，便有些关心不够了。

前谈过优选法写字问题，我至今还没有写，可惜咱们距离太远，不然你可以帮助我写，就好了。

章景恩现在来去时间太短，常常在家只住一天，还要替他们学校买东西，前些时搞对象，又吹了。他还有一位同学王清洁，也来过许多次，也总没见着。我了解这些情况，所以知道他不会是故意躲避朋友，请不要误会！

我现在尚未上班，想不久或了去一些时间试试，因为病是否发作，谁也不知道，也无法预料，只有听之而已。

我现在每天在家写字，临帖。过些时有哪件稍像样子的，一定寄给你，请你提意见。

不写了，希望时常来信。你们什么时候结婚？能回北京结婚吗？

此致

敬礼！

启功 1974. 6. 16

韩继东，经济学研究者。

（二）

继东同志：

接到来信好久了，迟复为歉！

原因是先由我的爱人患病住院，每天需要在那里护理，后来她死了，我的精神刺激很大，至今并未恢复。

今天翻检抽屉，看到来信，赶快奉复。

你结婚之前许嘉璐同志来谈，说你将回京结婚，后来并无消息。接到来信，才知即在东北结婚。未能参加庆祝，只有将来补送一点纪念品。但目前我的纸、笔、手，俱不听我使，主要由于心、脑、眼未恢复，所以竟写画不出什么来，想你一定会谅解的。

北京历史博物馆展览了各地的重要文物，其中有法库一座辽墓中的东西，有两幅画，是在墓壁上挂着的，一丝没损坏，非常奇特，一幅画的山水、一幅画的竹丛上有三只麻雀，下有二只兔子，将来也可能发表，你如到京来，咱们去看看。

章景恩调到北京西南郊一个中学教书，现在忙的奇特，每天回来很晚，现在他在南屋睡觉，陪着我，我们常谈起你，他嘱我代为祝贺。

我现在眼睛迷糊，写信到这里已然迷糊了，可能是散光又深了。有人说是流泪过多，也不知是不是。

不写了，有暇希望通信，敬祝你们新婚万福！专此即致

敬礼！

启功 1975. 4. 24

62. 致王稼冬 1通

稼冬先生惠鉴:

奉到手教及蔡书照片及印本，敬悉一切。按在古法书名画中，常有复制之本。或出有意作伪；或出无意作伪，只是存留复本，因当时无摄影之术也。今观此卷照片，放大较虚，比较模糊，不易判别细微处。但从大体观之，似属复制之物。跋尾多一段（魏泰等）不足为异，因古书画跋尾多被拆散，或朱氏藏本被割去，或照片底本为人有意增加摹入，俱不可知。总之，必见原卷，再从纸墨等其他条件互证，始足以下定论耳。且抛开二卷孰真孰伪问题，但论蔡书此本，实非上品。以其意在存留诗稿，非为专见书法艺术之长，故有时潦草，有时笔力不能自行控制，遂较故宫所藏尺牍逊色多多，此意不知高明以为如何？蔡书以洛阳桥为最精意，惜石已破碎，且无早拓精本。其次颜鲁公告身后跋，再次故宫所藏诸尺牍，而以此卷诗稿为最下。鄙见如斯，敢求印可！照片、朱氏印本、俱另包挂号奉还，略陈管见，上答垂问之殷，自顾鄙陋，知无当于大雅也，专此上复，即致

敬礼!

启功 谨上 五日

王稼冬，江苏吴江一位书法爱好者。

63. 致王贵忱　1通

贵忱同志：

　　前奉自汕头惠示，未及上覆，今又由魏建功先生带来手示及印章二方，容老所刻一方，另蒙代求卢公赐刻一方，至深感谢！欧初同志之纸，下午即写毕，附笺寄呈。又敬为炜圻同志书一小幅，并请代呈。所写各件如有不适合处，乞示知另写，万勿客气！拙临且园画，以室内什物零乱，尚未寻出。一俟找出，立即奉寄。

　　容老胜常，至为欣慰！

　　载印谱册，蒙惠具承盛谊！惟弟于印章艺术，实属门外，入手把玩，遥想光仪，为纪念之物则可耳！容老藏印馀册，不敢多领。专此敬申谢悃！不尽百一，即致

敬礼！

弟　功　谨上　廿日

　　又，拙书毫无足取。尊友有命，弟亦藉得他山攻错之缘，不必为弟惜力也！又上。

111

王贵忱，广东省社会科学院研究员。

64. 致王连起　1通

连起先生台座：

于上月间得知鄙人所跋李一老所藏《游相兰亭》已由其家捐与成都博物馆，拙跋未必即是，而其卷则确可知其归宿矣。因闻台端四月份即暂归京，多欢功不及一月即可面叙，遂致闻笔敬候。今已入四月，又未闻行踪，只得先以尺牍奉陈，至其帖是否游相藏本只得先凭法眼矣。其卷已捐于成都博物馆。（据闻李初黎同志已先将其藏品捐于该馆，今又闻一氓同志又捐，是否误传，又二人同姓误传，俱未可知。）其馆领导已久更换，功自一九六三年去后，至今已过了数十年，馆中领导人已一无相识者，公以故宫、香港，直接、间接有能相识之同志，得一照片可释疑团，不佞亦得一确证，而证其往瞎猜矣。学以多闻多证，始不致谬误，所以多闻又贵缺疑也。

贱体日渐衰退，眼底黄斑日甚，两耳距眼更差，勉强饮水，食物太少，乐闻客人谈功寿数，如说我尚能活半岁，则真手舞足蹈矣！何时得一面，以省手揭面（？）之劳，不亦幸欤！此致
敬礼！

启功　顿首再拜

王连起，故宫博物院研究员。

65. 致 王 悦 2通

（一）

悦：

今天通电话，你问我韵的问题，我太高兴了。因为你已经"进入角色"，对古典文学迈了第一步。是主动地迈，不是被动的迈。这便是最可喜的一件事，第一步。趁热打铁，立刻给你写这个信：

中国人的语音有高矮，阴阳上（念如赏）去，是普通话的四声，南方音有入声，北方人说不出，但你若细心听，那些很短促立刻缩回的音，即叫作入声。如果把入声字拉长声，便变成其他声。如国字，南方音 guo，guo 很急即收回。如拉长了，可成为 guó 即今北京音的国，guǒ 即如果，guò 即如过。郭也和国一样，是入声，但拉长了，在北京音便成郭（锅），果、过（都是不会念入声的人的<u>读书音</u>）。

总之，郭 guō（阴平）国 guó（阳平）都是平声，果是上（念赏）声，过是去声，国<u>guo</u> 急读收缩即是入声。总的说有五个声调，前边二个（阴阳）都算平，后边三个都算仄了。

古典文学多论诗歌、文章，讲究念起好听，就要声调上有高（平）矮（仄），其实中国人日常说话也有高矮，如果一律高，就像外国人说中国话，听着可笑。

你（上）弄（去）泥（平阳），盖（去）锅（平阴）台（平阳），我（上）吃（平阴）饭（去），他（平阴）睡（去）醒（上）。

你如果把以上各字都念平声，便成了外国人说话了。

春（平）眠（平）不（仄）觉（仄）晓（仄韵），处（仄）处（仄）闻（平）啼（平）鸟（仄韵），夜（仄）来（平）风（平）雨（仄）声（平），花（平）落（仄）知（平）多（平）少（仄韵）。

这是短小诗，好似歌谣，四绵的那个小孩说：

春天不洗脚，处处蚊子咬，来了大狗熊，吓得往外跑。

很有意思，古代人的歌谣就是这么来的。不要被他吓住！

王悦，启功先生的内侄孙女，曾在挪威特隆赫姆大学和美国康奈尔大学攻读语言学，现为加拿大西门菲沙大学语言学教授。

以下说几项常识：

①古代读字音，与今天有不同处，在唐诗中有许多入声字，应读矮（仄）音，但今天普通北方话就不同了，都成了高（平）声。这一点，如果不明白，便发糊涂了。这只有慢慢记，我们就是从小时死记的。（我给你加工一本诗韵，把入声部分的字今天念成平声的，标志出来，你多看看就明白了。）

②古典诗歌有两种调子，一是"古体"的，即声调不太严格的；一是"律体"的，调子要严格的。怎样算严格或不严格，下边一课再讲，现在就讲到这里，你也就看到这里，多了记不清。

背面是第二讲，最好把这面看两遍后再看背面。

③律调的来源：

矮（｜）矮（｜）高（一）高（一）矮（｜）矮（｜）高（一）高（一）矮（｜）矮（｜）高（一）高（一）矮（｜）矮（｜）高（一）高（一）（读音高矮）（最简符号）

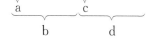

仄仄平平仄仄平平仄仄平平仄仄平平（平仄符号）

（竹竿上截出四种五言句调）

五言的形式

　ⓐ仄仄平平仄⎫
　ⓑ平平仄仄平⎪
　　　　　　　⎬（平声韵脚）
　ⓒ仄平平仄仄⎪
　ⓓ平仄仄平平⎭

　ⓑ平平仄仄平⎫
　ⓐ仄仄平平仄⎪
　　　　　　　⎬（仄声韵脚）
　ⓓ平仄仄平平⎪
　ⓒ仄平平仄仄⎭

加上二字便是七言句

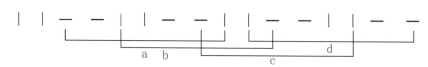

（竹竿上截四种七言句调）

七言句的每句第一字可换，用＋号表示可平可仄

五言句只有ⓐⓒⓓ三种句的第一字可平可仄，ⓑ式的首字不可换。

一切律调五言、七言句子，都出不了上边这个表。

我这个发明，已成为这个问题的公认的最根本的公式，再简单不过了，也算找到了诗调的根本来源。（即是截竹竿法）

我有一本《诗文声律论稿》，寄给你，但太简括了，也太深，你只要慢慢看去。我可以自豪地说，现在讲诗词格律的书很多，谁也没有这本的概括性强。你一时不懂不要紧，留着有用。

另有一种不太完全合乎这个格式的句子，叫作拗 āo 句，是例外的一种形式，但不多，先不必管它。先把基本的主要的调子弄熟了，就有基础了！

你妈问上次寄去的一包书接到没有？如接到，再续寄其他书。

南

（1991 年）

（二）

王悦：

昨晚接到你的电话，又见到高舅记下你所要的材料范围。今天还没摸到谁讲这类有关的功课，明后两天是大礼拜，须下星期才能找到他们，请你稍候。

我有一本北京音的手册，但其中包括了古音对照的部分，明后日先寄给你。

我幼时学过英语，一位老师讲过英（美）语发音的课，又常见同学不会发出的一些音，即如我常学的那个唐山人念"责任"一词的笑话，便常被师生所笑。现在据我所知，举出还记得的一些音，写出请你印证：

一般中国人（特别北方人）念不出的音：

如 w 常念达不溜，x 常念埃个斯，s 念埃斯，th 本是舌尖在门齿之间，发出软音，t̬h 是硬音，大多数人念不出，this 常念贼斯，think 常念 sìng kē。

又 L 音发不好，常念埃露儿，m 念埃木，Q 念 Qiò 或 chíuo，R 念阿耳，S 念埃斯，T 念梯，V 念威。

总之除了个别字母发不出正确音外，拼起的几个音合成的词，往往把每个音素拆成单个去念，所以念"责任"一词时即成蕊四旁腮不露儿。

又有南方人（例如上海）B 常念 P（或接近 P，或念 B 字母如皮），C 念成西，因为我很少听到南方人念英语，就说不全了。南方人念物与莫相似，事物的

物，叫码斯，实即物事。上海出过英文报纸叫做 tams 译成泰晤士报，即是这个缘故。

又广东人保存了许多古代入声字。古代入声字由于短促，并且为了收缩，常在字音之尾带有 bdg 或 ptk 的极其轻微的音尾（入声字在北方已没有了）。江南有入声，但没有音尾了。所以英文的 shirt，广东译成恤，因恤字即是带有 t 尾的入声字。Mark，广东译作牌号、商标，用唛字，因唛字即有 k 尾的入声字，孙中山的英文名字叫逸仙，拼成英文是 yait-san Sun. 逸字有 t 尾。

古音 v 与 m 不分，广东称袜为袜，即是 v 读作 m 的证明。

你在那里如果见到上海人如邵邵，留意问她听她说英语，特别是某些字母的发音在她们有什么困难？或她们自己不觉得困难，但听起并不准确的，即又可多得许多例证。

又英语中 T、D 的音，常把舌尖卷向上腭后去发音。并不是舌尖直申（伸）到门牙中间直接吐出。

我听美国人说话，很似北京人说土话，滚舌的地方很多，不会外语的人听著（着），总觉得太快，没听清就说过去了。不如英音"一字一板"的觉得明确，你有这样感觉吗？

现在谈谈那本《古今字音对照手册》。

这里边有许多"行话"，你不一定都明白，下边我作些解释。但这本书有它的用处：①每个字在今天的普通话（港台叫作国语）的音，当然咱们都会念，但万一遇到保有古音地区的人，发起音来和咱们不同，你查查它的古音，就可明白差别在哪里。

第 1 页，bā 阴，巴笆犯——伯加切　假、开、二、平、麻、帮。

（古有平 上 去 入四声，今日北方变成阴 阳 上 去四声。）

（伯加切，叫做反切，b|uo ji|a 伯取 b，加取 a，拼起即行了。）

（假，是韵摄，古代把各个字按它的韵母分成若干部，共有二百多部，叫作韵部，有人嫌分的太碎，又概括成十几大类，叫做韵摄，很像北方后来的十三辙。这只知道就够了，不必细管它。）

（开，是指开口发音，发音共有开、齐、合摄四种，ba 发音时是开着口的。又如资是齐齿、居是撮口，但这一册中只按开、合二种来分，比较简单。）

（二，是二等字，古代把字音分成四等，一等是从喉里发来的，二等到了舌的中后部，三四等到了舌尖部，古代没有很科学的记音方法，只好用分等办法来作标记，咱们不去多管它。）

（平，是指平声，这不必说了，只有古代入声字，今天都分配到前三声里去了。还有些古代上声字，今天都念去声的，如是、事，古读上声，上古读赏，今读尚，也是一例。）

（麻，是古代的韵部，古代这个巴字，归入麻韵，是按古代《广韵》的，《广韵》有二百多部，宋以后合并为一百几十部，这咱们不去管它。）

（帮，古代把字分用三十多声母（又叫纽），帮是 b 声母，这本很好懂，但古代有几种声纽后来被变换了。下边专谈这个问题。）

古音有几个声纽和后世不同。①古无轻唇音。如今否（音）字，古读如呸，即是 Pei，所以培的右半即是否字。福，今读 fu，古读 bu，b 是重唇音，f 是轻唇音。又如宓，古读 bi，今读 fu，父古读如爸 ba，后读如弗 fu。

②古无舌上音。古读之如的，所以至和到是同义的字，后来有了 zh 音，便把之字用的字代替。（文言之仍是的义）

③古 m 母字，后来读成 v 母字，如微，古读如没（梅），今读如威。没是 m 母，威是 v 母，实际 v 是上齿咬下唇发的音，m 是上下唇相合发的音，v 是轻唇，m 是重唇。

这里出现一种麻烦，字典里有时用古音注反切，不是他们爱用古反切，而是引据的古韵书是注的古反切。例如眉字，字典中注武悲切，这就使人难念了，其实这个武字古音读如母，也就是 m 纽，今读 v 纽，那么武悲切即是母悲切。又如（书中 P49）芜，武夫切，即是古音读如 mú。今天南方人说没有了作 mú 了或说毛了，又同页（P49）中间，房益切实即旁益切，房 fáng 古读如旁 páng，还是轻重唇音的问题，僻 pì，芳辟切（fang bì）还是 p 和 f 的问题，壁 bi，扶历切（fu li），仍是 b 和 f 的问题。

弄清了这个问题，查字典可省了许多麻烦。

这个手册有今天查普通话读音的便利，但他加了许多古音的问题，本想省事，想贯串古今，没想到添了麻烦。但这些最要紧的常识，你多了解点儿也有好处。

外国讲语音的书你看着很方便。

汉语音的变化不知与西方语音变化有无相类之处。

南老 一九九四、九、十六

66. 致王湜华 2通

(一)

湜华同志：

顷因事到翁独健先生家，枉驾致失迎迓为歉！

装潢费尚余一元，容当缴上。

阁帖居然是泉州本，尚未细校，恐中间竟有宋刻原石部分，诚属珍品！

拟妄写一跋于后，每册签题亦可逐一写明《明拓泉州本阁帖》。请禀老伯，或可博欣然一笑也。

敬礼！

弟 功 上言 二十八日

（1975 年）

(二)

湜华同志：

失迎为歉！

老伯手录一本；

尊抄三本；

弘一大师墨迹二种；

印弘一大师写经咒三本；

弘一大师遗像一纸，在药师经册内；

拙临董书一卷。

请便中带回，容日奉诣，即致

敬礼！

弟 启功 敬上 星期五

（1975 年）

王湜华，中国艺术研究院红楼梦研究所研究员。

67. 致中村申夫 1通

申夫先生：

北京一晤，深以未得畅叙为惜。尊译拙文，廿七日晚间携归二玄社所赠印品包内即附有二册，廿九日又从邮局寄到有足下签名之一册，披读欣快，深感足下与今井先生惠译贤劳，谨此申谢，并望转向今井先生代申谢意！另有奉恳琐事：有苏君世澍，为文物出版社编辑，今井先生编各博物馆藏法书，苏君亦参预工作，他甚愿学习深造，曾嘱功代向今井先生询问有无机会。廿七日晚间匆匆不得详谈，曾与今井先生约好，由功与足下通信详说情况，请足下为之查询，然后赐复。兹述苏君情况如下：

苏世澍，三十馀岁，中学毕业，未有大学文凭。做文物编辑数年，书法与知识俱不错，想到尊处求学，（一）不知何校可招此类学员？（二）投考要何资格条件？（三）考何科目？（四）在何处考？（五）彼无力交学费，有何半工半读之机会，或是否能有助学金之机会？如蒙代为查询见告，无任感激之至！因此青年与功曾共事，颇有学习成就之前景，故愿为之助力，想足下亦必愿助其一臂之力也！二玄社赠张珩、罗福颐二先生家属之画卷书册，日内觅妥人代送，请释念！待得彼收到之回执，再当呈上，求代转二玄也，专此即颂

台安，并候

阖家安胜！

启功 敬上 卅一日

中村申夫，日本书法家，今井凌雪的高足，现为筑波大学书法学教授。20 世纪 90 年代中期曾来中国向启功先生学习书法，是日本很有成就的中青年书法家。

68. 致田凤立 2通

（一）

凤立同志：

前承叶选平副主席的秘书来电话，命为叶帅的纪念堂撰楹联。今拟得一联，请秘书同志转呈（电话不是我接的，未问姓名）。如不能用再撰拟。

懋绩著青编，劫后乾坤，曾蒙再造；

威名延奕世，阶前兰玉，长炳遗徽。

启功 敬上 十一日

（二）

凤立同志：

我在三日中午住进北大医院，带上测量器，昼夜监测，较临时作心电图全面的多。昨天星期日，全院休息，今天开始诊视，大约基本没有大问题，略得一些情况后，再行奉报，请勿念！

那天在炎黄艺术馆为那张大鸡小鸡图补款，当时没带图章，求您便中一询黄公，如需近时奉交李主席，即求您到舍下拿一个图章，请黄公代为盖上，盖完暂存您手中，我出院后，再从您处取回。那个款字，字迹较小，我家窗户台上木盒中有一方图章，是两头刻字的，一头是启功二字白文，另一头是元白二字朱文，约有右边画出的那么大，请您自取，不必客气！顺便奉求您告诉李主席的秘书，说我已住院，无大问题，请放心。

即致

敬礼！

启功 敬上 五日

田凤立，原全国政协书画室工作人员。

69. 致许礼平 7通

（一）

礼平先生、碧珊女士俪鉴：

去岁旅港，多扰清神，感荷之私，非言可谕。奉到喜柬，尤欣慰莫可言宣！今想胜游定已归来，敬奉寸笺，以申遥贺！弟秋日归来，旧疾复作，失眠已成常事，若干应作之事，俱致搁置，亦甚恼人也。年前承赐寄画册，其风极似石涛，灵活痛快，在今确推大家，惟孤陋如弟，竟未闻其大名，足见书报刊物邮递隔阂误却多少事情。年前弟曾将我校影印拙作字册，其题为《启功书法作品选》者三册寄奉李鹏翥先生，托为转呈：一致李公，一致饶公，一呈我兄。今邮递失误极多，画册、年历遗失尤多，竟不知得达否？又饶公有书来，约为二玄社撰文，此更义不容辞者，本拟拙文撰出后，呈饶公先阅，即附专笺，以候选堂起居，惟文稿未成，修笺遂并延迟，望兄先代致声致歉！近日稍暇，妄写山水一幅，惟不敢付邮，待有便人，再托带去，以表贺忱！新春敬想堂上双福，吾兄定省时，望代叱名致叩！尊寓址有变化否？因在港知将修理华居，为洞房之准备，恐有邮寄差误，故仍求鹏翥先生赐转也。今日晨起见大雪，此去冬以来北京首次好雪，奉闻想有同慰者！专此即颂

俪安！并叩

春禧！

弟 启功 敬上 十七日

（1986年春）

（二）

礼平先生：

写了一篇谈到刘先生藏画的拙文（《亘古无双至宝是宝——记刘均量先生珍藏的王恽合璧画册》）请指正，其中有几处事实，如地名等等都还空着，求为填写，错记处更请纠正！落花诗一稿能用否？刘老同意否？照了一份《过云楼帖》，底片在我这里，要不要？如果需用，我即交随祖代寄，请示下。这几天我躲到"三窟"，如有用，请给敝校校长办公室打个电话，只说"启功照片版要，请告诉

许礼平，出版家。1990年在香港创办翰墨轩出版有限公司，任《名家翰墨》杂志总编。

121

启功"即可，如侯刚主任接话更好了。

启功 七月三日

（1992 年 7 月 3 日）

（三）

礼平先生：

今日上午奉到电话，谈及拙文校字之事，兹列如下，敬请分神转致静芝先生：

拙稿正文（不算提纲部分）第一页格纸第八行，载滢，号清素主人（此五字删）第四页倒二行遗老、有老……（改逗号）第六页倒四行，种场合中（脱合字）第六页四行熟习（悉），第七页第七行许多处留有（脱多字），第七页末行，俱亡（误为忘），第十三页九行即借重（重即字删），第廿六页第七行，从来未再（脱来字）第廿九页倒六行绍给吴（衍绍字）。

可能还有误处，不日将复印拙稿寄呈我公指教，行（待）溥氏书画照片印出一并寄上。

弟 功 敬上 廿二日

（1993 年 3 月 22 日）

（四）

礼平先生：

顷悉台驾于明日遄往狮城。弟有悼念均量翁诗一首，敬求赐为转致刘翁家眷，并求代申慰问！多谢多谢：弟功上

敬悼刘均量先生

早钦令闻著南陬，倾盖初逢似旧游。三益他山铭对案，十年高会忆同舟。奇珍亘古无双迹，卓识当今第一流。安养道山应自慰，虹光照处即千秋。

启功 再拜

另有写本奉呈，以作翰墨册中之稿。功又上此笺，求代裁其中五行奉交刘府。

五月一日

（1993 年 5 月 1 日）

（五）

礼平先生：

昨奉寄示落花诗跋清样，命加校对，案第一句"明代吴门文学巨匠宗师"

"文学"二字排成"文字",请改正。

最下一排右边第六行"虚白斋藏的这卷","虚白斋"上似宜加上"刘氏"二字为妥,以全篇未提虚白斋是刘氏的书斋,这里突然提出未免落空,均以加上"刘氏"二字较妥,尊意以为如何!为了免于牵动一行中字,下边"诸诗"二字可删。

台北之行,看来无缘了,有负我兄与静老殷勤相助之力,弟所负疚,只居其半,他日清明,聚首总当不难也!

刘老诸诗,恐因口述,有些声调未谐处,尚无大碍,惟索耽一卷写经,乃天津一陈某所伪造,其中几项硬伤,刘老为其所欺,发表有损刘老令誉,我公宜酌:①老子的"太上玄元"尊号是唐玄宗所封,以前无有;②《道德经》从汉代即分两卷(《道经》《德经》或《德经》《道经》),此云"道德经一卷",极不合理;③索氏为河西望族,东吴名人未有索氏一族;④德化李氏藏印一方,与其真者相校,实属仿刻,此日本人已校对过,见于新版之《书道全集》后边的说明。⑤饶公已校入其校录"老子校本",即未发现,刘老不宜再信之也。即颂

夏安!

弟 功 再拜 六月一日

(1993 年 6 月 1 日)

(六)

礼平先生台鉴:

两奉手教,想贱体多病,有蒙垂注。谨述情况如下:接第一札后,即请侯刚先生将吴先生照片二张、画像照片一张奉寄,至于生活照片,因手边无有,只好奉劳清神,不知是否能于港地寻得。又吴先生卒年,功已忘记,记得荣宝斋所印吴先生画谱中似记之,求为补上为感。三校印样,承示将寄下,接到后必速看速即奉还,以免耽搁。北京近时流感甚剧,弟家四人只章景怀未染上。弟咋已到医院点滴一次,今日再点一次,明日第三次点,想热度可退矣,咳嗽则不知何日可完全止住耳。

香江气候因近海洋,污染亦轻,自比北地强多多矣,专此奉复,敬望诸多保重!即颂

阖第万福!

弟 启功 再拜 十二月廿一日

（七）

礼平先生赐鉴：

吴镜汀先生长卷之附识，草成一稿，敬求审阅。弟病目模糊，书不成字，文辞谬乱处，敢求斧削，万勿客气也。

前呈两篇拙稿，与此篇有许多重复处，似可不用。且彼二稿与此卷无关，更觉文不对题。又此卷篇幅已多，更以节省版面为宜耳。

吴先生卒于一九七几年，荣宝斋所印画册中有，如须注生卒年仍请分神一查，或一询雷振方兄自可得之也。专此敬叩

冬安！

弟　功　上言　廿五日

北京大雪，不知香港如何！诸维珍摄！

70. 致米景扬　5通

（一）

景扬同志：

接到来信好久了，因为参加读书班，又加上发病，所以迟于奉复。

来信提到将要刻印拙字，使我非常惭愧！这几天正在练习，也可说是温习，因为好久没写了。过几天写出些件，送去请选择。

我想拙书如果作挂幅用，实在不配，您想现有毛主席亲笔诗词墨迹印本和郭老诸位的字，谁挂拙书？我想不如写一些小块方册，或楷或行，以备学生习字的参考，如果有人自己愿意贴在墙上，也可算一件镜心挂幅，您觉怎样？当然我还先遵您的指示写那种长方条，您一方面考虑鄙见，如何？此致
敬礼！

弟 启功 一九七三、三、廿二

（二）

景扬同志：

关于批评《水浒》问题的字条前已写成，在尊社门前交与周家文同志，想已收到，《法家诗选》弟尚未见到，尊处有之否？如有，望暂借一观，抄其目录即可。纸三种，以净皮为最佳。专此奉闻，即致
敬礼！

弟 功 上言 廿七日

（三）

景扬同志：

今早萨同志来，以收据命签，弟谨表寸诚，不敢具领。七月八日曾具一笺未及付邮，因时过略久，遂亦置之。如早呈上，则早蒙亮鉴矣！今早客人甚多，不及翻箧，下午寻出，补行寄上，可证鄙意非自今晨始矣。饱则懒作，寒乞骨相，今稍温饱，遂不敢率尔拜赐。拙作如为尊号赐存，更属荣幸，如真为国外人购去，可增宝号外汇，绵薄可贡，亦足自慰！惟尊号账目如无着落，弟可敬具捐献书，以明手续。他日退闲，以拙画谋生，衣食之源，仍当敬丐尊号之赐焉。陈少

米景扬，北京人，画家。曾任北京荣宝斋副总经理。

翁画册序，拙腕稍稳，立即写呈，即致

敬礼！

弟 功 上言 八月十三日

（1983 年 8 月 13 日）

（四）

景扬同志：

《陈少梅先生画册》序，已拟出，请过目。因为有许多话想说，我自问所说的足以对得起陈先生，也就不能再减。这样便占地方较多，恐难用毛笔去写，如用毛笔写小楷，至少须用三或四面版的地方，不知容得下否？不然就采取变通办法，用毛笔写个篇题"陈少梅画集序"，书尾用毛笔写"启功谨序"不知如何？

如果版面许可，我当然仍愿用毛笔抄写全文。

阅毕请寄还，并示下具体办法，版面尺寸、行款，以便着笔。因手下未留抄底稿，所以仍须用这份稿子。

敬礼！

启功 上言 十六日

（1983 年 9 月 16 日）

（五）

景扬同志：

敝箧书籍笨重，蒙台端并二位老板、郭师傅齐力赐为搬运，衷心极感不安！然亦绝非口、笔能宣者，只有铭篆！弟在三月初在旅馆（东急旅馆）中住时，雪江堂送来拙书印本一册，其中附价目单一纸，弟颇高兴，以为拙笔涂鸦，居然得标善价，无论内部稿费若干，此纸亦足以为向人炫耀之一道。虽无孟子所言齐人"骄其妻妾"之条件，尚足以"虎其朋友"。不意检毕各箧，始知此纸独被抽去，未免为之扫兴。用敢奉渎，希望惠赐一页，以为纪念。如在我店列为密件，则不勉强也。又近日敝窝被彻底拆了，屋瓦皆飞，窗上玻璃已碎，尚须在家支应，而求索拙笔者并不原谅。桌上毫无隙地，笔砚无法摊开，而坐索者不顾也。因思我店尚堆有拙笔废件几幅，如我店有可分作同仁纪念者，即请赐留补添上款。如有分馀者，倘荷掷下数幅，庶几搪塞一番（如已分完，则更为干净，足证拙笔之不被唾弃，更有荣焉，万勿索回见赐，至盼至盼）。此苦衷谅为我公洞鉴者。又检箧后得知拙画数幅尚未附还。此物丝毫无足存，但以验西武信用，并以存小子之诺言。其中"二云遗意"一幅，敬以奉赠孙日晓同志，其馀则只能拉杂摧烧之。

如被对方卖出，使人觉弟之不卖画，只不过是"半掩门"，岂不冤哉！挑剔责备者又可说：国内不卖，待卖国外，问题则更严重矣。王荆公诗云："人生乐在相知心"，此心里话只能与我公道之耳！酷热无聊，满屋灰尘飞扬，用泡沫塑料笔与至友手谈，顿觉炎暑全消。"饲养员"来了，晚饭在望，馀俟续谈。即颂

暑安！

弟 功 再拜 八日

（1983 年 4 月 8 日）

71. 致朱袭文 1通

袭文先生：

前在桂林承教，获益至深！归家因感冒即病，后以冗事牵缠，未能作笺修敬。今年体力大惫，一年中三次住进医院，适才归寓，其狼狈可知。夏间奉到赐寄石曼卿题壁拓本，曷胜感荷！为留相念之资，敬试拙笔，奉书二件，唯以未逢便人，稽迟呈上，兹用蓝封快递，又以未详尊寓地址，只得请博物馆转呈。所书极散漫乏力，诸盼教正！罗公想常相闻，迻老之子亦有书未及复，我公通信时俱望赐代致声！专此敬颂

秋安！

弟 启功 敬上 十月廿六

（1992 年）

附拙书条幅一件，对联一副。

朱袭文，广西文史研究馆馆员，明靖江王后裔。

72. 致朱开轩 2 通

（一）

开轩主任钧鉴：

近日获悉，博士生进修科目将有所调整，化繁为简，寓扩大于省并之中，深见改进之用心。又闻领导虚心，集思广益，启功窃有刍荛拟议，用敢冒昧上陈：

窃以从设硕士研究班以来，培养不少人材。但学生所学知识面略窄，自标点断句、平仄对偶等有时尚未掌握。亦有见到前人手稿竟不能辨识行草字者，对于整理古典文献，皆成极大障碍。因此启功曾讲"文化常识"课一年之久，实际仅此一年，远远不足。

谨按文化常识不但对于整理古籍有用，即在其他社会科学方面，亦有一定之用处；不但博士、硕士乃至本科学生亦俱有充实之需要。因此中文系原有之"古典文献"科目，实有保留之用处。今后培养之内容，更宜扩大，不仅限于古籍，而宜使之先具广阔之文化常识，基础既具，则专门学科之深度，不难有所进益。如为内容明显，似可改称为"文化文献"，则标题与内容相应，其范围之扩大，更易为人了解。

再以启功力所能及之便利条件而言，忝于文史界、文物界俱有一部分不易推卸之义务，尚有一定之方便，对于培养学生之文化常识上亦有相当益处。此绝非为启功个人有教学机会，实于青年对于祖国文化不致脱节失传，且有拓宽、加深之作用。将来在其工作中不但少生差误，而更可有所提高。（今日所见整理古籍工作者在标题、今译、注释、校勘等项中，所出差误，甚至成笑柄者，不一而足。推其原因，多由常识不够充足所致，早在领导鉴察之中，兹不一一举例。）

以上管见，是否可行，伏乞定夺！专此即致
崇高敬礼！

北京师范大学中文系教师

启功 敬上 一九九六、八、十

朱开轩，时任国家教育委员会主任。

(二)

朱主任赐鉴：

　　前蒙枉驾赐顾，翌日具柬赴谢，谅察钧览。兹有摄影二页，敬呈岚清同志，未悉投递何处，仍求惠代转达。有渎清神，无任感荷之至。新春在即，敬叩节禧！

启功　敬上　一月廿七日

73. 致刘启林 5 通

（一）

启林先生大鉴：

　　手示奉到，拙句竟蒙推敲，无任感荷！考出伊阙为褚氏早期作品，益见拙句乍绾双鬟之有着落矣。展标另纸写出，请察收，不知有无误字耳。即颂

夏安！

启功 敬上 十五日

（二）

刘先生赐鉴：

　　末学功自去年患病，目力大减，盖眼底黄斑萎缩，用放（大）镜看书报尚有许多字看不清。曾奉到大札数封，其时正在检查目力。所赐教言，中心藏之，何日忘之！最近又奉教言，并对施哲（蛰）翁之文有所商洽，排印之文，依然无力拜读，我公之意见，遂无从对比。又在大札中见到论"僧"字等问题，弟目病既深、记忆更减，定武本中有何字，俱觉模糊，但记得有唐模本中似无僧字。衰病侵寻，不日即将"做古"，非敢自为诅咒也！他日求一位目力好之同志，细读大札，再查文献，容有一得，再行上复，千祈赐谅，不尽百一，即颂

教安！

末学弟 功 再拜 六月八日

131

（三）

启林教授惠鉴：

　　奉到来函并大稿一篇，知浙江朱先生于怀素《自叙帖》有不同看法。功患眼病，无力读书阅报，写此信札，只凭摸索。尊文只听人读诵，细节已难全悉。朱君之论大概是拙文不甚达意所致。功前有一稿，发表于《文物》杂志，意在说明今传墨迹大卷是一钩模之本，且非苏舜钦藏之本，并未指怀素全文及其草书原卷为伪，拙文词不达意，致朱先生误解鄙说。去年功在北师大出版社出版一本《自叙帖》，乃清人翻刻宋刻本，有苏氏跋尾，并重草一篇拙稿。兹求师大出版社邮寄呈览，敬希赐教！邮包中不宜附信，故专具芜笺，以陈始末。北地已寒，潮汕

刘启林，书法家、汕头大学教授。

想仍温和。赐阅刻本后，尚望不吝赐教！即颂

教祺！

弟 启功 敬上 星期一（廿三）

（1998 年 12 月 23 日）

（四）

启林先生赐鉴：

奉到手示，敬悉一切。前呈《契兰堂帖刻怀素自叙》，只因故宫所藏墨迹大卷历来纷纷指说即是苏氏旧藏之本，又纷纷指说其前六行如何破烂。而卷尾并无苏氏自跋，且李建中与苏耆二题却挤在南唐人跋之前，皆其疑窦，而从来评者皆不置一词。故不佞将清代谢氏所翻宋刻自叙影印，俾作比较。但以草书笔墨论，宋刻本无论如何精致，其枯笔燥锋必有逊于钩摹墨迹，此法帖之通病，况谢刻又是再翻宋刻乎？

先生深研法书碑帖，此理定在朗鉴中！至关（朱）君所论，弟今年眼病，不能阅读书报，故未克详闻其高论。

大作所驳，亦竟未克拜读，一俟目疾稍痊，或有人代诵后，再申所学，以求印可！至于拙作《论书绝句百首》，其中多属少作，即中年所拈，亦多谐谈，不登大雅之堂，今马齿渐长，极怕重观旧作，如有当今方家指其荒谬，实不胜感荷，并无馀力解释矣。所示关（朱）君有误读处，弟亦无能再申更正矣。统此致谢，顺候

新年大喜！

弟 功 敬上 十二月廿八日

（1998 年 12 月 28 日）

（五）

启林先生赐鉴：

顷奉到手教，敬悉赐阅拙文，无任惭悚！敝校出版社印之《契兰堂帖本怀素自叙》，其释文逐页附印，乃出社中胡云复同志依通行本附印者，其中所释或有未妥。贱体多病，眼疾尤剧，不能详读小字，所释自以高明所见为合理，恐文征明所释（台北墨迹大卷后附石刻拓本）亦未必尽合。拙目如斯，难于详校，曾记得有一"蒼"字，或释为"薄"，或释为"荡"，俱觉语义未安，不知高明以为如何也？弟之眼疾，猥承关注，谨述其症：鄙目由于眼底出血，挂于黄斑区上，不复能吸收，北京同仁医院诊视如此，秋日因他事赴日本，即在日本眼科就诊，所

断与同仁之医师结论相同，服其所开中药制剂，至今未断，然觉体力稍好时，则视觉稍佳，最近因感冒之故，视力又复减弱。

　　所示之白内障病，在今日已有极佳疗效。可惜鄙目却非白内障耳。侧闻曹君有文论及《平复帖》，涉及拙论，惜未获拜读，今即得见刊本，亦无力详读，更无力疑义相析矣。至于郭老之于兰亭，更是政治性之问题（见《兰亭论辨》之编者黄君前言），更与书法无涉矣。总之考古辨伪实一难事，如马王堆所出古籍，如为姚际恒诸家所见，又莫非刘歆伪造者矣！流行感冒猖獗，万望诸多珍重！肃复，即颂

新年吉庆！

　　　　　　　　　　　　　　　　　　　　弟 功 再拜 六日

　　　　　　　　　　　　　　　　　　　　（1999 年 1 月 6 日）

74. 致刘石 8通

（一）

刘石同志：

前获手书，久未奉复为歉！所示拙书《论书札记》中误处二则，至感！

其一："写字不同于练杂技，并非有幼工不可者。"此处"并非"下宜重一"非"字，逻辑始合。或于"并非"下加一"必"字亦可。拟于原稿"非"字下加"ʒ"重文之号，此须待再版时重制此页之版矣。

其二："眼前无精粗纸，手下无乖合字，胸中无得失念。"三句，承示其次序相反，诚如尊见。以心手眼为序始为合理。此处之所以颠倒者，盖由作书之常习论耳。先见纸之精粗，首见佳纸，则心手俱怯，不复敢下笔矣。既拼出去，不怕将纸写坏；再拼出去，不怕写出之字有无优劣；再拼出去，不管此纸为何人所属，或所赠何人。此临作书时之顺序耳，揆其原委，俱根于心也。拙作此条，只顾手下顺序，不觉有背心理发展焉，此页已无法改，或再版时重写一幅，然近时心绞痛甚剧，政协已请假两日矣。许多旧稿俱待整理，为恐来日无多，此幅能否重写，殆不可知。此际即取一片速效硝酸甘油含之。

又前承代查苏文中有关姚安世材料一纸目录，其时借住招待所，后因病住进医院，杂书经人收拾，竟致并尊札全失。今仍须一引之，拟求便中再代一查，不知便否，如事忙不便，则置之，容功细查也。功手边只有孔凡礼先生校本六册，号称有所补充，实仍多所脱漏，如承代查，并请注其版本为祷！

尊著出版，承赐为谢！

工作想甚忙，在傅、许二公座右，工作即是学习，进益日速，是可贺也！

专此致谢，即颂

撰绥！

启功 上书 十六日

（二）

刘石同志：

听说你的身体复查之后很好，可慰可慰！

刘石，启功先生的博士生，曾任中华书局编审，现任清华大学文学院教授。

又听说你将要结婚了，真是大喜！

寄来第二批校记，甚详细，可感可感！

但据上次你谈到主管的同志说纸型挖改麻烦，那么咱们是否即确定两条原则：①标点的修改，一律不动，（只有 P217，倒 5 行献字下可字上未断开，应补一句号。）②凡错字必改，前次已写出寄上的各字外，这批校记中 P161 页，行 3，吻合误为吻含，宜改，其他全不动了，如何？

至于底悉底细，以关方言俗语，多无定字，似可不管它了。又 P309 觉方盛年，此是原文，古人亦有此办法，不管它也罢。

匆此奉复，并伸谢忱！

启功 上言 中秋日

（三）

刘石同志：

傅先生命题匡老纪念文集书签，写出请转呈，如有不合式处，请示下再写，勿客气！《平复帖》中量字印本未误，尊见以为是爱字，似是指应释为爱字，昨细看原迹，觉尊见大有道理。将来须在释文量字之下注"一释爱"方妥也。馀俟续谈，即颂

暑安！

功 上 十四日

（四）

刘石同志：

拙稿篇目大约分册计划，开列请过目。

此是大约估量分册，如有偏重时，可将《溥心畬南渡前艺术生涯》一篇移前，或另将《创造性的新诗子弟书》（在《汉语现象论》中）摘附论文卷中，大概可以略为平均了。

分神多谢！即颂

暑安！

功 上 廿八日

（五）

刘石同志：

兹将《广碑别字》序复印本二页寄上，祈代插入"题跋卷"中。

又有一段文字，乃张之洞任四川学政时教当时举子之书名"輶轩语"者之一

条，讲八股文要"清真雅正"者，记得拙作《说八股》一篇中曾提到八股文当时要够这四字之标准，但无具体之定义云云，今不记得在哪段中，眼力又不佳，寻找为难，想烦足下便中一查，可在其处加入此条，如何？即在原句之后用括弧注之即可，不知费事否？如一时查不着有那四字的字句所在，即不加入张氏此段话，也无关系。因张氏此四字的解释也只是空话一堆而已！

专此，即颂

撰安！

启功 上言 七月廿三日

（六）

刘石同志：

首先恭贺弄璋之喜！前日向尊府通电话，未能接通，昨晨往办公室通电话，闻许先生讲，得知恭喜，非常高兴！"少室山房"一条亦引自宋人笔记，惟其评价二诗之语，实为有力之论，拙作已排成，不易增加，此版只好任之矣。

尊稿赐予吹嘘，非常惭愧，《文史知识》所辟栏目名称（大师录），尤其令人惶悚。尊稿中有一句"……假冒其名之作日见其多，……"此句承上文言鉴定古书画之事，则此"其"字似以改实为妥，即写"假冒'启功'之名的作品日见其多。"可与鉴别古迹之事分开，高明以为如何？

鄙相片手边尚有，但不知需何种尺寸，且无单独之像，姑寄上二幅，请剪用之如何？专此奉贺、奉谢！即颂

阖第大喜！

弟 功 敬上 五月十八日晨

（七）

（拙文《太白仙诗辨伪》最后加此一段）：

所谓"太白仙诗"即属王某伪撰，而此卷苏公所录，却无鄙俗之语，其经苏公戏为润色，自无可疑。以书论，则为苏书真迹之上乘，《寒食诗卷》外，无堪与之颉颃者；以此二首诗论，杂之太白集中，亦无逊色，确为点石成金之笔，无怪后世重编太白集者之误加收录也。

刘石同志：今午所拟附在拙文之后一条，兹重拟成此段，望加入拙文之后为荷！

启功 十三日

昨晚与尊寓打电话未通，今晨与陈抗同志通话，得知中华新地址，《说八股》尾加一段，直接寄陈，《太白仙诗》尾加一段，寄与足下。昨午所拟加之一段，可不用矣。

功　上　十四日星六晨

（八）

刘石兄：

拙作一篇《藏园老人遗墨跋》，复印一页，请为加入"题跋卷"，此是前年之作，可放在书"跋"一部分之后。

《诗书画关系》移于"论文卷"中，前已电话谈过，又"勤"字改为"大"字，亦已电话谈过。

《记几位恩师》一文，经重读，觉得尚有真实情感，可保留。惟有二处，有差误：1. 十八岁从戴师，乃虚岁。2. 二十岁在辅仁中学教书，乃实岁，似可将"二十"下加一"二"字则统一了。足下以为如何？《藏园老人遗墨》一册，现在检出，容当面奉，以免寄递费事。

拙稿校正，多费鼎力，又有调换，益增不安，统容面谢！即颂

晨安！

功　上　十日晨

75. 致张倩仪　1通

倩仪女士：

违教又多时了。几乎半年以来，我扭伤了的左膝，一直没有完全复元，写大些的字都需要站起来，就站不住了。真可说成了半残，最近才稍好了。承寄下大作三篇，非常隽永，我深感觉到，文化修养，在于涵泳，所谓工夫，在于熟习，不是硬塞强咽所能奏效。大作中正体现这个道理，虽并未直接教人如何如何，而在述说生活中，即使人体会这个道理。

台端为鄙人所编的《汉语现象论丛》，最近始得语言学家的评价，师大中文系汉语教研室和社科院语言所的几位先生有好几篇论文，给予拙作很佳的评论，并由中文系特开了一个研讨会。拙作初写第一篇时，有很大的冒险性，不意四年来才得到回响，不是反对，而是肯定，真出意料之外，敬以奉告，感谢赐编之劳，并在书中简介中给予的揄扬，那段简介即在出版之前所写，可称最先给予好评的！

这里首先敬申谢意！拙作由于这次研讨，许多读者感到找不到那本书，建议在座的中华书局的先生赶紧翻印一本，以应急需。中华的陈抗先生嘱功向尊馆打招呼取得谅解，征得意见。功即在十一月廿一日写致陈万雄先生一信，不知寄到否。恐有浮沉，特再向台端陈述其经过。功不懂出版手续，因许多友人希望先睹，而舍下存书早已告罄，故再奉陈，并请再行代向万雄先生一询前函已否寄到，万雄先生有何指示，分神至谢！

又录音机中二件小零件已由吴空先生转到，近日打磨拙著，日内竣工，即可扯开嗓子录音了，请释念！

专此敬颂

冬安！

启功　敬上　十二月六日

致万雄先生之函，复印件一纸附呈。

张倩仪，曾任香港商务印书馆总编辑。

76. 致陈万雄　3 通

（一）

万雄先生：

　　香港奉谒，台从外出开会，继获电话，得承雅音！拙稿蒙交编辑先生詧阅，深望先得指正，然后再酌发稿，俾可稍减谬误！最后《说八股》一篇，为行前脱稿，未免仓卒。兹校出误字缺文一些处，特具勘误表二纸，又"试帖诗"一节，亦已重写，统求赐交主编先生，予以纠正，并改换试帖一节，无任盼祷！即颂

撰安！

弟 启功 敬上 十二月廿九日

（1990 年 12 月 29 日）

（二）

万雄先生赐鉴：

　　违教又多日矣，渴念弥增！敬陈者，拙作讨论汉语之零篇，蒙鼎力汇成小册，使覆瓿芜章，得以流布，感荷之忱，非言可喻！更有进者，最近我校中文系为此书开一研讨会，对于其中论点，肯定甚多，几乎以肯定为主旨，使弟惶恐莫名。因其书此地流通未广，旁听者无处取得。来宾中有北京中华书局之人，提议由中华出一重印本以应急需。弟感先生盛谊出此集册，始令拙文发生影响，饮水思源，莫不出于鼎力。今将应急重印，亟先上求谅解许可。弟不懂出版手续，此举是否无碍，统求指示，无任盼祷之至！即颂

大安！

弟 启功上 十一月廿一日

（1991 年 11 月 21 日）

（三）

万雄先生赐鉴：

　　月初赴港，多承照拂，感荷无既！兹启者：小外孙女王悦仰蒙栽培，学有进步，功忝为其长亲，感戴何异身受！王悦在挪威求学时，有一女教授，教其语音学，对王悦成绩异常嘉许，并为推荐美国一大学（忘其名）进修博士学位。王悦

陈万雄，曾任香港商务印书馆总经理，现任香港联合出版集团总裁。

鉴于国内外俱重视博士学位，其大学又批准其入学并免其学费，因念机不可失，即拟前往进修。不久学分习满，学位通过，归国仍愿在出版事业中效劳。一向承蒙推爱，厚谊隆情，功所受嘉惠，实有重于王悦者！用敢奉闻，专申下悃！王悦签证已到，首途在即，渠当面禀一切，功谨求不吝教导，俾其毕业归来为祖国更多效力也。专肃即叩

撰安！

弟 启功 再拜 一九九六、五、廿三

140

77. 致陈东阳　1通

东阳先生：

　　来书拜读，唐寅画亦见到复印片。此种印片，无法分辨真伪。但世间常有一稿同画数幅者，千万不可以为二幅中当有一真，实际上有时数幅俱伪。尤其见有乾隆御题之书画，亦未必题者必真。《石渠宝笈》中御题伪本，屡屡见之，收藏时务宜多加考虑也！此复敬颂

台绥！

启功　四月十日

　　更不宜以无御题即以为真也。

　　陈东阳，香港书画收藏家、画家。

78. 致陈荣琚 1通

荣琚同志：

关于书法讲义事，我又与几位协商，大约如下分一下工。

一、前言，我和我校科研处的负责人共商，凡例将来根据全文总结出。

二、篆隶草真行五体的文字学问题，由我校秦永龙同志写（他是教文字学的）。

三、五体之插图，楷六家、行四家之插图并每图的说明，由苏、庞、谷三同志负责（他们三人都在出版社）。

四、学习碑帖的作用，学习的方法，如摹、临、读、看、背临、选帖、临法等等，拟请足下负责（你讲柳体很好，这方面有成效）。

五、毛笔与钢笔的写法相同处和相通处的问题，由秦永龙负责（他在校给学生讲侧重钢笔练法，以便学生实用，故此段请他写）。

六、结字的重要性，九宫等格与五比八之分别，五比八之测量及用法等问题，由我写。

七、彩版精品名作由苏、庞、谷三同志负责选（他们掌握资料版片）。

足下先说愿写结字问题，大家以为五八比之说是我说的，恐别人说不全，不如我说。你如已写出一部分，咱们商量合并选用，都无不可。

希望你能在"提纲"中所没涉及的问题提出补充和应加的内容，如何？除我校中同志外，以足下往来方便，希望咱们多接头，如何？

敬礼！

功 上 廿六

（1986 年 3 月 26 日）

142

陈荣琚，北京电影学院教授。

79. 致 陈 抗 7通

（一）

陈抗同志：

今晨承示拙稿蒙仔细校勘所见诸疵累，既深感荷，又见编辑工作之细入毫发的注意力。不但鄙人衷心佩服，又见无数作者未必俱能亲自体会，而读者草草过眼，又无人能见到、觉到、乃至意识到尚有无名英雄在背后曾付出极大精力。而作者争稿酬、出版社扣效益，不知责编获得一句由衷的良心话否!？

下午无客来，一气看完全稿，各粘条处，俱加处理，在条上僭用红笔画一"√"号，或在条的背后写上结果，请再过目。其中应添改处：

①在前言尾部加上一段。弟曾被借调到中华点《清史稿》，因忝自居书局的旧人，称中华同志为"老同事"。又不想称"国内版"、"国外版"，而亦作变称，请看如何？

②细对了《诗文声律论》得知《现象论》稿中许多误写或误排的符号，已逐一改正了。

③"四言只有AB两项"问题没有错，因那个总表是律句表，在D式中截不出四言律句（有四言非律句，但不算律句，故不在表内）。在总表C式一条中，含有四言B2、四言B3，故云只有AB两类。这里校出P.148小字第二行、小字第四行末尾，《声律论》拙稿误书"四言B3"、"四言B4"都错了，应是"B2"和"B3"。希望顺便敬告尚荣同志，她（当为"他"）如看到拙作《声律论》时，求加以改正。

此次经过我公细校之本，实极重要。恐一经排版（无论是植字还是电脑打排），总会不免有误字以及标点错处。我想恳请付排之前可否赐为复印一份。然后交去排版，排后原校稿公处留一份为校样之底本，一份惠赐以弟之继续琢磨资料。倘不费事，即望惠赐。旁边小条，更望撕下平贴在旁边，其背面管见可以不留了（因已写在正面稿上了）。专颂

暑安！

弟 启功 敬上 七月二十四日晚

陈抗，1967年毕业于北京大学中文系，曾任中华书局历史编辑室副主任、编审。

外拙书一条，敬呈尚荣同志，请转交为荷！

最近得知"后"後、"余"馀等字，又恢复了繁体，又五六年的公文用作人姓的字，可用繁体，但只限于姓，后来没见明令，又不见这篇了，不知何故。

（1996 年 7 月 24 日）

（二）

陈抗先生：

前在电话中谈及猿与猴尾巴之喻事，我公审稿，极见细心，至深佩服！次日继思，拙稿中尚有一漏洞：赵荫棠先生昔曾有文详细申辨汉语语音之非单音缀者。盖外国语言学家有谓汉语为单音缀以见其低级，因鸟兽发音之无复音也。弟申之曰：外人此论，不过欲以贬低汉语，借以骂华人为禽兽，但我华人即使果为单音缀，亦并不致有人捉我辈陈列于动物园中，此赵公大可放心者也。此节原属戏谑之谈，但外国语言学家如有见之者亦必有所不快。猿猴之喻倘加改动，则此节亦须改动，未免牵动太多矣。又近时颇有人谓拼音文字为最进步者（包括操汉语者，亦有公然为此言者），然满、蒙、维、藏之文，莫非拼音，而尚未见有歌颂少数民族语言文字较汉语为进步者，亦逻辑之欠周延者矣。

鄙见"再思"觉得不如将孔雀鹌鹑之喻接书于猿猴之喻之后，猿无尾而进步，鹌无尾而视孔雀为低级，褒贬平衡，则无人再能挑刺也。不知高明以为何如？弟长夜失眠，执笔为灯下之谈，以发赏音一笑！

弟 功 再拜 四日凌晨

附上《赵守俨文存》书签一纸，暂存尊处，弟已电告柴剑虹同志往取。

（1996 年 8 月 4 日）

（三）

陈抗先生：

昨在餐桌上承示拙稿误处，至感！

兹又有修改补添二处，拟求赐予加上：

港版《论丛》稿本 P131. 第四行清代有阮元《四书文话》（未刊行），和（和字删）……又补粘一长条中第十七行，待检《揅经室集》，（。改，）如在其《四书文话》中，即不易知了。

鄙人简历（港版在封面背后折起一条中），重写一段，请审阅！

嘱重书书签，附呈，请审阅！写得稍大了些，制版可缩小。

此候

晨安！

并祈代向尚慈同志致敬！

弟 启功 敬上 九日晨

（1996 年 8 月 9 日）

（四）

陈抗先生：

昨晚奉到尊札，至深感谢！已作添改！惟措辞未知有无舛误。这几日又将"港本"小册重看，又发现几处错误，一一写出，敬求赐予修改。只能说至今见到的，其馀原来即错或语言不通处，肯定尚有，深望随时赐予删削径改，无任盼祷之至！即颂

暑安！

弟 功 敬上 八月十七日晨

外呈尚荣尚慈同志一笺，敬求便中转上为荷！又及

（1996 年 8 月 17 日）

（五）

陈抗先生：

功近时昏聩加甚，视听思考，俱形锐减。承精心赐校拙稿，不致闹出笑柄，至佩至感！

拙稿中又发现混乱遗漏各一处，另纸奉上，敬求酌予修补。但甚不敢自信，尚求加以审定，如愈改愈乱，则请斧削为感！

专此即叩

撰安！

弟 功 谨上 八月廿四晨

抗日时有一歌中有句云"大刀向鬼子头上砍去"。拙稿中必当有荒谬错处，敬请毫不客气奋笔直改，不必细致地赐予商量也。因改歌词中"鬼"字为"稿"字，即请用大刀向拙稿错处砍去为荷！鬼稿双声，更有充足理由也！敬发一笑！

又及

（1996 年 8 月 24 日）

（六）

陈抗先生：

今晨承教，拙稿多处蒙精密审察，具见明眼深心，万分钦佩！其中平仄宽严一节更承指出欠通之句。分手后，反复推敲，始知其误处所在。乃改写十行，另纸呈览。如此种改法可用，当另用毛笔抄写一过，再呈刘尚慈同志，如拙写底稿小册再版时，可以将旧版改换，并请刘大姐多加指教！

专此即颂

秋安！

弟 功 敬上 八月廿九日

《论丛》港版 P188 第 3 行至第 11 行

再往上看一节，即丙丁处又宽些。只要乙丁处的两个"盒底"不重复平仄时，除不许孤平外，即使丁处孤仄或丙丁戊三处连平、连仄，也是许可的。

甲	乙	丙	丁	戊	己	庚	
○	○	仄	平	仄	○	○	（二仄夹平）
○	仄	平	仄	○	○	○	（乙丁同仄）
○	平	仄	平	○	○	○	（乙丁同平）
○	平	平	仄	平	平	仄	（乙丁不同平仄）
○	仄	平	平	平	仄	仄	（乙丁不同平仄）
○	平	仄	仄	仄	平	平	（乙丁不同平仄）

前三行 ＞ 非律调
后三行 ＞ 律调

（1996 年 8 月 29 日）

（七）

陈抗先生：

功旅游归来，在案头见到大批信件，一一拆阅，竟费三日之久。赐寄合同底本，已见到，签字盖章已毕，付邮寄上，敬请察收。

电话中所谈英文或拉丁语问题，昨日董琨同志来取拙书（为商务馆百年纪念题词）遂得畅谈。彼谓已与我公联系论及其事。乃知马氏并通希腊、法语等。弟晚间曾数次易稿，愈觉啰嗦。马氏不管兼通多少语文，其所举诸条语法之例，主要仍不离拉——英一系之法，与其博通诸国之语所涉甚少。况拙稿所论，原非为马氏开列学历也。晨起寻出拙稿再看，见尊笔赐为改补数语，极为简要："马……先生学会了拉丁语、英语等西方语言……就借鉴了拉丁语——英语的法则来对应汉语。"要言不烦，已括成"拉——英语系"，则以下即单提英语之处亦非漏略矣。敬佩之至，觉前数日电话中所谈，实为蛇足，赐为改补数语，竟等于视而不见，殊可愧也！（通电话后，又闻高论，知承通篇再行考虑，此段初步涉（设）想，暂作"备用资料"统待 尊笔再行斧削。）

拙稿"前言"第9页"小结"最后一段，拟略增改如下，敬请审阅并付改排为感！

此册拙稿，乃蒙香港商务印书馆陈万雄先生倡议辑成，并蒙为之出版。以南北远隔，内地流行未广，北京中华书局诸挚友议为重印，并增新稿一篇。由陈抗先生负责勘订，发现原稿诸疏漏、舛误之处，一一详为订正。谨志于此，以申敬佩、感荷之忱，并铭中华书局诸挚友热情重版之高谊！

启功 敬上 一九九六、十、廿九

80. 致吴丽明 1通

丽明先生：

手教敬悉，论《张猛龙碑》字极见考订之精！按温清之清，六朝人多写氵旁，不止猛龙碑字，《智永千文》中亦如此作，盖其时写"清"读"静"耳。按一字几读者尚不止此，如"相"字即有三读，互"相"之字读平，"相"貌、宰"相"之字读去，北宋人俗读大"相"国寺，或作入声。木版书中之字或存古写，如《汉书》中"以"字皆作㠯，《周易》中無字皆作无，而《小戴记》中温"清"之字却作"清"，偏旁有别，更便识读也。专复即求

雅教！

启功 上言 十一月廿七日

（1999 年 11 月 27 日）

_____

吴丽明，江苏镇江一位书法爱好者。

81. 致吴龙友　1通

龙友同志如晤：

　　别来又多日，北京疫情仍在，敝校仍设处处防御，弟依然躲进小楼，与世隔绝。偶有市内电话，略谈疫情，写字看书，手眼俱仍半废。

　　前嘱末学回忆与沙老交往轶事，已多陈述，近日忽忆及沙老有《石荒图》曾命不佞尘点，旧稿尚在，录以奉上，不知其原卷今藏何处？如能拍照，亦一沙老早岁之史料也。

　　沙孟海先生命题《石荒图》。

　　孟老早岁即好治印，锲而不舍，吴缶翁为题"石荒"二字以篯之，乃倩蔡寒琼先生为之图。

　　柔毫铁笔用无殊，腕力沙翁继缶庐。点染名都助佳丽，奇章妙迹满西湖。

　　龙马精神意气扬，西泠欣见鲁灵光。虚心长记先贤语，画比书绅写石荒。

　　后学启功敬录，时年九十又一。

专此敬叩

夏安！

弟 功 再拜 癸未夏日
（2003年）

吴龙友，浙江电影制片厂制片人。

82. 致吴龙辉　1通

龙辉同志：

　　过京时间短暂，未得畅叙为憾。《兰亭》资料可谓大观，惟真定武本尚有两件，将来如重版，当奉寄补入。所谈《论衡》中《论语百篇》之语，在何章中？功目昏不能逐页寻找，故希见示，照像一片寄上。惠示《论衡》篇目，一语可知，电话更速也。

功　上　十二日

吴龙辉，湖南师范大学教授。

83. 致沈玉成 1通

玉成先生：

那次失迎，至今为歉！肝胆相照之交，不在乎那些吧？大札回环捧读，既愧且汗，而灵魂深处却是喜滋滋地，因为搔着痒处，又是绝对不能自己说出的，岂不大快！已敬粘于稿本之内，一旦有机会，可以做序文，如果有墓碑，不愁没有碑文了。

拙作《韵语》中许多首是"逼上梁山"的。因为胸中有些想法，实在又没有能力用古已有之的语言表达出来，勉强借典故表达，又像 $A^①B^②C^③D^④E^⑤$，然后加注，注①是什么意思，注②是指什么……那是代数算题，不是诗了。于是破釜沉舟，孤注一掷。但久久不敢拿出。去年大病，自知前路无多，姑且付印，以俟板斧来临，不意竟蒙奖励，岂非不虞之誉！昔人云："诗穷而后工"，此指诗的艺术水平，弟则以为应包括语言方法，拙作尤须更换一字，即"工"应为"恭"（注①：指出虚恭也）。高明定不河汉斯言！我公近时有何不朽之业，可得闻乎？尘务冗杂，虽谋一席倾谈，竟不易得。终必排除万难、争取胜利，尽半日之暇，共谋一醉（注②：醉以酒食、醉以快谈也）。专肃敬颂
撰安！

弟 启功 再拜 七日

弟近时每晚饭后即倦不可支，约八时以前即入梦乡，十二时左右即起，许多事俱在夜间做，差得安静，此笺写毕，约在卯初。又及

（1990 年 9 月 7 日）

沈玉成（1932—1995），江苏江阴人，古典文学专家，曾任中国社会科学院文学研究所研究员。

84. 致沈培方 2通

（一）

培方同志：

手教敬悉，鄙人小传及绝句四首代序，敬以奉上，请斟酌用之。并希指出误处，以便修改。即此绝句，不知有合尊刊体例否？又前谈排列名次，绝非怕把别人排于贱名之前，实因协会头衔关系，常见许多位年高之前辈次于鄙人之后，最为不安耳！倘申明以笔画为序，则可免此病，只是建议，但供参考耳。尊用之钢笔，遍觅不见，或是遗落他处，习用顺手，失之可惜。是何颜色，仍愿闻之。敬礼！

弟 启功 六、十三

（二）

培方先生赐鉴：

尊社出版工作为中国艺术界后学造福广大至为可感！

尤以书法之传统得以回黄转绿，不致断绝，至令保守分子如不佞之辈心喜欲狂！

尊社据国际出版法律使智永真迹得以扩大流传，使人得知王右军真实面貌，使后学辈心喜欲狂！自得见尊社再版普及之本，已经辗转赠人不计其数，今已不再以重值收购圣华房、便利堂之珍本矣。弟前后获得友好所赠尊社所印之普及本，昨日有友人枉顾，谈及尊社所印之普及本，因在案头翻检所存之本，及至汗流，乃知所余之一本已无一存矣。今日不得已敬想再存一批，以供赠馈，又因样本全无，欲先寄书价，再约拟购若干本（北京海玉（王）村只有一家代售此书，昨日登门，不料又逢其修理内部）。万不得已，只好通信奉求赐示书价，弟之所愿：祈先示下书价，弟得知书价，即奉寄拟购册数以及书值。我辈至交，谅不客气！

弟 启功 再拜 九月二日

沈培方，上海书画出版社编审，《书法研究》杂志副主编。

85. 致弥松颐　1通

松颐同志（暨同来两位同志请恕忘记尊姓）：

《红楼梦》注稿已拜观，启功今年身体骤弱，目力尤坏，注稿字号甚小，细看十分费力，开始有几条试行打磨，深觉力不从心。原拟每周看四十回，今觉绝难胜任。因此衷心恳请收回成命！下情如此，谅蒙见宥！

此外尚有一事恳求：原注稿分工经过，已详细面陈，于理不应只署启功一人之名。今观现在注稿，已由尊社同志多番加工，精益求精，于旧注又提高一步，且旧注又多删并。如出版时，更万万无再署启功之名之理。倘书前述编注过程，联合记述俞、华、李、启合作之事，附书贱名，而书前则署出版社中执笔同志姓名（实际几位，不妨并列），于理始妥，披诚奉陈，务希赐纳！即颂
撰安！

启功　上言　十一月十二日

弥松颐，北京人。人民文学出版社古典文学编辑室编审、文史委员会副主任。

86. 致金煜 1通

金煜先生:

前承示金禹民先生嘱代撰挽叶恭绰先生的挽联。兹拟得一对，即请转达禹老，能否应用，请勿客气。如不适用，请示下再拟。

联云：

文苑艺林永垂不朽

寰中海外共仰先型

匆此奉复，即致

敬礼!

弟功 谨上 廿一日

金煜，西泠印社社员。

87. 致赵仁珪 1通

仁珪同志：

读完你这篇论文，觉得远超出我原来主观估计之外，昨已当面谈过了。

细致、丰富、透澈，已足见这篇用力之深。尤其这三个诗人在宋代文学上的地位、作用，也表现得极为明显，补足了一般文学史上所谈的不足。

理解很透，且有独到的会心，是读懂了诗的人所作的诗论，即不同于标签诗论、帽子诗论。

你自嫌后几段（总论……影响）前后形式一致，有重复之感。但我觉得文章内容所趋，只好如此。如果改编，不过如"编年"和"纪事本末"的争论，以年排也得排，以事排也得排，也不见得哪样绝对算对。

具体的想法，似可换一下标题，例如三人主张与道学诗的比较一段，如果用笼统的"影响"二字，不如说他们主张的"利"和"弊"，题目字不妨多几个，这方面的影响是什么，那方面的影响是什么，说得具体，便不感觉重复了。你觉怎样？

通篇文章都觉段落较长，虽然所论很能引人入胜，究觉宜适当加些段落小题，以资醒目。这是写文章的策略。

讲"载"道，极有趣，但为什么文章家都要以道为口实、为护身符、为招牌，这很值得专文探讨。最可笑的是喊文以载道的人，都被职业道学家摈诸门外。这一笔"馀波"，大有可"迤逦为"的馀地。

昨谈此"题"可扩大为"千秋之业"，今不再谈。我想不妨继续搜集，继续思索，继续札记。将来写起来时，不必回顾这一段（篇），全写完了，统一修理（不仅止"修改"），可能调整压缩，也可能提炼精粹，全写完时，可能篇幅反倒小了许多。也可能一篇母篇为提纲，下有（或后有）许多子篇，全成一部书。

总之现在莫嘀咕，在此基础上，何愁不起七宝楼台。楼台用砖，基础也用砖，只在不自馁而已！

启功 一九八一、三、十

赵仁珪，北京师范大学文学院教授，博士生导师，中央文史研究馆馆员。

88. 致荣智健　2通

（一）

智健先生、顺弥夫人俪鉴：

九四年末，曾奉尊札，于拙书宝界桥碑，多所奖饰，惭悚何似！又获贺年笺片。时以各种联欢团拜，日不暇给，致迟奉复，谅蒙察宥！兹值乙亥新春，敬具芜函，远申祝颂！愿

俪祉增胜、阖第万福！遥望南天，不尽百一。

弟 功 再拜 十二月廿三日
（1994 年 12 月 23 日）

（二）

智健先生台览：

承托庄先生惠导以作壮游，于弟实属平生奇遇，感荷何似！纽约王氏于所藏之物，多番狡狯，始得见其比较中上之品，其中可爱之物，经吾等四人（庄、王、傅、功）审视，以为只有二件：一为武宗元朝元仙仗大卷，一为马远画册十页（宋某帝对题，俱是原物）。至于所谓董源溪岸图，彼狡展终不肯出，傅先生与弟以为其物大有"鸡肋"之疑，盖有不值一存之处三点：1. 画虽古旧，而董源之款为后添，2. 流传未见著录，亦无明清名人题跋，3. 王氏托辞谓画存大都会。而同至大都会时，又偏不向主管人索观，其中必有不肯露之马脚。如有张大千加补之笔，最易为吾辈看出，故意示其秘藏，或专待我公展观，可免露其破绽。有此三疑，故吾数人不敢特加推荐也。

此外有些较此为次之明清画（另见详单），有傅先生与弟商酌加圈之件，圈多者为其中可作"备收"之品，无圈者非伪即劣，乃属不敢奉荐之品。其中有一小卷，有马麟伪印，画似马远一派（乃明人仿古佳品，可作马远册之对比材料）。又有宋人无款，小块、册页数件，亦可作马远真册之对比材料也。

又有明人夏昶墨竹长幅、林良、吕纪花鸟大幅，清代华嵒山水小卷，此外又有清代袁耀雪景大幅，如附带收到，自挂堂壁，如嫌太"素"，亦可作馈人礼品也。

荣智健（1942—　），荣毅仁先生之子，曾任中信泰富集团主席。

　　详记目录，俱为傅先生随看随记，不但详其优劣，且立即计算得画者作画之时代年龄，会同观者无不叹服。即王氏在旁，每件必自赞其画之可贵处，及闻随时详指年代年龄，乃复哑然无语，其大快事也。每此奉闻统俟裁察。

　　傅先生嘱弟功执笔奉报，并颂台安！

157

89. 致 侯 刚 6通

（一）

侯刚、云复同志：

功在呼和浩特呆了七天，十二号离呼，十三日到银川。在呼讲了四次，见到师大旧同学许多人，都是分配去的，见面特别亲切。我的身体尚好，只是咳嗽。到银川还好些。九三从北京打了两次电话，问我如不适应可先回去，答以很好，争取坚持完成任务。张立伟来了吗？吴先生的稿子怎样，标点统一吗？如有急需由功与赵诚同志磋商处，请告知九三中央（颁赏胡同），由九三通电话（或信）见示，功从这里给赵写信（功在银川需六天，再往兰州，兰州住处尚不知，九三则随时知道，有信即交九三代寄即可）。我们一行有薛公绰同志是政协常委，亦必须于六月三号以前赶到北京，功即跟他同行，争取五月底到京。银川也有师大同学，已约定座谈一次，大约在后天（星一）。一切顺利，请释念！并请转告领导放心！静寰同志同此致敬！

敬礼！

启功 1983. 5. 17

另一纸，求代交李修生同志为感！

已定星期三讲一次，星四启程赴兰州。

（二）

侯刚同志：

①又有一段话，应加入"结字"一章之后，请为加进去。

②昨晚陈荣琚来，把印的稿交给他一份，和他说明了上二次开会结果，他也同意。我约他星期一上午（8：30－9：00）在三楼碰头，他说到时准来。

③我发现我们的稿中还有些应加的字（如小介词等），或多出的字等等，宜加统一打磨。

④我手边有的稿本昨天给了陈荣琚，想再借一份全的看看，还有吗？

⑤日本的《书道史》中有年表，此书秦永龙同志借用，还来后即可排书家年代。

侯刚，原北京师范大学校长办公室主任、出版社副社长。

统此奉报，即致

敬礼！

启功 五日中午

（1986 年 6 月 5 日）

（三）

侯刚同志：

功自七日飞抵杭州，住在新新饭店。九日开研讨会，下午到绍兴，十日上午到兰亭，先写字，后在曲水边上搞流觞赋诗，大有新儒林外史之意，但较胜者，在有外国人。

折腾二天，今早回杭州。明日投入书画鉴定工作。此次无甚佳品。沙孟海老先生云，有些好书画暂先勿看，待启功来再看，恐功失去看的机会，因此不能便随大溜回京，只好看完一段。

鉴定工作，约在五月中旬杭州之物可看完，即推到安徽。功拟在五月初旬提前回京，办完"参考帖册"再赴合肥。看来功之来去，彼亦不便苦留也。

潘国琪同志在功行前光临敝家，说拙稿可于学报第五期（九月）出版，可谓快矣，至可感谢，亦仗我公关照，才有此提前。

来杭同机有纵公瑞堂，周公之良，还有一位女老师，功不认识，亦忘其姓。他们游杭州后到温州，调查开放城市新情况，在杭晤一次，即分道矣。

如功之行程有变化，或行时受阻时，再奉陈求用电报相救拔。

贱体一切尚好，请释念，诸公请代致意，领导处请代报告情况，俱可释念也。匆此

致敬！

启功 四月十一日

此函在绍兴写，大约午后在杭州发。

（1987 年 4 月 11 日）

（四）

侯公：

基金募款办法（见附录），早已拟就，尚未誊清。今写出稿本，请审阅，并求转呈校领导审阅。希望领导和您与胡公如同意后能赐予签名，以赠荣幸！如有不同意处，或修改意见，请示下商改后再誊。华南财团匾额写出请过目，如不行

可再写，勿客气！

敬礼！

启功 廿五日

（1988 年 8 月 25 日）

启功为筹集"励耘教学、科研、奖励、辅助基金"捐献书画作品，拟定计划如下：

一、启功将自己写成之书法作品一百件及绘画作品十件，捐献于此项用途（此部分一九八八年底交齐）。

二、启功愿担任社会嘱写书件一百件，由主管组织代收定件、代收酬金，写足为止。所写内容及尺寸，俱请与启功商定，内容不合宜、尺寸无法写的，不便应承。

三、捐献启功个人现款一万元，以为工作之用及装裱等费（此项亦于一九八八年底交齐）。

四、社会对此项基金捐款，赠予纪念品，请在前列第一、第二项中办理。

五、所得此项基金，一切用途，启功概不过问，全由北京师范大学处理。启功只希望主管组织将所得款项（包括售出、订写、捐赠之款）公布于社会。

六、此项基金，纯为纪念陈垣先生，请勿用启功名义。

一九八八年八月廿五日启功拟具

证明人

校领导

（五）

侯刚同志：

启功于廿九日晚到沪，暂住音乐研究所招待所（牟之关系），次日搬进延安饭店，仍住原屋。连日看蔡元培先生手稿等，鉴定组俱谅解，不拖住。大约一星期左右即完，完后即归。功身体等方面俱如常，请释念！

诸同志俱请代候！即致

敬礼！

并望便中用电话一示小怀等，功不再另写信了。

（延安中路，延安饭店，529 室）

（六）

侯刚同志：

弟自到汤山，次日即经医师查病，开了数种理疗之条，又作心电图，时值咳嗽，效果不佳。在校两次作心电图，所差不大，此次忽有不同，但未带原病历，亦无法比较。想尚不尽确实。第三日又经一俞医师查病，开药数种，每日三次，理疗各项，商量暂且不作（钟老亦云在友谊作了数种，如 B 超等，并无关系），下周再看再定。数日安静休息，颇觉有益，饮食二便俱佳，睡觉尤多，真成困虎子了。行前有些事待奉告，回家再谈。功看来可多住些天，请放心！

敬礼！

启功 十四日

宪达同志同此敬候！

钟老甚好，只是在友谊点滴时久卧，腰生骨刺，每日电疗甚舒适，院内活动，走路比我快。俱足告慰！

（1991. 7. 14）

90. 致胡恒立　1通

恒立同志：

关于辅仁夜大书法班的事，我想了几个办法，写出请考虑。

A. 讲座形式。

①每周一次或二次。人数少时，可有练习及批改；人多时，则无法如此办了。

②以讲解知识为主、配合实践练习。

③多观摩印本拓本，发挥学校图书馆藏碑帖的作用。

④多制做幻灯片，放映出，观摩讲解。

⑤在一定时期展出学员作品，互相观摩，教师取典型问题加以评讲，有好作品，由夜校负责保存，待与全夜校与师大全校作联合展览，请人评选，进行奖励。

⑥讲者的人选不固定，先由几位同志商定一个教学大纲，以供进度的参考，在大纲中附带定出某课拟由某人讲。

⑦可酌请社会书家进行讲演、不必定按我校的大纲，可请讲者发挥他个人的心得、经历、甘苦，时间不拘。

⑧在报酬上，必须拨出专款，定出专数，以赠讲者，如仍拘几元一小时，则不如不请，即他肯来，也不如不送。

B. 专课形式。

①比讲座较严格，有考勤，有定时、定人，公布课程进度表。

②起草较详的教学大纲、出版讲义、复印参考资料（包括理论文章和碑帖样品）。

③其他 A 式中所有的项目亦俱适用。

C. 以上二式，俱以本校教师为基本教学队伍。

D. 根本即预先约定某几人（包括校内和校外），分定责任、题、段落，各赠车马费若干。也就是平地起组织一个夜大书法教学组织，承聘人即兼任教师。其职务在聘期内有效。

胡恒立，原北京师范大学党委副书记。

E. 我校中参加编写书法教材（教委会指示编写的）的同志为基本力量，还可加请校内书家，以扩大已有阵容。

F. 启功最近身体实在太差，我校领导和校医都力加告诫休养，所以本项组织工作的参谋力量，也未能多尽，实为歉仄！至于讲课、讲演，想在开学以后，贱体也当有所恢复，届时商量，负担某几节的讲解，实为义不容辞。如贯串始终，则恐力有不逮了。

管见如上，请参考并赐指正，即致

敬礼！

启功 一九八六、三、十四

91. 致郭隽杰、陈初夫妇　1通

隽杰、陈初同志：

春节承枉顾，失迎为歉！节前隽杰同志惠书拜悉，朱袭文先生来书亦悉。去年朱先生托友人带来桂林石刻拓片，至深感谢！旋即写出二件拙作、一堂幅、一对联，付邮寄去，用蓝色保价邮函，寄到靖江王博物馆转，最近乃知竟未收到。敢请尊伉俪便中向朱先生通一讯，希望朱先生向博物馆一问，是否搁滞在博物馆？如果遗失，功即当补写奉上，并求代致谢意和歉意！（因不详知朱先生通讯地址，故有前次之误，乃求代转一信，倘承示其地址，尤感。）

功自一月三日晨忽然舌根偬强，吐字不清，右手写字极其歪斜，经照 CT，是脑血栓，虽较轻微，但有许多影响，写成篇幅，尚须一段治疗恢复，唯逐渐好转，请勿念！

尊大人迃翁遗作整理如何？甚念！鄙处电话时常损坏，有事望以片纸付邮为妥。即颂

新春万福！

启功　敬上　十一日

（1993 年）

郭隽杰，北京物资学院教授；陈初，和平里中学教师。

92. 致姜念思　1通

辽宁博物馆王海萍主任并转姜念思馆长：

　　承蒙

　　赐将馆藏溥心畬先生书画各一件代为拍照，并承迅速寄下，万分感谢！惟经印成照片后，清晰度尚觉不足，如再制成印刷版面，其效果必更有不足处。万不得已，拟求再赐拍摄一次，诸多分神，感荷无既！并将照片寄呈，以供参考。

　　再者小画卷如赐拍分成四段，则画面可以大些，较易清晰。又再求将两卷之上下之高度赐为量一尺寸，以米尺为宜（横卷只有上下之高度即可推算全卷），琐渎至感！

　　又两次照相工料及馆中应用之手续费用，统求赐示，当即奉呈，敢望万勿客气！

　　专此即致！

敬礼！

启功　敬上　四月一日

杨老、徐公尊前附此致敬！

（1993 年 4 月 1 日）

姜念思，曾任辽宁省博物馆馆长。

93. 致高岛义彦　11通

（一）

二玄社

高岛义彦先生：

有一事请教：岩本昭典先生索拙作书画，对他应称什么？

1. 先生

2. 上人（一般出家人都可称）

3. 法师（一般出家人有地位的）

4. 长老（高资格的）

5. 开士（唐人称怀素曾用此称）

岩本先生既是住持，当然是有资望的，我拟在 2、3、5 中选一，可以吗？希望赐示。

其他诸事，见面详谈，先此敬谢！

启功 上言 十月廿八日

（1992 年 10 月 28 日）

（二）

义彦先生：

功这次奉访东瀛名胜，获闻雅教，又承鼎力介绍，得观三井氏秘藏古本碑帖，眼福无疆，至深感谢！

复制本《晴岚萧寺图》，为功代友求购者，理应按价呈值，遽蒙厚谊，不但不收价款，却更惠赐两幅，功与鄙友，同此敬申谢悃！

前以拙笔书画各一幅奉呈岩本法师，闻台端曾与贺寅秋女士议及酬劳之事，今敬陈下悃：功于拙笔赠人，亦曾有时受酬，惟有数项条件下，愿完全尽其义务：一为宗教部门，无论何教，俱为使人向善，故不受酬；二为教育事业；三为公益事业，如残疾人员之事以及慈善举动等；四为至亲挚友，俱不受酬。此例行之有年，大家俱有所悉。故为岩本法师之作，决无受谢之理。且阁下与贵社历年每有新出版之书画碑帖，必一一及时惠赠，吾家竟可作二玄社出版展览，厚谊高

高岛义彦，日本出版家、资深编辑，时任日本二玄社副编辑长。

情，正感报谢无从。拙作如堪做馈友薄礼，即算功呈阁下，阁下转呈法师，岂不使功心安，法师亦可受而赐教，知阁下亦必释然也！至于贺女士曾云建议明年赐邀奉访，观赏樱花，功明年春夏已有港澳及台北之约，且贱年八十，一年之内，累次奔波，常有疲劳之感。乃诚申不敢受酬之意，则贺女士之建议，可不谈矣。

又前面呈拙稿《喜观二玄社影印宋许道宁渔舟唱晚图卷》一稿，归来再校，仍有错字漏字，因另写校勘记一纸附函奉上，即希嘱译者惠予更正为祷！

归来后，琐事丛集，抽时具书，奉申谢悃，匆遽不恭，诸希谅察，即颂撰安！

启功 敬上

（1992 年 11 月 25 日）

（三）

高岛义彦先生：

手教敬悉。尊藏水湿古本碑拓，将托贺小姐带来重裱，启功一定妥善代办，请放心！

但有一项手续，请贺小姐注意：入中国海关时，务必办好登记并说明是拿来装裱，裱成后再带回日本国。如果此项手续不全，将来带出时，万一出了问题（即被扣留），就难办了！

启功去年写了一篇关于《渔舟唱晚图》的评论，已寄去，不知寄到否？

今年二月上旬，奉上一函，说明考古所无古书画藏品事，想近日已蒙收阅了。

启功 一九九三、三、一

（四）

义彦先生：

最近始晤张明善先生，他看了尊藏的《麓山寺碑》，以为是未经描损的宋拓珍本，十分可贵！他说可以修理，白色霉斑也可以去掉，只是水湿太甚，有些粘连地方，揭开时难免会有损伤，这是应先说明的。

我问他应付的代价，他很客气，我表示请他说一个大概，如果裱成后效果好，藏家另有酬谢，那就是感谢的另外酬劳。这样他也就同意，说了每一开的工本费需要一百元，帖共 69 开，共计用不到一万元。他是以人民币的单位计算，最好付与对应价值的外币，以便他购买些进口资料。至于裱成后，先生看了是否满意，是否愿意另外赠多少额外酬劳，全听尊意。这是鄙人的附加建议，即不付

167

额外酬劳，也无妨碍。帖现在徐平方先生家，您如果同意，即请速示，以便通知张先生赶紧着手。只是此物比较费功夫，恐不易太快完成，这是您所了解的！专此敬颂

夏安！

启功 上言 六月一日

（1993 年 6 月 1 日）

（五）

义彦先生台鉴：

奉到来书，敬悉一切。《麓山寺碑》复印各页，敬仰先生设想周到，其首尾之文，及题跋各页俱是作跋语之重要依据，得此可以大放厥辞矣！照夜白题字承代拍照，至感！张明善先生近日尚未晤面，如有揭裱结果之消息，当即速行奉告，以释远念。翁先生是上海书家，未曾晤面，闻颇精于碑帖鉴赏，亦闻或有异议。各种学术，俱不可能完全意见一致，唯其肯作"尖锐批评"，以人格言，尚属率直，但所评有无个人好恶，则当别论。鄙见以为出版书帖，乃为应社会广大用户所需，与学术上专门研究不同，倘以个人好恶为出发点，不谅出版家之客观需要，则少参考价值矣。未知高见以为如何？又拙作《论书绝句》，承赐翻译出版，万分感激！至于功所谈有难译之处，并非尊处译家水平不足，实以其中典故较多，且有各民族语言习惯中各有一些"俏皮话"，不是普通语汇词典所易查得。窃念如有难译难表达处，是否由功口述录音，录成托人带去，每日说五首，约廿日可毕。前听贺小姐说她常回北京，即求她带去如何？如台端同意，功即着手。所费只几盘磁带而已，勿念！功最近十天，忽因脑血管有受阻处，说话吐字有某些字不清，右手写字不太如意。经服药及点滴通血管药，已大致恢复，请放心！馀容续陈，即颂

撰安！

弟 启功 敬上 十三日夜

（1994 年 3 月 13 日）

（六）

义彦先生：

日前大野修作先生来此开会，晤谈甚久。

一

见到他所译拙作《论书绝句》，情况如下：

拙作绝句，加上训读；

对绝句的日文注释（未译诗后的议论短文），略参考拙作"议论短文"（即诗后拙注）。

鄙人不懂日文，只见分条注释，俱是诗句中的词汇，没有遗漏，足见修作先生费神之处，至可感谢！但尊编体例，不知是否如此已足，亦不知每首诗后之"议论短文"，是否即以诗的分条注释代替？弟已将口讲原诗及议论短文录音磁带（每首中这两部分俱合在一起，加以口讲）。全部交给修作先生，并请阁下审查指教！十盘考贝即奉赠以为纪念。

二

又关于《龙藏寺碑》之揭开情况：夏历新年后，弟到张明善先生家去，见到粘成固体"纸饼"，断成两截后之上半截部分已揭出，但拓本正面尚相合，未敢速揭，因拓墨有胶，恐速揭易于损伤，尚在多加水浸阶段。此上半截如揭开帖面（即文字尚处于面对面的形状）后，再行动手揭下半截"纸饼"。特此奉告，请放心！

三

又《麓山寺碑》之后跋与外签，因弟之腕力逐渐恢复，一俟更多稳定，即当速写寄上。接到四日晚电传，敬悉。此函尚未发，亦不再改写了。请谅鉴！

四

又"韩幹画照夜白"题字之照片，收到，致谢！

五

大野先生谈：拙作之插图有可换者，当然尊处资料方便，尤以听冰阁藏善本极多，更换最好者，实为感盼者。同时鄙处亦寻找可换之资料、照片以供选择。原有插图中有些只照局部，截取未妥者，或所择未善者，尽力更换，摄出照片，统统寄上，以供编时选择！

以上五项问题，统祈高明察酌，以为可否。即颂
大安！

弟 启功 上言 四月五日

（1994 年 4 月 5 日）

（七）

高岛义彦先生：

尊藏《麓山寺碑》，已由张明善先生精心裱成，敬待台驾光临，亲自检收。功已自医院归家，惠临当拱候也。王石谷画卷极费清神，复印精彩，至深感谢！诸俟面叙，即颂

撰安！

启功 敬上 十月二十五日下午

（1994 年 10 月 25 日）

（八）

义彦先生：

承惠白集古本、校勘本，俱属奇珍，蒙分神寻觅，感谢无既！功自夏季以来，出差五次，迟于奉复，十分罪过！忝叨契好，谅不见罪！《麓山寺碑》有正书局影印本，近始寻出，命功跋尾，不日写成，一并寄奉。《龙藏寺碑》，张明善先生曾患病住院，故不敢催促，一有消息，当即奉告。拙作《论书绝句》中补充插图，前由贺女士带呈数种，近又拍照数种，付邮奉，请为酌用。匆此奉候，不尽百一，即颂

冬安！

弟 启功 敬上 十一月廿五日

（1994 年 11 月 25 日）

（九）

义彦先生：

程伯奋先生藏法书集的"题辞"一篇，敬请斧削，如有不适宜处，请不客气修改！

其室名、具体完整的书名、程先生的家乡名，都请赐为填上为感！

启功 一九九五·十·十九晚

此稿奉上，恐已耽搁了时限，请原谅！

（十）

高岛义彦先生惠览：

手教敬悉，命于拙书小叙中加上译本有关之语，谨当遵示补入补撰。惟最近弟冗事太多：前开政协会十馀日，继为文史馆题诗写字，又将随文史馆组团访问新加坡。三月廿六日起程，约十日行期，归时将在四月五六日，归后立即着手，

稿成即付传真奉上，勿念也。今日正在整理行装，匆促奉闻，馀俟续达，即颂

撰安！

弟 功 敬上 三月廿五日晨

（1997 年 3 月 25 日）

（十一）

义彦先生：

《启功书话》一包，收到，感谢！索书者尚有人，希望续赐一些！（昨日已收到一包，感谢感谢！）所嘱向故宫杨新院长谈摄影事，已与杨先生面谈了两次，杨很支持。他说三点：

1. 贵社运来机器，手续麻烦，且须待上级批下，费力、费时，彼将请院中摄影家胡先生拍摄较大底片，保能使用；

2. 三件名画俱可提供底片；

3. 所有手续，可由贵社与杨先生直接洽办。

关于鄙人所存插图资料（憨山法师、汪中二家各件），贵社用毕掷还，甚感，但既转交中玄公司交来，最好有一清单，因各件太零碎，转手宜清楚，兹开清单如下，尊见以为何如？

憨山和尚：

1. 自书《苦雨诗卷》一卷；

2. 楷书《黄庭跋》一折页；

3. 石印《海印禅师墨迹》一薄册。

汪中：

1. 扇面照片一页；

2. 影印定武《兰亭》（有汪中画像）一薄册；

3. 复印《汪氏手札》草订一册。

以此点交中玄公司，是否合适，请酌！

贵社方先生来电话，鄙人云即发电传，但数日酷热，未能到办公室拍发，深以为歉！方先生亦未及奉问大名。即颂

暑安！

启功 上言 七月廿七日

（1997 年 7 月 27 日）

94. 致柴剑虹 4 通

（一）

剑虹同志：

兹有一事奉求，弟有一个发表文稿粘册，不慎弄丢了，其中有些段《坚净居随笔》，是登在《学林漫录》上，自第一期起都有。现在所缺是第十期以前的。舍下《漫录》都保存着，但搬迁后殊不易找。敬求便中在书局中代为找一下，凡前九期中所有拙作随笔，都请为复印一份，无任盼祷！

敬礼！

弟 功 敬上 九日

（1993 年）

（二）

剑虹同志：

昨发现《说八股》小册中有一大笑话：第 70 页，自第 3 行至第 6 行，全与第 8 行至第 11 行相同。

同书第 93 页倒第 9 行至倒第 6 行不误，如重排时，请嘱责任编辑同志注意将第 70 页中之重复一段改正为祷！

兹重抄应改之一段如下：

此一转也，以为无情耶？转之不能忘情可知也；以为有情耶？转之不为情滞又可知也。人见为秋波转，而不见彼之心思有与为之转者。吾即欲流睐相迎，其如一转之不易受何！

（以上第五股）

专此即颂

撰安！

启功 敬上 二十五日

（1993 年 1 月 25 日）

柴剑虹，1966 年毕业于北京师范大学中文系。曾任中华书局编审、《文史知识》杂志副主编、汉学编辑室主任。现为中国敦煌吐鲁番学会秘书长。

（三）

剑虹同志：

承示拙作排印校记，至深感荷！其中标点有的是我也看到的错，有的是你细心察觉的，可见自己校稿，即使二校三校，也仍校不出的。

关于有几个字的疑问，提出极见精心，但有的有另解，可不算错的，特为奉答：

扬州是扬非杨，尊校极确。

画寝乃汉代注解之一，以为宰我彩画寝室的建筑物，孔子以为他的房屋本不值得彩画，所以说朽木不可雕……。拙句上说画寝是，下句说画寝非。

裁字已面谈过；火齐是一种红色的珠，齐字去声。

宜僚弄丸，见庄子，其字有别写，都通。

诗来，是他作诗前来……，当然"来诗"亦可，二者可互用，如"如何何如"，关系不大；拙书中错处仍必甚多，续有发现。勿吝指出！所错不仅字句标点，内容词语等方面，更望惠正！

启功敬上 六日

（四）

剑虹先生赐鉴：

昨承相顾，拜赐各书至感！当即拜读大作，于贱体病中诸作，以及数钱之诗，及王羲之不署郡望之绝句，真使不佞感不绝于下怀！又与伍氏伉俪快叙，致忘将拙作二册奉求转交陈抗先生，昨由文史馆交来《崇文续集》之稿，连夜拜读，半夜忽患腹泻，今晨政协只得请假。兹求师大马玲同志专程送二拙稿二书，并将《崇文续集》之稿敬求代交程先生，至感至感！

专此敬颂

晨安！

启功 再拜 二○○三、七、八

《崇文续集》稿一袋

启功：《古代字体论稿》一册、《人生漫笔》一册（内有论书法一篇）

95. 致徐利明　5通

（一）

利明同志：

接到来信，我们同院的人都看了，非常称赞。因为现在学书法的人不少，但踏踏实实地写的，在青年中确并不多。所以我在接到来信后立即写这封回信，也可见我的心情了吧！

你的字，已深足表现对我的好感，不待看信中的词句。以后千万不要任何客气的语言，说句老实话，我是教书的，有一种职业病，凡看到人家勤勤恳恳，踏踏实实地做什么事，我都爱看，有安慰的心也有佩服的心。

要钩一本送给我，我当然感谢！但我更想泼一盆冷水。双钩法是照像未发达之前，想留一个副本时，不得已的办法。现在自己如果遇到一件什么好字，想留一个影子，在照相条件不便时，大可以做。但它不够一种独立的艺术，费眼力，费时间。不如临摹影写，还可以对自己增加些艺术营养。我现在希望你不要钩下去（如果朋友想要一个副本，那么钩也无妨。如果为给我留纪念，不如临一通寄给我。即朋友想要，我还可再写，也不必全钩），何妨自己写一本寄给我，可以研究书法的得失优劣。

我对于写字有几点想法，是我曾试验有效的，想奉告试一试：

1. 楷书为基本功，写起来见效果甚慢。但一旦找着窍门，便觉四通八达，再写行书、草书，既可好看，即写隶书、篆书，也容易找到它的重心。

2. 楷书要注意它的笔画的来去顾盼，不宜一笔只当一个死道去写（在你的字里倒不存在死笔）。也不必太求活动，总要随其自然。

3. 要多临帖，要多影摹着写。最好用塑料薄膜，即食品袋即可。裁开铺平，用笔蘸洗脸的肥皂，再蘸墨（先后不拘），可以去膜上的油。按着帖上字写去，写完了擦去再写。如果有薄纸，垫上薄膜，再照帖写亦可。这对于帖字的"解剖"有极大的好处，真认识它了，自然可以消化它。即使已能临某一帖了，也觉得临像了，再影摹一次，常会大吃一惊，原来帖上笔画的距离和我手下的并不一样。如此摹写，与看着临、背着临可以并行，并无矛盾。

徐利明，江苏南京人，现任南京艺术学院留学生院副院长。

4. 写帖主要抓结构，这是主要的。每笔什么姿式，如颜字╲笔有个权，褚字下笔╮有个弯等等，最易迷住眼睛，使人把注意力放在这里，丢失了它的主要矛盾。如果结构对了，点画的姿态即使全都删除，人家也会说像某家、似某帖。又有人说什么形似、神似，即是这个道理。主要关键处都对了，自然相似。

5. 写今人的字容易似，因为是墨迹，他用的工具与我用的也相差不远，如果再看见他实际操作，就更易像了。但我奉告：这办法有利有弊，利在可速成，入门快，见效快。但坏处在一像了谁，常常一辈子脱不掉他的习气（无论好习气或坏习气），所以我希望你要多临古帖，不要直接写我的字。这绝对不是客气，是极不客气，因为我觉得你写的字大可有成，基础不可太浅，所以说这个话。如果仅可用以敷演目前实用，即写比我写的还坏的字，又有何妨呢！

6. 上海新出的唐楷选字帖，《颜勤礼碑》（颜真卿）、《神策军碑》（柳公权）、《胆巴碑》（赵孟頫），价廉物美，你喜欢哪一种，买到了吗？不写了，以后再谈。

    即致

敬礼！

启功 十月七日晚
（1975 年 10 月 7 日）

（二）

利明同志：

来信早已收到，临拙书一册亦收到，实在抱歉，未能即复。现在先说咱们写字的事：

一、临拙书甚似，但千万不要再临了。"取法乎上，仅得乎中，取法乎中，斯为下矣。"也不知是谁的话，因为他有理，就得听他的。这并不是我自己谦逊，因为咱们如果共同学习一些古代高手，岂不更好。学现在人最容易像，但一像了，一辈子脱不掉，以后悔之晚矣。我也常教一些最初入门的青少年，索兴把我的字让他临，只一有些"得劲"了，立刻停止。看来你已并不是为入门，直是喜爱这一路字，所以更不可再写。千万千万！

二、来信说行书可否写？我认为什么都可以写。譬如一个人吃饭，什么主食副食都要吃，因为这时想吃菠菜，必然是他需要铁质了，想吃……都是一理。米面固然是主食，但只吃米饭也不行。鱼肝油是大补品，但吃几天就腻了。学书固然要专，也要相对的稳定，但吃饭总要保持胃口开着的时候吃，如胃口不开，宁可饿些分钟，写字也是这样。看哪种字，哪个帖好，有"会心"处，何妨拿起笔来写它一气，不管用什么废纸也可以大写一下。不要太拘泥。又我常劝人写楷书要当行书写，写行书要当楷书写。怎讲呢？楷书各笔有映带，才活。如每笔只"单打一"地写，便死，于结构也无益。当行书写是说每笔有顾盼，于是一个字便是生动的。行书譬如公共汽车或电车的"快车"，并不是从另一条路走，更不是从房上越过，仍然是慢车所走的路线，每站它也经过，只是有些站不站罢了。楷书在结构上的一些重点（或说据点、车站），行书必须经过。如果行书不经车站，便不好看。所以你写写行书（甚至草书）都与楷书有益，写写楷书也与行书有益。从前人（如清代人）看不见影印本，谁有一本帖，视如秘宝，写一辈子，是条件使然。咱们的眼界大开，条件方便，所以切不要听那些"保守派"的旧说（特别是包世臣、康有为的书不可信）。

三、执笔要松，自指尖、手腕、肘、肩，无一处用力才好，当然松到拿不住笔，使不开笔也不行，但不要有半分"僵劲"。什么回腕、中锋等，都是把古代的写字方法误解了（以后可再详谈）。悬腕悬肘等说也不必管，手无僵劲，写熟了，自己也忘了手在悬着没有。古代有一个大胡子的人，有人问他睡觉时胡子在被里被外，他原来并没注意过，经这一问，注意答案，一夜没睡着觉。用笔也是如此。

四、多看帖，什么都可以看。还用吃来比喻，在菜市上看各种菜，总有想吃的和看着就不感兴趣的，那么今天先买想吃的，也许明天又想吃今天不想吃的，也不管它。营养是多方面的。

五、你手边有什么帖，喜爱哪些人的字？想买哪些帖，可以告诉我。北京买得到的可买，我有的可以奉送，不能送的，可以奉借，都好办！不要客气。

不写了，以后再谈。有一张纸，请你转给田原同志。请他恕我不另具封了。敬礼！

启功 十八日

（1975 年 10 月 18 日）

（三）

利明同志：

接到来信及年历等，至谢！漫画粘册，尤其精美，唯其中有数幅无作者名字，看来已经被剪去，我想这是否你的作品？由于谦虚，恐人误以自我表襮，因而剪去呢？

我写的《圣教序》并不好，只是想共同讨论，如有启发，且留看看，不是要说《圣教序》应该这么写。但写字宜多看古代墨迹，我是想追求一些唐人笔法，从石刻的石痕中解放出来，但很不易作到。

汉人书，今有木简；六朝人书，有高昌墓砖；唐人书有写经及其他字迹；宋以来书，更有许多墨迹。字的间架和行笔的"用意"，都可自石刻上看出，但已隔了一层了。这是我很久的固执想法，有人同意，有人不同意，也没有必求人家同意的必要，只有熟朋友谈谈而已。

承索鄙像，昨日找出两小片，一是脖子上带"颈架"，为防颈病发作，这次也照了一张，可见庐山真面目，一并奉上，藉代面晤。即颂
新春多福！

启功 上言 初五

函皮是一个七岁的小朋友与我合作写的

（1977 年 2 月 22 日）

（四）

利明同志：

接读来书，欣慰殆不可名状！先谈书法一端：足下进步跨度之大，速度之快，真足令人惊异！从前的僵窘之境，一下打开，并且禁得起立着看，一张纸上的字，在不成熟时，譬如许多小孩，不是头大，即是齿换，以至语言不清，动作不灵。今已个个成人，应对进退，无懈可击。并且排起队来，左顾右盼，全不失误。足见用功之刻苦猛进，此最堪欣慰的，亦深堪敬佩的！

在此阶段，正是成熟定型时，仍宜注意几事：1. 不必过求老练，宁可薄弱些，可以留有发展余地；2. 仍宜多写些楷书、行书，多临帖，多临古名家墨迹，此是营养要素，少看今人的字，少想今人的字；3. 别看论书法的书，徒乱人意，有弊无利；4. 如写隶书，务必多看影印的竹简墨迹；5. 不要用死功。

何为用死功？窃尝论写字之功，如走钢丝，不能用死力，又不能不用力，不能不精神集中，又不能太集中而紧张。它与钻隧道不同，钻隧道只要使劲钻，日夜不休，总可钻透，写字恰恰不能按着日程干，写字的"功夫"，不是纸篇数字算得出的，如人的营养，不是粮食斤数计算得出的一样。

你考上大学太好了！从此艺术上又一大天地，足供发挥探讨，相信必可大有成就！

现在提供一点建议，即是"放开眼界"，多看参考品；多看古画；多看生活中事物，有人视而不见，留心的，抓住的，即成好作品；多读书，此与勿看论书

法书并不矛盾，此所谓"书"，包括与艺术无关的书，总之可以启发思路；最重要的还是注意健康！

凯蒂同志把拙字照了相，抬举多了，请代我向他致谢！韩洪同志要的字，当即写去。万一我忘了，如果过时没寄去，请来信催我一下，不要客气，因我记忆力锐减，忘的厉害。因要急于答复这封信，所以不能一同写好寄去。

拉杂没条理，因快慰即速作复，不及好好地写了。

此致

敬礼！

启功　九月九日

（1978 年 9 月 9 日）

（五）

利明同志：

手示并草书横幅，收到已久，稽答为歉！尊书大有成就，深为欣慰！惟有一事，不能不奉告：书格之老苍，随人年龄，不易强求，尤不可枘拟。足下近时所书，结构严谨，笔力坚实，惟稍似有意求"老"，今日已苍老，则人真老时，便成枯硬矣。不知高明以为如何？总之多临帖，少看今人书迹，尤不宜心追目想某近人趣味（无论何人），多看古人墨迹（包括墨迹印本），则血脉俱活。如为作图案字，则又当别论，如建筑图、机械图上之字，则墨迹之法无所施展矣。此种矛盾为实际工作者所苦恼，亦莫如何出（如）何也。韩洪同志索拙书字幅，写成二幅奉上，祈转交，如不合适（包括尺寸横竖等），请示下重写，勿客气也！匆此奉复，即致

敬礼！

启功　上言　十一日

（1978 年 10 月 11 日）

96. 致阎明复 1通

尊敬的明复同志：

许久未领教言，敬想起居增胜！现有汇报三事，分陈如下：

一、去秋承大教，努力向国外宣扬祖国文化，曾与九三学社对外联络部牟小东同志约集潘絜兹同志（画家），同赴新加坡展览；今夏复由牟组织七人赴香港讲演；今冬新加坡书学会二十周年复约牟与功同去祝贺，归后当再详作汇报。

二、功以中国书法家协会成员，当舒同主席因年高求退之时，多人竞争不决，乃参考投票之数，以缓争端，遂由功承乏（投票协商种种会上，功俱因出差到上海鉴定文物而未能出席）。功于团体组织工作，本无能力，且体多病，心脏之病尤剧。又兼会内各方实力人物之争，每提出功之名义。其不相招呼即自提出者不计外，即偶作当面关照，功实亦莫从表态。于是"旗竿"同时又起"靶子"之用。今当文代会筹备之际，"委员""代表"等等人选，又成白热之点。侧闻参加筹备之同志言：此次各协会之"主席"为当然委员，又闻有年老者可免活动之照顾。功年早满七十六周岁，从前有群众团体不办退休之说，每苦求退无从，今闻有此照顾之精神，因敢冒昧陈请。又以不知应向何处呼吁，只得恳求自己的组织领导，倾诉下情，恳予大力支持，如能在文代会前得遂所请，则大会上不致多一病号乃至缺席之人，则公私俱有便利。敬求鼎力，赐助解脱，无任感盼之至！

三、今日有一人，名杜全兴（自称为北京制呢厂工会干部），在董寿平同志家求写"北京书画社"牌匾，并云此社隶属于"中国书法学院"，又云此院已由乌兰夫同志批准，并派启功为院长。彼与董说后，董向功印证，功全不知。杜即在董家电话中向功述说此话，并说此院主管办事人为郝治。功念此事事前全无所知，其为可疑，已极明显。杜、郝等人万一在背后假借功之名义上呈乌兰夫同志，则功实难负责。兰夫同志如未加批，则请加以留神；如真已加批，则请予以详查，俾勿使有人随意假冒，并骗取首长批示。窃念此事，上涉兰夫同志，谨及时呈报。俾获有效处理。

琐屑上渎，敬乞鉴察！专致

敬礼！

启功 谨上 九月十二日晚

（1988年9月12日）

阎明复，辽宁海城人。曾任中共中央统战部部长、中共中央书记处书记、中华慈善总会会长。

97. 致屠式璠 1通

式璠先生：

奉到手教，得悉铜山张勺翁遗墨遗稿搜集有获，至深欣慰！恺慈（恕忘先生别号）先生百年纪念，本应撰文纪念，又勺翁遗墨亦应敬署签题。但自去年年末左眼忽然出血，影响视力。继而右眼亦然，只稍轻于左眼。如此作书，全凭感觉，毛笔作楷，便不成字，欲效绵薄，力实不逮，伏乞垂谅是幸！勺翁影印《右军书范》，功有其本，台北出版者未全，如先生所搜集亦未全，谨当拍照奉上。又闻徐州博物馆有勺翁笔记草稿（不是《阅帖杂咏》）未知阁下知之否？匆此奉复即颂

大安！

启功 敬上 十七日

承赐勺翁书铜镇纸，盛谊至感！但敝箧诸物终将捐献，见面时再敬璧。

尊札行文雅洁，楷法尤见功力！至佩！唯今日繁体字与规范字之间，常因换用致出差误。前有友人写《洛神赋》，所用为规范字印本。落笔时又将简体翻成繁体，以致伊阙之阙，印本为"缺"，写时不觉，遂即用"缺"，又伫（伫）立之伫（伫），因简体宁字印本作"宁"，延伫（伫）之伫（伫），乃翻作"停"，当即向之说明，乃寻旧本重写，今读尊札，伫（伫）字亦多费数笔，忝叨世好，不敢不加直陈也。

（1998年9月17日）

屠式璠，张伯英先生的外孙，民族音乐研究者。曾任北京市第十三中学教师。

98．致黄小军 1通

小军同志赐鉴：

手示及拙笔题书签及于老奖誉题字，无任感戴！不佞近年双目黄斑萎缩，下笔如"鬼画符"，转不如地摊上之赝品矣！赐寄之十条书签照片，确出拙笔，蜀中鉴家习见赝品，实非鉴赏之误也。近日北京"非典"疫情猖狂，窟室徘徊，了无兴趣，得奉手教，异常兴奋，专此奉复即颂

大安！

末学 启功 再拜 二〇〇三年五月一日

纳兰容若本名成德，为大学士明珠之子，纳兰俗译那拉，呼伦四部皆有此姓，明珠父子为叶赫部之贵族。清圣祖康熙帝曾立理亲王胤礽为太子，礽字之音与成字相近，故成德曾改为性德，后胤礽被废，性德又改回成德。及成德逝世，其友人哀挽之作，又俱书成容若矣（俱见《通志堂集》所附之挽诗等）。不佞在《成德词赏析集》后有一行记此事，但仍未详也。

所赐照片

敬谢！

启功

黄小军，四川日报社记者、主任编辑。

99. 致章景怀、郑喆夫妇 5 通

(一)

景怀、郑喆：

我于十九日乘火车从银川到兰州。车晚点，下车已近十二时，到宾馆已是近一时。宾馆极华美，是中央首长来住之地，如北京之钓鱼台。院中花木丰富，牡丹已将谢，苹果结果如钮子大，芍药也很多，尚未开。今早统战部请午饭，极丰盛。不冷，我咳的甚少。在银川有一天三单元有事，次早也坐谈，心脏不太好，即休息。次日即完全正常，随时有大夫来看，北京"九三"来电话已第三次，问我如不行即提前回去（当然电话还有公事），大夫证明无事，即前行。

今天商定，大家从 24 日自兰州往乌鲁木齐，中途往敦煌，甚辛苦。赶车甚紧张，我表示可以不去，即与贾兰坡（即那晚与牟来的老头）同往新疆，先讲我们的，他们（即其馀的人）后来，后讲，后工作。

政协六月一日报到，自乌市有专机到北京，是自北京派来一路接西北代表委员的，我们（至少是我和薛老）可以搭此机回京报到。听说此次政协要五张像片，不知要了没有，我记得像片抽屉中还有。小章正的托儿事如何？乐嘉去了没有？王悦考的如何？我心里总有这么三件事！

银川有一教师到师大地理系办事，找周廷儒，我托他带去一个包袱，包了小棉袄等，此地天气甚暖，只早晚略凉，睡觉盖棉被，平时只穿羊绒衣、布外套、棉秋裤布裤，至多加一线背心。所以小棉袄绝对无用了，可能周太太交给你，不交也不必问。我这里不知地名，如有要事可告颁赏胡同"九三"即可。至少六月一日必回京也。

功 20 日晚

（1983 年 5 月）

(二)

景怀、郑喆同志：

我到沪后，工作顺适，睡眠甚好，一切勿念！上了一次旅游商店，说有大号羽绒服，我想给你爸爸带一件，结果我的肚子装不下，那么你爸爸的肚子就更装

章景怀、郑喆夫妇，启功先生的内侄、内侄媳。

不下了，可以定做，但我想既定做就要量好尺寸，你们能量来一个尺寸吗？现在交做，冬天可穿，或下次（阳历四月）来时再做亦可。

本定十五号结束，次日散伙回家，现在机票买不到，只买得十八日中午的，下午可到家。我的钥匙带在包内，郑喆不必在家等着开门。

章正：我给你买了一件可爱的玩具，两只小狗抱着脖子，是你不闹的奖品！十八日见！

功 十三日

（三）

景怀、郑喆同志：

我自六日下午自京开车后，一路晚点，等待让别的车，至七日夜间三点二十分始达成都。住在望江宾馆，是军委的，很好，我一人一屋，吃睡都好。望江宾馆在望江亭附近，但尚未去看（我已游过，不想再去）。这两天只在馆内住着，写了两张字，洗了一个澡，其馀或聊天或睡觉。没咳嗽。

唐小妹夫妇来了，在宾馆吃的饭，她都有了孙子，我送他们二百元。我一切都好，衣服完全合适。

我已订了飞机票，听说是十五号的，但一切都不可信其必然，反正也差不了许多。

我已给第一招待所王南访同志写信（同时发），他们结束如在我回去之前，就请他给你们打电话，你去给我收起东西，由文物局（在宾馆）的车，送回家中，你只携带提包绳子去收拾即可。

我在那里的东西，什么都有，各个抽屉中都有。有一个书（画册）是王南访的，破墨碗碟是宾馆的，其馀都是我的（一个磁笔筒，内有红黑铅笔各一枝是宾馆的）。点心一小匣子坏了，扔之。

小柜中有衣服，床上有纸，枕下有破羊绒衫，当枕头用的，进屋门左手处有一小墙柜，内有字条，我睡的床前小柜下边，衣物上，有硬纸夹照片一份，重要，是傅熹年先生的，要注意别折损。桌上除毛笔钢笔等外，有钢制笔筒、黄铜镇纸，都是我的，小砚一个，更是我的，都请注意。

如果散伙在我回去之后，就不成问题了。

这里大会在明天开，开两天，两天后可能去看看嘉定大佛，也可能不去，其馀没事了。

我若坐飞机回去时，走前必给学校打电话或电报，派车去接我。

这时章正在干什么呢？

再谈。都好！

启功 1984. 11. 9上午

（四）

景怀、郑喆、章正：

我自家出来，很快即到机场，办行李手续约半小时，乃童同志给排队。七点卅分起飞，真正飞起离地，已七分钟后了。

整整九点十五分机轮着地，下机不远即到站口，谢辰生、王连起、王南访、董彦明、郑广荣（都是小组的）又马承源馆长（上博的新馆长，但是老熟人）也来迎，到旅馆见到杨仁恺、徐祁达、傅熹年诸人，俱甚高兴。

我住在两间屋的大房，谢辰生先在此睡，他要明天搬走，我反对。我们两人同一房，甚好，说得来。他也不搬了。今日五一，文化局长、馆长老谢都来看我，下午看馆中画，回时去老谢家，他拿出许多藏画来看。

明日以后按日到馆看画。大约七日可回，到达八日（看机票）。他们听我可上美国俱高兴。

上海比北京稍热些，衣裳正合适。

延安饭店听说我来，即找老谢请我写字，安排一个地方慢慢写。延安饭店很优待，只好敷衍一回。

我走之前，在桌上写了一个信封，是"庞书田收"，他是文物出版社的，请我写"孔膳堂饭庄"，这信封里即是此条。本想临走交给童正洪，也不知交了没有。回忆起来，似是忘了交，请你们看一看，如在桌上，即希望另写一信封，将匾额横条装上，外写"沙滩、文物出版社、庞书田同志收"，贴四分邮票发了。邮票在电视机下靠西墙的抽屉里。如桌上没有此信，即是托他带去了，就不管了。我睡的很好，吃的也香，请勿念。司机赵师傅的那个小孩闹的厉害，比章正大一岁，比他闹的多。

我们十四号赴美，可以送我去机场，章正当然可以达到目的玩一次。我这次据谢辰生说，给我要红皮护照，如换红皮，则行李免验，牛气大了。暴发户有如此者，"光着屁股坐花轿"有如此者！真可笑呀！

怕你们不放心，赶紧写此信。

洗衣机如买着，即在衣柜抽屉纸袋中拿钱！至要至要！

你便中到主楼三层校长办公室找侯刚同志一下，说我有二条简历是要补上，即"全国政协常委，中国书协主席"。还要求他托出版社给我印一份（即将另纸交给侯同志）

功 五月一日晚

（五）

景怀、郑喆、章正：

你们好！我从八日下午上车，次日到杭州，住在美术学院招待所。九日、十日、十一日几天甚热，接着下了雨，便凉爽多了。沙老请吃饭，九三请吃饭，园林局请游湖。游湖一天，在雨中游览，景物蒙茏。又登上玉皇山，吃素菜，看山下本是钱塘江和西湖，但因雨全是模糊的。据说这种雨景也是此地一种奇观（看了博物馆）。

十五日上午由杭州乘火车三个多小时到上海，还住在延安饭店。今日看了博物馆的藏品，下午在旅馆写信，明天到图书馆看帖，可能一天看不完。

计划由此将直达南京，苏州等处即不去了。大约南京看不了多少帖（藏品少），即回北京。谢蛙一组的工作，以看帖为由，只见面不看画。

可能二十号左右往南京，婺源的"鉴定委员会"，今日已由上海向文物局发去电报，请假了。

估计至多月底可回京。

章正上学的状态如何，前几天还不免幼儿园中的习惯，现在约一星期了，必然日有进步！那种"不知学校是什么"的状态最可爱，但不能保留，也不宜保留。小孩每天一变，是惊人的。

我的血压在杭州量了一回，160/90，很正常，我自觉也很好。到这里开始吃脑复康，停降压片，且看几天。这里吃普通饭，有蔬菜，家常味道，极好，饭吃的也多。"请客"的饭都一样味，真可怕。

家里有事吗？我想"臭肉"一走，"苍蝇"就不来了。不写了，再见！

启功 9. 16

100. 致渡边隆男、高岛义彦、西岛慎一　1通

渡边隆男先生、高岛义彦先生、西岛慎一先生：

　　近日获悉兵库县地震灾害严重，凡我友好之士，莫不深切惊怛！窃念贵社近将出版拙作《论书绝句》，倘有稿酬，无论多少，全数敬求代捐救灾机关充作捐款。分神之处，无任感戴！实以我国货币，现尚未能广泛流行，故拟用稿酬，以尽微意。并求代向牺牲者之家属及伤员致以诚挚之慰问！

　　夏历新春在即，谨依我国习俗，敬贺

新春之喜！

启功　敬上　夏历十二月廿二日

1994 年 12 月 22 日书，1995 年 1 月 24 日发出

渡边隆男、西岛慎一，均为日本出版家。

101. 致程毅中　3 通

（一）

毅中同志：

大作拜读，极多精辟之论，平常习用、习知的问题，并未有人深思它是为什么造成那样的。例如平声韵是为延长，后世戏曲不取通押之法，即是一例。又如少用虚字的原因，都习而不察，大家乱说什么"重拙"，什么力量，都没搔着痒处。大作一一轻松地说透，非常佩服！

上四下三问题，讲得既透，引据亦富。放翁二句，王复礼所举，尚不甚密，因这二句可分为三一三，并未必算绝对三四。似可对王复礼再加补充。如欧阳修明妃曲"胡人以鞍马为家"，则是真正的三四，但是古体而非七律耳。

又大作有"第几条"的分类，鄙意觉得是否可分段空行标出小题，因为那样读者可觉眉目清楚。

又"主体"问题，是否在此文中作主体（主要讲的）用，如为代（带）过，则似可放在前面谈毛主席的信时谈到，转到专讲旧体的形式。如作主要探讨的一项，则分量稍薄。或专文谈今天新诗的成就和初期新诗的发展过程。鄙意今日新诗有逐渐吸取了旧诗营养的现象，如郭小川的，在北方常见，四川的戈壁舟作品，我觉得更好。如把这类合讲，又是一篇解决古怎为今用、今怎样用了古的例子，但殊不好着笔耳。

又汉诗中柏梁台是否可以一提，游国恩先生考为不伪，极是，引用似无妨。匆此拉杂上复，仍请指正！

敬礼

启功 二日

（1978 年 2 月 2 日）

（二）

毅中先生赐鉴：

《崇文续集》选目，大费搜罗，十分敬佩！功目力模糊，赐稿失落。作者既

187

程毅中，江苏苏州人。1955 年毕业于北京大学中文系，曾任中华书局副总编，现为中央文史研究馆馆员。

有范围，内容便难选择。谨呈鄙见，原稿一俟寻得，再行寄上。专此即颂

撰安！

末学弟 启功 再拜 二○○三、六、廿三

（三）

毅中先生赐鉴：

　　昨承耿同志送来《崇文续集》打印稿一袋，当夜逐篇看过，宋人洪氏之诗，实应刊入《全宋诗》，只以名旁误写氵旁而不敢收入，未免可惜。旧钞本笔画误处极多，如因钞者笔误便俱废弃，实非整理古籍者所宜有之事。拙稿第二篇，实是补遗之作，全集俱各有一篇，不佞不宜独有二篇，拟求将第二短篇作为附录，庶几平允，各篇俱按原来次续（序）叠好，敬求过目。专此敬颂

晨安！

弟 启功 再拜 二○○三、七、八

102. 致傅熹年 7通

（一）

熹年老兄：

弟心脏病发，且夕可死，小乘巷存重要稿件等，请先带回。弟如出院，可再题写，此保险之法。万勿稍有客气！

1. 外屋西壁书箱，右手第一行，第二箱，内有公公游记等（港存部分之外的）。

2. 里屋大屉柜中倒数第二屉，内有晚霭、崇祯二件。

3. 外屋架上有王鸿绪、汪舟次、张船山三册，但未在一处，请分神一找。

4. 尚有公公手抄《水经注》联语等小册，似在里屋书案上，请分神一找。

弟已与舍亲交待，请分神自取为感。

弟 功 敬上 一九八二、六、七、

（二）

熹年先生：

功在小汤山住了七日，其罪难受，只得复回二窟。连日心绞痛，眼矢极多，终日倦卧，西方正路，即在目前矣。

劳继雄的证明书，不知应怎样写，随手写了二纸，我公先看看，如果太不行，希见示修改，"成人之美"，不可帮倒忙也。敬求过目后赐为付邮，寄外国信，须特定邮局，然否？总之，多谢了！郭熙少年画照片看到，龙岩跋亦有，非国色也，文物局正翻照片，公见之乎？屋顶翻修如何？

（此信无落款，先生去小汤山疗养是1991年7月，编者注）

（三）

熹年吾兄：

正在不知往何地写信，忽奉来教，快慰之至。功病情容后详陈，但见来书所言，知极蒙关心、担心，谨先告一句：不要紧，请释念！

弟之病乃在中日友好医院查出的，从上来的一股风。师大尚有二人未查，校

傅熹年，原籍四川省江安县，生于北京，建筑史学家。中国建筑设计研究院研究员，国家文物鉴定委员会主任委员，中国工程院院士。

医逼着去看，所谓赐医送命也。其情况是心脏有五段 T 波倒植，皆缺血之故；肺右尖有一褶印；胆中有结石。于是医慌校慌，家属（章家姊弟）慌。学校为此背地开会，章家姊弟等列席，商量对策，拟送进医院检查。结果王仪生翻出四年前肺像，居然一样，危险虽然解除，疑问仍然存在。今日于弟颇有利，虚张声势地向外宣传，藉以摆脱不愿干的事，一面可告慰于至亲至友，勿挂念也！谨此奉告，实勿担心！

近请特异功能之人拿出胆石，已出二小粒，化验全对，只他不敢往出拿大块，怕我受不了。现在他每天来取出一点（先隔肚把石块弄碎），待拿完再照"B超"，以验有无。

再谈鉴定事，左传曰：多行不义必自毙，子姑待之！此言所以为经书也！蒋衡以油竹纸摹李西涯卷，裁装为册，有其孙蒋和题字，弟曾见之，彼馆亦有记录。如此类物尚看不明，其瞎可知矣！又有大幅匹纸石涛，画颇好，与工艺美院之件类似，兄看何如？恽向设色册颇精，不知拿出否？馀不记忆矣。

总之此次小谢传谷言，不论是非，但完成此工作为首务。不知是何人之言，小谢耍老谢，以完成此事，是非且不论，遑有论于真伪乎。"厉怜王"，韩非之言也，弟虽非王，但厉（癞）能相怜，可以摆脱。且病历分明，鬼伯即在门外，虽小谢亦难相逼矣！望兄相机会、酌深浅，与刘透之，此君至少是明白人也。征示之，亦使其知我辈不以之见外耳，何如？

匆此奉报，即颂

旅安！

弟 功 上 六. 十四

千万别生气！百病生于气！"子姑待之"经文也！！

（四）

熹年我兄：

七日午功带郑喆、章景葵及小孩到杭，王南访及省文物局人来接。次日接头兰亭会事，尚未参加看画，谢手颤神短，刘杨如旧。九日至十一日兰亭会折腾三天，十二以后方能参加看画。据闻沙老指示有些佳品留待功来同看，不知我公何时可到？关于我公迟来，弟云有二部长为编《当代中国》事，特约与公详谈，但其一出差，须俟归来详谈，是以迟迟。又闻谢辰生将于十一日来杭，不知何事？弟且看几天画，五月中旬转皖之说，口头表示愿同前往，是否先"溜"，"下回分解"。

诸俟面谈，即颂

大安！

弟 功 上言 九日

（五）

熹年兄：

前日上午谢辰生同志偕曹建明同志来，功留之于餐厅午饭。百科之事并未提及。功因主动言之，谢云"正欲言此"。功表示全属应该，义不容辞，惟有关文学部分，前虽属有诿诿，功一律谢之。今如应此，则前者必杀回马枪，即殊难招架矣。彼以为有其情理，言及何以为之，功以徐对，彼谓徐已另有词条，功谓此头脑部分如并属徐，亦可以示尊崇而加鼓励，且徐于此门亦足当之无愧。最后谢云没法为功挡住回马枪，姑不论谢能否与百科去挡，此话亦或为其默许之下场词。总望我公能便中为功证其情理，实为至盼者！连日向尊处通电话，竟无人接，不得已作笺奉陈，邮递不妥，浮沉任之矣！即颂

大安！

弟 功 上言 十三日

191

（六）

熹年兄

李姐：

弟连日感冒，困惫不堪。兹由舍内侄章景恩送呈此呈，敬乞过目，如有不适合处，请示下改写。客气话不说了，铭感铭感！即颂

晚安！

弟 功 敬上 卅日

（七）

熹年老兄：

有好多话可谈，如直接写信必不便，因请李姐姐附在家书中，可省许多事：

徐公与功在谢辰公办公室谈了好久，他不想去了。最后说好，他去见谷，谈开了之后，（此事功先不赞成，继想有他在谷前揭一下也好。）也省谢辰为难。谁料他又捅了公开信。既是公开都有，郑广又何必保密，此（郑）公之糊涂可想。（此君不冷静，当局者迷，实是名言。运气蹩扭时，举措都乖，不可不信。）

主要写信是敬告我兄，千千万万别生气，（他先写信给辰，问为何不准他去美，谢以检院公文示之，上边所批也。）生气不值得！！看看热闹。功与辰约好，

辰在十一月中（出差回）再偕功一齐去沪。先说可能小王随功去。（批注之法最好，宜多注些理由，然否？）今得尊函，事态全变，功去与否，又待研究。好在病案尚未撤销，门前大布告尚未撕，进退俱便也。但功仍须一去。蛙没好下场，不难预料。换物事发展最后揭开蛙盖，不知胡底，公谓如何？但物已换成，不能挽回，蛙必以另题吃亏耳。刘已入党，南不敢担沉重，郑糊涂，刘此番在徐前政治上可伸腰。徐为买吴仲圭枯松曾向刘拍桌，力争必买，三万二千（索三五），徐之介绍，（岂果有利耶？谚云可怜之人必有可恨之处，谅哉！）其愚如此。写不完，暂止于此。

敬礼！

功 上 十一月二日

103. 致傅璇琮 9通

（一）

多罗郡王殿下：

两奉手教，转以喜极而无言。又承转下王仲老函，知备承知友关注，感何可言。迟于奉复者，一由于懒、二由于忙，又实尚有待也。春节前，弟系领导来，告以弟事亦解决，"没有右派言论"，予以改正。校党委已批准，由弟签字后呈报市委，批下即算生效。待遇由五级恢复为四级。地厚天高，雷霆雨露，转觉绵薄无可报称耳。凭空忽添三十元，书店、画店、碑帖店俱无物可售。血压过高，已不敢饮酒，身老体衰，更无复温柔乡可住。如所补过多，则只有捐献以供现代化之需矣。

大著《唐代诗人丛考》，何时出版？评唐诗选之文又何时出版？俱念！

"年寿有时而尽，荣乐止乎其身，二者必至之常期，未若文章之无穷"。曹子桓之语，最为坦率，亦真理也。尚望时赐策励，以为四化添砖添瓦，添螺丝钉也。

王仲老当专函为复，请致书时先附语致谢！专此即致
敬礼！

弟 功 上言 七日
（1979 年春）

（二）

湛之先生：

在书店见大作，不能待赐寄书来，急于先睹，遂自购读，不舍昼夜。今日方尽半册，仍是略读，尚须三复也。沈兄来见之，妄"兴问罪之师"，吾将"以其人之道还之其人之身也"（此十二字是黑体，圆珠笔写不出，请谅）。

每开卷必有拍案叫绝处，唐诗人有知，当必与我同快！文学史家、诗选家一个个抱惭无地，尤足令我大快也！

排印中例有误字，随手记出，容待初读毕工，再行奉告。亦有笔误处，亦有

傅璇琮，浙江宁波人。1955 年毕业于北京大学中文系，曾任中华书局总编，中国唐代文学研究会会长，现为中央文史研究馆馆员。

馀蕴可再发挥处，签出一二，统俟奉商。

陈老纪念文，尚未着笔，本月必缴卷，馀容面罄，即颂撰安！

弟 功 敬上 五日

（1980 年 6 月）

（三）

璇琮老兄：

兹补呈文稿三篇，一为金文略说，乃俞敏先生作。另二为柴剑虹同志作，皆关于岑参之事，附照片三页。柴在新疆工作有年，此照片乃其今夏自拍者。三稿请审阅，何处可用，请随意处理。如不适用，退稿无妨。柴文尤望赐以指正，此人为高材研究生，公曾于讲学时见之者。俞文似太古，渠亦未谆嘱代投，此弟为《漫录》拉稿耳，备用而已。拙稿廿首不够《文史》水平，《文史》当另以《耳食录》补白，请转告吴兄。

弟 功 留上 九日

（四）

璇琮同志：

台旌荣旋后，尚未获晤。兹有一事奉求，恳予分神指教：一、杭州美院研究班朱关田同志撰《李邕行年考》一文，拟求赐予指正，兹介绍往谒面谈，望赐延见。二、师大柴剑虹同志毕业论文关于岑参者，敬求我公为校外审查，赐予评定，并参与答辩，其文公已大致看过，过目当不多费时间也。容当面谒详罄，即颂

撰安！

弟 功 敬上 七日

（1981 年）

（五）

璇琮同志：

夏热想兴居胜常！兹有陈者：弟校古汉语研究班毕业同志李建国成绩优异，取得硕士学位，为陆君宗达所选拔。以师大古籍所尚未落实，又闻尊处需材，用敢奉荐，望赐甄录。外有其行实一纸，乃许嘉璐同志所书，许亦陆君高足，今为我系副教授。所评非无据者。专肃即颂

撰安！

弟 功 敬上 七月九日

（六）

湛之先生：

违教又多日，敬想兴居增胜！伏以拨乱反正以来，百废待兴。昔惭成堆瓦砾，今忝盈席丛珍，素餐自愧，无不愿效微劳者。念先生学林望重，著述宏多，夙夕宣劳，朋侪共仰，非弟一人之私言也！九三学社者，革命知识分子团体之一，每于佳时胜日，促膝谈心，以有共同语言，倍感披襟之乐。况复虚心集益，更收切磋之效。民主党派本以政治提高为主旨，而九三当四化需材之时，更有学术开济之重任。是以伫（伫）盼高踪，久深殷望！倘荷惠然贲临，使白莲之社，不独以渊明增重，宁非今之佳话乎？又携手并进，期效革命之梯航，马列更高之队伍，门阈宏开，九三无阻于竿头之步也。社中同志，年长者居多。会议频繁，必于健康有所影响。是以精简集会，亦一特点。故于治学从公，并无妨碍，实际问题，亦须先为奉告者。今年酷热，贱疾复作，终宵失眠，尽日疲惫，不克趋候面陈，谨先肃笺布臆。诸维鉴詧，即颂

撰安！

弟 启功 敬上 八月一日
（1983 年 8 月 1 日）

（七）

璇琮、逸民同志赐鉴：

敬陈者：本届各院校于毕业生，令由自己联系工作。功校中文系博士研究生刘石，系四川大学硕士生，受到导师项楚教授培养，并承杨明照老先生关怀印可。于古典文学知识有较扎实之根柢，并有一些论文在刊物上发表。有志深造，尤盼获列门墙，得窥宫室之美。侧闻尊局进（近）有增延后备力量之议，渠极愿得参末席，俾在陶冶中更多实习机会。倘荷收录，不佞亦预有殊荣！琐屑上渎，无任惶悚！专肃，敬颂

撰安！

弟 启功 谨上 九月廿五日

（八）

璇琮先生赐鉴：

前承电话见告，有今译古文之任务，旋奉到印刷通知：命译韩文两篇。嗣即约集弟之名下研究生二人嘱为捉刀。及至召集后，乃知彼二人正在赶写论文，准备年内提前答辩，实无分任之力。而弟于十一月底，即将赴香港募捐，年底交稿

之期又致不克如约。临时又接洽几人，弟又信心不足。万不得已，只得奉陈下情，暂时上缴此项任务，明知已拖延近一月，亦只有泥首致歉！安平秋先生前，敬求赐为代陈下情，明年如有新任务时，再行祗领如何？专肃陈情，敬希亮詧！顺叩

撰安！

弟 功 谨上 八日

于世明大姐，去岁弟住医院时曾赐探视，匆匆经岁，尚稽叩谢，并求赐代致声，容当专趋求教也！又上

又陈者：刘石之事，闻敝校中文系将有正式公文奉呈，或是研究生院之公函，不知已达否，又有拙稿一篇，题曰《比喻与用典》，纯属胡说，已奂稿纸十六页（约八千字），绝非严肃论文之体。容当托人送呈，不知堪作纪念文之用否？呈到后，敬求审定，并赐斧削，如不堪用或与刊物体例不协，掷下另写亦可。忝叨知契，想无客气也！

功 又上 八日

（1990 年）

196

（九）

璇公坐右：

顷检书堆，发现赐寄印样，弟窟中太乱，竟致出此差错。至深抱歉！兹特奉告，可慰廑念！其版式请出版部同志大裁，内容只容下此三块外，另一即是《孙过庭书谱》一块，不记得前此面陈者是否如此也。如有差错，一周后当趋请教。弟今晚赴曲阜，瞻谒宫墙，一周回窟，此次乃给日本书道家讲课，一出笑剧也。即颂

撰安！

弟 功 敬上 廿日

104. 致 雷 明 6通

（一）

雷明我兄：

电话打不通，只得写信。

一、马国权为香港《书谱》杂志求稿，其意是想把我们分登的《书法鉴赏》若干段，转载于《书谱》；

二、他已知日本中华书店出版，他可能已弄到汉文本，所以他分期转载的是汉文本；

三、他说虽然转载，仍付稿酬；

四、他急于盼得回音，教我速向我公请示；

五、他有信，内涉他们的人事关系，不愿示别人，故未附呈。

因此，敬求大裁，并求向彼答复。弟于十九日陪日本专家赴保定，数日即回。他们为张廉卿立了一块碑，碑文是弟撰写，由上条信山书丹，故揭幕式不得不去。谨将弟之复马信呈上，请公写一信答之，即将鄙书附于函中同寄，如何？

允之与否，由公定夺，弟念如陈公文贵无意见，可能无妨耳，如何？

弟 功 叩上 十七日

马之通讯处为香港轩尼诗道大公报社

（1985 年 8 月 17 日）

（二）

雷明同志我兄：

春节前捧读手教，以冗事猥集，迟复为罪！今承委赵同志惠下珍药及照片，至深感戴！事有极巧者，弟自元宵前一日心脏病大发，校医严令休息，且轮番派研究生在舍下值班，谓主动脉竟如砖墙之音，其为梗死无疑。此症状尚悉闻自邻居同志，大夫对弟绝对保密，亦可笑矣！而适值此际，珍药降临，足征至交同心，有所感召，此又最可慰者也！关于书法欣赏单行本，甚属盛事。此等小册，既灵便，又有趣味，物美价廉，雅俗共赏，其不胫而走，自可预卜。命撰序言，义不容辞。惟各期刊物，俱承惠赐，而信手抛置，裒集为难，至堪愧怍！然每期

雷明，时任《人民中国》杂志社编辑。

确曾拜读，各有相当印象。只闻所谈何家、何碑，完全可以忆起。且序言只谈概况，不必涉其详细内容。用敢奉求嘱社中同志为开一单，简列书者或碑名，如王羲之《兰亭》，或《石门铭》，如属泛论某一家者，即记"论某家"即可。三年所刊，不过三十六条目录，弟据以立论，不致太肤泛耳。千万不可惠掷刊物，因弟手下太乱，刊物满案，必至见者乱扯，有负高谊，不易完赵。况其内容原俱常见之帖，但提帖名，即如重映脑际，不必果见字迹也。至于撰文之人，无论真名或笔名，俱可不记，以序中不拟涉及撰稿者。以顾此失彼，反为不佳，不如一律只谈古书人之名及碑帖之名，以论其艺术及刊物收罗之广，于读者之有益，似亦足矣。序中如有需涉及之处，兹请示下，以便著笔，免有漏略也。专此敬颂

撰安！

弟 功 敬上 廿六日

大川同志前，希代致意！照片敬谢！贱疾经医嘱暂不奉迓宾客，值班者有二重任务，防病之突发，谢宾客之见访。敢以率陈，敬盼华翰！

韩翰兄如何？深为驰念，相晤时，望代候！

（三）

雷明老兄先生：

手教敬悉，《书法欣赏》合订本即将出版，至为欣慰！命写叙言，谨遵命拟一草稿，专呈求教。如有不符实际情况，或措词不当处，敬请不吝改削，万勿客气！

又最抱歉的是目录第一篇的"王羲之"，即成白卷，务求删去，因为现写也来不及了。

稿中叙述内容、篇数，可能不准确（至少应减去王羲之一篇，还不知里边有无未写的题目，那么"七十八篇"的数目便不对了）。不仅于此，一切都请随便删改，万勿客气！

大函有光顾之说，谨迓高轩！如为免于相左，可赐一电话，即可。

专肃敬颂

撰绥！

弟 功 敬上 五日廿一日
（1985 年 5 月 21 日）

（四）

雷明我兄：

来教敬悉，致今井之信已发，复印稿呈览；又致刘江同志信亦发，亦附致今井复印信稿，并向刘说明二点：一、不知今井已否与他有成约。二、即使原无成约，由此推荐后，彼有来约之信，愿去与否，可直接答复之。（致刘之信未印，大意如此）敬以奉闻，请释廑念！专此即颂

撰安！

弟 功 敬上 一九八五．八．廿

（五）

雷二哥：

昨日史和平拿着弟的稿子打印本（谈二玄社印书画事的稿子），弟现在手边已无底稿，想请把那个稿子复印一份赐下，如打印的有馀，即赐一份亦可。

希望较快赐下，弟拟带往香港，因把您的电话忘了，敬具笺奉求，不胜惶悚！即颂

撰安！

弟 功 敬上 卅日

（六）

雷明我兄：

午间所谈，晚间信笔写了一些，很不全面，有些是要随着材料插图来定文章，有好图至为重要，文可随着图走。有些文，不知请谁好，因在北京范围内，写者不太多，不知范围是否可扩到沪、宁、粤、辽诸地，容再研究面议何如？现在先着手《王羲之圣教序》，弟也不客气了。月历写了几个请酌选，如都不行，当重写。

弟 功 上 一日晚

105. 致熊宪光　1通

宪光同志：

接到来书好久了，我以书法讲座"录相"拍摄"外景"，到洛阳西安杭州等处几次，始终未暇奉复，实为歉仄！

承询有关训诂一字，今日提笔具笺时，又寻来书不著，其案头之乱，足下不难想象。但有一个印象，即是训诂问题应向何处去找，兹敬依浅薄之见，略陈一二，虽不记得某字，但此法自可参考。

《经籍籑诂》乃汇集古书中笺注所解之义，可以查找；

《说文通训定声》，类集从某得声之字，推论其义，有引申者，有差异者，皆加按断。自今日言之，当未有超过此二种者，以其最便利也。

其实《康熙字典》已为相当方便之书，有时注意查大书，而忽略眼前之起码书。即如《经籍籑诂》正编中忘了《说文》，补编部分，才加入《说文》，遂成笑柄。我辈查书，最好由近及远。

尚有人专好写异文，谁稍迟疑，他便胜利，此最是文人恶习。有《词通》一书，今亦有再版本，亦宜不辞辛苦一查为妙。又有人用古训字以代通用字，如宋人之"夜梦不祥，书门大吉"之作"宵寐匪祯，札闼鸿庥"是也。不可被他"虎住"。

有一大书曰《说文解字诂林》，剪贴合辑《说文》各家注解，查一字，可同时得见许多家说法，惟书太大，过于繁重，但实在不得已时，亦以一查为妙耳。

足下工作顺利，至深欣慰！望时惠书，但功时有迟复者，请勿罪也。即颂年禧！

启功　上言　二日

（1982 年）

熊宪光，1978年北京师范大学中文系第一届硕士研究生毕业，现任西南师范大学文学院古典文学教授。

106. 致薛瑞生 2通

（一）

瑞翁先生赐鉴：

年初拜获手教及照片、大著《唐宋八家文注》及柳、苏词之考订（此二册为再求所得），无任感谢！

大札中尊谦实不敢，特此敬璧！今后赐教，万勿过谦也！弟眼底淤血，挂于黄斑上，影响视力，去年底换玻璃底，视力一部分略好，但右上部分仍迷糊不清，作此书俱侧目半凭感觉。昔贤有"人书俱老"之言，弟今真将"人书俱废"矣。拙作拉杂一堆，蒙中华书局付为印刷，至深愧怍。检出奉寄，非敢以木桃上报琼瑶，但供茶馀酒后一笑之助耳。

大著多册，柳、苏二册前已拜读，后为赵君仁珪借去，乃更再蒙惠赐，窃念苏词论者固多，即龙榆生尚多潦草，以功所读，必以大著为首也。至于柳词更无馀手，必我公大著为独辟鸿濛矣！八家文一时不易卒业，有未达处容当续行求教！专此敬叩

教安！

末学弟 启功 再拜 二○○一年四月十日

（二）

瑞公先生赐鉴：

初秋赐教，舍侄并外埠信札置于寄寓一室。中秋前二日与舍亲及侄辈同应成都友人之约作第四次游览，归来于寄寓拜读大札及《清真事迹新证》，搜剔清真事迹，使古贤无复"冤案"。乃知北宋太学于学行并重，小子论词绝句谓其"行踪尘杂"，未免不公。垂询出处，深见爱护才贤之至意！拙句盖阅读宋人笔记所得，其出处在丁阁公先生传靖所辑《宋人轶事汇编》中，出于何书惜已忘记。但忆其原句乃云"士行尘杂"，窃以行字此处应读仄，故改云"行踪"，未知竟厚诬古人矣。惟清真之词多难读，在民间艺人论曲词有皮薄皮厚之说，其于难懂之词，称为皮厚。小子以反刍取笑，只图谐谑，越发不敬也。八十年代功曾书拙句为若干条幅，在香港展览，饶宗颐教授见之曰："拿古人开玩笑"，深以为不宜，

薛瑞生，陕西蒲城人。1961年毕业于陕西师范大学中文系。曾任西北大学中文系教授。

饶公虽非长者，但此语不失为忠厚耳。附此奉尘一噱！专肃即颂

撰安！

末学 启功 敬上 十月九日

昨日具书时，大著肄习尚未终篇，夜间犹未终卷。此时已觉鸿文不能以考据或史论读之。北宋改制，末学读之十分头痛，而大著钩稽前后，举重若轻，庞大部头之私史，某卷数目，一一罗列。为与清真出处对比，至并列数人考其升迁前后。此类精功，末学绝难致力，一日半夜，拜读仅三分之一，目眚难医，但不能阻向学之心。读毕尚再呈心得也。又赐书称谓过谦，实不敢当。切（不是俗字）望以平称见教也！清卢抱经有小印"相约从古，各自称名"，如何？

（2001 年 10 月 9 日）

107. 致刘涛 1通

刘涛先生：

昨晚所谈不详，现在补充奉告几点：

1. 用纸不必用好纸，废纸旧报纸用水湿开皱折压平即可写。虽用废纸，我仍当它是一张郑重的作品。

2. 所谓功夫，不是"时间加数量"，不是每天写若干张，只要每字精心求其准确，成为自己的习惯就成了，稍一粗心放任，即倒退。精心写，求其精确，即写几个字，也会有进步，即三天写一次也无妨。如果自己向自己"交差"，即每日写一百页，亦无益处。

3. 你问了解书法历史，此不必看何人之论说，尤其勿信"某出于某"之说，只要看各种作品，按时代自上而下地看，按各家各派横排地看，自然得出印象，了解了历史。

4. 多看墨迹，看石刻要心知其意，要清醒地意识到它是经过刀刻的效果，有些刀刻的效果是笔写不出来的，有时比笔写得还好看。如用毛笔追求石刻的效果，有时是枉费力气。

5. 看各代作品，日本出版之"书道全集"最方便，……日本人曾著"书道史"多种，其论说可以不管，只看其插图，其图版印刷多精，亦可当资料看。

6. 故宫、辽宁、上海藏法书集，已出五函，每函二十种，影印历代法书墨迹，皆文物出版社出版者，一次可看一百种唐宋元明名家墨迹，岂不方便？

启功

八月二十日

（1982年）

108. 致夏湘萍　1通

湘萍同志：

　　兹有琐事奉扰清神：弟有友好同志，为总参工程兵部干部，新由徐州工程兵学院毕业回京。由于酷好书法（颇有工力），临时被调在文化部协助展览工作。他希望获一比较稳定之文艺工作，一方工作，一方深造。念公于军内书艺工作，素极热心，遇此人才，必乐发挥其良好作用。其本单位已明确支持其实现愿望，在组织手续上应无阻碍。统此奉陈，敢希予以援手，弟与此君相识多年，知其为人，故敢于奉介。非敢泛泛为人说项者。

　　此同志名李洪海，如承延接面谈，自可更得印证也。

　　专此奉渎，即致

敬礼！

弟　启功　上言　八月十二日

夏湘萍，书法家，1930年生，湖南湘潭人，中国书协常务理事。

109. 致李铎 1通

李铎同志：

近闻尊馆现正筹办"祖国在我心中"书画展览，此是极有意义之举，不胜敬佩！

兹有李洪海同志，系总参工程兵部之同志，最近将转勤。他平夙爱好书法，苦练颇有成效。闻我公筹备此展览，颇愿有所效劳。倘需手续，他可由其本单位加以正式介绍。窃念此种工作，总以艺术内行工作为宜。将来经过此段工作，颇可以作长期正式工作之可靠考验。当今一切人材有待开发，需人者苦于少所了解，且苦无处寻找。有材力者又苦无效劳门径。因此功敬愿介绍，穿针引线，如能工作得人，人材得用，是足慰者也。忝叨相契，用敢奉陈，即由李洪海同志亲趋谒见，伏乞赐予接见，其详可听其面述焉！

酷暑敬维

诸多珍重！功今晚赴烟台一游，约周馀可归，再图面罄一切。

专此敬致

敬礼！

启功上言 七月廿九日

205

李铎（1930—　），历任全国政协委员、文联委员、中国书法家协会副主席、中国人民解放军军事博物馆研究员。

110. 致秦孝仪　1通

孝仪院长赐鉴：

张溥二公艺术研讨会猥承惠邀，至深荣幸！会期已近，得知功之家属不获批准入境。功近年多病，跋涉多艰，一人不克成行。甚辜宠召，实不得已，所幸拙作论文早经寄呈，咎责或邀末减。大会开幕在即，谨肃寸笺，以申谢悃！敢望时锡教言，不胜企盼，并希亮察！不尽百一，敬颂
台绥！

启功　再拜　六月十九日

（1992 年 6 月 19 日）

秦孝仪，曾任台湾"故宫博物院"院长。

111. 致杨碧琼　1通

杨碧琼同志：

　　来书具悉，求学志愿，至可钦佩！湖南既有名师，又恳悉心指导，实为难得机会，不可轻易错过。求知之心迫切，实是获得学问之可贵动力。现在书籍易得，阅读参考方便；碑帖印本价廉，购买较易，馀暇临写欣赏，远胜其他娱乐；临澧县中不知流通如何？至少长沙购买不难也。所询师大开设书法专业事，恐属误传，据我所知北京八里庄首都师范大学设有此课，似可去信一问。其校中主讲书法之教授为欧阳中石先生，不妨投书一询。即致

敬礼！

　　　　　　　　　　　　　　　　　启功 1993. 10. 22

　　杨碧琼，湖南书法爱好者。

112. 致王德胜等　1通

德胜、侯刚、云复三位社长：

和您同来的一位同志，我失敬，忘了他的大名，既请恕罪，并求代为致谢！

下午承枉顾，关心贱恙，万分铭感！功此次病情不太严重，按步治疗，不日可愈，千祈释念！

晚间晤舍亲王仪生同志，他说他的译稿上次因无图对照，故未校即先奉还（奉还时已说明，当可回忆）。今即以那份稿交印，实是未校之稿，如未改错误，则将影响将来医疗效果，与文学稿颇有不同处。因此他希望务必索回，校阅后再行付印，其需注意之处有三端：1. 文字本身有无错误；2. 图与文相对准确与否；3. 译文与原书之论点有无差误。他恳切希望能将①原书、②排印稿、③译件原稿赶紧要回，使他自己过目后再付排印，俾可质量无误、少误，于将来用此稿施治时不生错误，免生医疗事故，此道理甚明显，当蒙鉴谅！如托人剪贴插图未竣，并没关系，即先赐下，由译者剪贴更便。

专此代达，即求速为索回掷下，他必从速校对，即行上缴。敬申谢悃，并致敬礼！

启功　谨上　1993. 4. 5

王德胜等三位均为北京师范大学出版社原领导成员。

113. 致 方 行 1通

尊敬的方行同志：

六月三十日奉到手稿及《谭嗣同真迹》一册，昔年曾读其《仁学》，今得见手稿、《真迹》，弥足珍贵，拜领嘉惠，不胜感谢！又在尊示中见到曾赐寄《宋人佚简》，其后并赐手示。此书、此札尚未拜见，未知何时寄出。如为时较近，当因书属巨函，寄递或迟，唯尊札当是便函，回忆亦未得捧读，邮递延误，自属常情，敢祈命付寄之同志一查。如距今较远之时，则其间或有舛错。高谊拜缄，谨先陈谢！谢老稚柳先生撒手而去，念之痛心。悼念之日，功在医院治疗心脏病，后又闻墓前树立铜像，其时又未能趋预典礼，曾与博物馆通电话，求代献花环，所谓"平生风谊，遂于此毕"，曷胜痛心！

公与谢老之交谊更久更深，其悼念可想而见也！匆此敬叩

暑安！

启功 谨肃 六月卅日

（1997年）

方行，曾任上海博物馆馆长。

114. 致李铁映 1通

国家教育委员会

李主任铁映并诸位副主任赐鉴:

敬陈者:此次北京师范大学获得自己评选博士点梯队任务,启功为古典文献之点,此点按今规定各例,竟无一人严密合格,则此点梯队已觉难保。有一教授,因生年只超几个月,其馀俱属合格。因敬陈述情况,如可勉算合格,则此点可保,其情况如下:

一、邓魁英,女,教授;

二、生于一九二九年三月,超出此次年限仅九个月,不及一整年;

三、邓虽当年毕业于古典文学专业,但彼时尚无古典文献之专业;

四、邓作启功之古典文献研究生副导师已历七届,计硕士生已毕业五届、博士生已毕业一届,未毕业(现正攻读者)一届;

五、邓有许多古典文学之论文及专著,即文学部分者,亦俱熟于古典文献材料,故专业知识及指导能力,俱见成效,毫无不足之处。

根据以上情况,是否可蒙予以特加批准,谨此请示,无任感盼!此致
崇高敬礼!

启功 敬上 一九九三、三、十八日

115. 致赵伟之　1通

伟之同志：

　　兹有一事请示：前年启功等赴新加坡展览后，又一次参加新方陈声桂先生所组书法联络中心。今冬彼又组大会，仍邀中国书协及功等参加，功等一行有牟小东同志及舍侄章景怀，共三人。功与景怀需经师大政审，牟公则需我社批准。此第一步手续，其后手续恐将仍求陈达同志费神办理，以资熟手。兹将对牟公邀请信件（邀功及景怀者现在师大呈审）呈阅，并求转呈孙公审阅，如能完全满足新方情面，似亦促进关系之道。倘有可行，敢希批示！专此敬致

敬礼！

启功 敬上　八月十一日

附呈新方邀请牟小东同志原信一件（复印件一件）

又对功与景怀邀请信各一件（皆复印件）

赵伟之，九三学社原副主席。

116. 致屈志仁　1通

志仁先生赐鉴：

一九八二年香港奉晤后，时切驰思！承熹年兄转示大札，深蒙我公与方闻先生垂爱，拟提前三四日俯予接待，盛谊至深，铭感无极。惟此间手续至繁，补增时日，可能并赴会之期牵扯拖延。且此行又与北京故宫诸先生一团偕行，弟之行李一并运输，提前即使特别批准，亦多行李累赘，敬陈琐琐，敢希亮察！届时会间再作面罄。拙作发言小稿，将于席上面呈以求我公与方闻先生剀切指教也。专此敬颂

上元节禧！

弟 启功 再拜 二月十八日

（1992 年 2 月 18 日）

屈志仁，时任美国大都会博物馆东方部主任。

117. 致刘忠德　1通

刘部长：

　　敬陈者：近悉故宫博物院今逢七十周年院庆，行将举行盛大纪念活动。因念我故宫博物院中所藏历代文物历史价值之高，数量之大，所反映历史之远，连绵未断，为世界各大古国所罕有。其纪念举动，诚宜特别隆重。

　　又念及一项纪念文化之措施，日本、朝鲜俱已施行，而我国尚未闻考虑者，即"活国宝"、"活文化财产"。其性质及办法大致面对某项文化事业或某位学术名家。例如某项剧种、乐种或某类传统技艺，以及某位对传统学术有特出研究之人，予以荣誉，并使之传授不断，对于文化遗产实有莫大保存发扬之作用。

　　故宫博物院之单士元同志，曾任副院长，继蒙文化部授予顾问职称至今。单老自青年时即参预故宫建院工作，至今已逾七十周年，为院中全部历史之鉴证者。在院庆七十周年之际，似此唯一之可称为"活院史文化鉴证人"之单士元同志，未知是否有所纪念。

　　又闻单老近将自院中退休，从照顾年龄、保卫健康方面着想，如此固为极大关心，但自为党和国家文化、文物事业之宏扬着想，对故宫博物院向世界宣传着想，如单老之院史创造者和鉴证者，即留其名义不作退休，似更有益，如加特殊荣誉，对单老健康，不但毫无影响，而更有鼓舞效益。启功获识单老，已将六十年，但平日并无任何交往。只因累次访问日本、韩国，见其纪念传播优秀古文化之一项办法，又值故宫院庆七十周年之际，念及荣誉办法以及士元同志之贡献，谨陈刍荛之见，是否有当，敬备参考。此致
崇高敬礼！

北京师范大学教师启功敬上

（1995 年 7 月 21 日）

刘忠德，时任文化部副部长。

118. 致张德勤 1通

张局长德勤同志：

敬陈者：功为我校筹募奖学基金，多承香港霍英东先生赞助。其间帮助联系，多赖尊局外事处王立梅同志。最近商定于十一月、十二月之间，在港开一拙笔展览，以义卖所得，全部捐作基金。霍先生约请于开幕时除功参与之外，并邀有关数位，立梅同志亦在当然被邀之列。恐领导于此事尚未获悉原委，因敬陈其经过，并附呈霍公邀请有关各件，请立梅同志转呈，敬请审定批示，以完成霍家盛意，并有裨于功之募捐活动，无任盼祷！即致
敬礼！

启功 敬上 八日

（1990 年）

张德勤，原国家文物局局长。

119. 致四川省博物馆 1通

四川省博物馆领导同志：

　　敬陈者：启功有友人供职浙省美术界，承省领导命撰当代著名书家介绍之刊物，已完成沙孟海、齐白石、康有为、谢无量诸先生之稿。谢老作品，浙省流传不多，遥想尊馆收藏乡贤遗墨定甚丰富，属功敬求分神赐予照片（或底片）俾得谢老一册倍加光彩（已有七幅），所用工本费用，当敬奉酬，其书出版，更当奉寄以为纪念。作者与功为挚友，用敢代求，先此拜祷，无任感荷！专肃敬颂

台绥！

启功 再拜

九月十七日

今春至成都，获晤老友赵蕴玉先生，并祈代致康强之祝！又叩

启功

编书人：吴龙友同志

通讯处附上

120. 致西泠印社　2通

（一）

西泠印社负责同志：

　　启功有挚友金煜同志，系已故刻印名家金禹民先生嫡传弟子，于金石书画并有修养。现在首都丰台教育局工作。其治印水平，观者贤见，启功用印，亦多出金君铁笔。今金君志愿能获与西泠诸贤亲炙切磋，裨得更多进益，用敢奉为介绍，至望能得许其入社。所需申请手续，敬望予以指示，应缴作品及一切应办事项，敢求明示，以便遵行。附呈金君所编其师禹民先生印存一册，金君自具之简历一纸及其印拓数纸，伏乞审定，惠予裁夺赐覆为盛！

敬礼！

启功敬上

一九八六.　二.　十二

（二）

西泠印社全体同志赐鉴：

　　启功敬闻今年为尊社建立百年大庆，久与京中友人相约，大庆之日联袂前往申祝。不意今春以来两膝关节发软，上周之末，由卧室走出，欲往书室案边略坐，不意转身之际忽跌倒，不省人事，头皮不知触于何物，流血一大片，约三尺馀。舍亲进门，惊讶大呼，功始听得，不知何时跌倒者。由担架抬上汽车，在医院辗转诊视，谓无大伤，今后起坐行动俱须有人扶持，近期不宜妄动。九月下旬已与沪上博物馆有约鉴赏文物，已与至友数君相约，可沪、杭一路，受益匪浅。不意腿病大发，以致全身失重，头破血流，不省人事，如今虽有知觉，而沪杭两约，俱致不能申祝。下情如此，务望海涵！明岁体力略增，必当专诚补祝！专此敬候印社全体仝仁万福！

启功　再拜　九月二日

（2003年）

121. 致故宫博物院　1 通

敬为国家文物机关收藏文物书画去伪存真而呼吁！

现在社会上古今文物的流通，出现一种很不正常的现象：在价格上日见其高，在质量上伪品充斥。收购者稍有不慎，即堕入做伪者的陷井。在书画方面，又比铜瓷等物的伪造更较容易。清初王石谷伪造宋元画，近代张大千伪造宋元明清的画，已是众所周知的事，不待详说。

收进伪品，若在私人，不过他个人的损失；若在国家机关，损失就大了。如果一律不收，有时眼见明明一件重宝，不应任他跑了；买进吧，又很可能受骗，这怎么办？所以加强鉴别力量，赶紧培养人材，应是当务之急！

我们自开国以来参加国家文物鉴定工作，即随时呼吁培养后一代专门人才，虽有不少人有所成就，但从全国讲，并不敷用。以在国家居于首位的重大博物馆——故宫博物院，即肩负着这项使命，也已作出相当成绩。如院内专家：徐邦达、刘九庵、马子云、王以坤诸先生，已经教出了卓有成绩的许多位青年工作人士。但有三面仍觉未足之处：一、青年专家所见的书画，以本院藏品为多，伪品既少入藏，比较机会自少，老辈随处讲解的机会也更少，那些位青年有成绩的人想再提高一步，也有一些困难。二、老辈年龄日渐增高，马子云先生已故去，王以坤先生以体力过衰而退休，这是已经摆在面前的事实。三、目前徐邦达、刘九庵先生已届高龄，万一为照顾他们保健而请他们退休，眼前又存在几个问题：首先是遇有疑难的重要文物书画出现，谁来作有权威性的结论？其次是现在的中青年专家如何更获进一步提高。再次老专家即使在家中仍可接受顾问，究竟心理上有所不同。已退的顾问，责任感是否会有差别，责任心是否与从前一样？

前不久院方的真伪对比展览和讲座，收效虽然很大，但专题讲座并不可能常开，倘若常开小型讲座，老专家随时就某几件作品随时讲解，老中青共同发问、辩论，不拘开会形式，方便而容易办到，想老专家们不会不积极指导的。

鄙人内心蕴藏已久的这些话，今天倾吐出来，绝不敢以院外人妄自干预院内的学术研究，更无权涉及院内的一切安排。实以目前文物市场上情况十分紧急，专家力量亟宜于加倍增强，而不宜于稍有减弱。即不宜令其后退，以救急需。此意还拟向更大范围呼吁，如向政协吁请支持。因此冒昧上陈，敢祈院方领导参考。倘更予以转向上级如国家文物局、文化部诸方面转陈，以祈获得支持，并予以实现，更无任感盼之至！

　　专呈

故宫博物院领导同志

　　　　　　　启功　敬上　一九九五、十二、十三日

122. 致高等院校古籍整理研究工作委员会　1通

全国高等院校古籍整理研究工作委员会：

接到贵会寄下表格一份，乃启功名下一个研究项目，题为《文选分类集注》，单位为"北京师范大学古籍所"，申请经费四万元，批准经费五千元（资助经费，已拨）。

读后不胜诧异。启功虽不学，但尚读过《文选》，其书本已分类，且所分甚细，今日为作集注，不知如何更加分类？又申请单位为"古籍所"，启功早已不在"师大古籍所"担任任何职务，何以竟自冒以启功名义作此申请，又此离奇题目！

兹敬郑重声明：此事敬请贵会查明，何人发此申请，何以用启功名义，贵会以何根据批准此项申请？事关法权，务望加以澄清，并恳赐复！

北京师范大学中文系教授启功

1995. 8. 11

123. 致湖北美术出版社 1通

湖北美术出版社负责同志：

看到贵社出版的《中国曆代书法家像赞》一书（鄂新登字 06 号），甚为诧异！此书题签署启功之名，"启功题签""中国""家"七字外，俱是拼凑而成，且"曆"、"像赞"等字绝非启功之笔。又"曆"字为"日曆"之字，"歷代"之"歷"绝对不能用"曆"（日曆之"曆"，却可以用"歷"），启功从来不曾用错。贵社为正式出版单位，如此乱用启功名义，殊属不当，希望正式登报声明，此致

敬礼！

启功 一九九五、五、十四
于北京师范大学

124. 致钟志森 2通

（一）

志森吾兄：

朱熹字册，拜观。此真迹也！但太破烂，吾辈无宋儒理学之迷信，物又太烂，真可谓："食之无味，弃之可惜"也！弟病有稍减之势，请放心！前闻话须一个月之后可来京，见面再详谈。朱字册如能稍扣为佳。此札乃请赵大人带去的。

功上

六月五日

（1996 年）

（二）

志森兄：

手示奉到，照片底片及尺寸，所示弟未甚了然（只说印书，小卷万不堪印）。是要付印，还是要弟加题？倘蒙通一电话，可详知其办法（通电话以晚间较妥，这几天白天都开会不在家）。又拙作书画墨笔小卷（其馀各件可请随意处理），实属劣作，前已当面说过，定以新作品取赎（书一画一原样小横条），千万不可"示众"，不知今赐照片是否即将付印？特此作速声明，望暂保留，一定赎回也！此颂

阖府大吉！生意大利！

弟 功 奉上 三月十一日

（1998. 3. 11）

钟志森，香港书画收藏家。

125. 致杨瑾　1通

杨瑾同志：

　　兹有历博毕素娟同志所撰关于辽刻《蒙求》一文，论证扎实，功曾仔细读过，也曾提出修改意见，作者虚心，全都照改增删。

　　据藏书家言，国内流传古籍善本，真正北宋刻本，寥寥无几，真正辽刻，竟一本未有。因此此篇先不论文章如何，即此内容，亦宜尽先介绍于读者，况文章又足以阐明重要性乎！

　　当今统编古籍善本书目之际，此书又可在其前列占一重要名目，岂非一举数得？

　　兹请毕同志亲自送呈，其中容有仓卒误字脱字，请负责编辑同志不客气指出修改（包括对文章内容一切修改），功谨代表毕同志提出求教的至意。

　　专此即致

敬礼！

启功敬上　十月十五日
（1981年）

杨瑾，原文物出版社社长。

126. 致董琨 1通

董琨同志：

　　承示高见，于拙著《汉语现象论丛》一书中一些论点，以为值得探讨。而此书只在香港商务印书馆（出）版，内地尚少流通，因此有些读者，欲阅无从。尊意以为可在内地出一种规范字重印本（即简体字本）。此义弟甚感荷，但未知哪一出版机构愿予出版。兹即奉托，祈分神惠于联系，倘有成议，弟当将港版本中之校勘表及可再加入之篇奉上（只一篇）。诸多分神，无任感谢之至！

　　专此即致

敬礼

启功　上言

1995. 10. 27

　　董琨，中国社会科学院语言研究所研究员。

127. 致吕长生 1通

长生同志：

万分抱歉！尊稿在舍下耽搁太久，实因书件太乱，一时寻找不着，今虽找到，内心弥感深疚！

尊稿详考诸问题，极见功夫，解决许多疑问，至佩！其中有二端，似可注意，一、柳书实孤本与兰亭续帖中紫丝靸鞋等帖一类，（见文物出版社出版之《柳公权》专集第二册）颇值得一提，以其希见。一、颜书祭伯文记得宋刻忠义堂帖中亦有之，（浙江省博物馆藏）似不如此刻，是否曾校过，祭姪稿墨迹今尚存，而祭伯文已失，此弥可珍也，祭伯文南宋卢江陈氏甲秀堂帖亦有刻本，未知校此何如！按此册不但希见，尤在其精神焕发，似更过于其刻者为谁也，如对其刻法精彩处更夸几句，使读者对其艺术特点更多注意，则于此帖之价值更为增重也。高明以为如何？

又白氏一帖，今人顾学颉有一文考其非元稹，而实为白作，记得曾面谈过，闻 公已见顾文，不妨略及之，则白集之外又多一首矣。

管见如右，敬求指教！即颂
撰绥！

弟功谨上 二日

又：

颜书祭伯文原稿乃紧接祭姪文后，故祭姪文纸末有左方一行之残笔末端在其上，祭伯文首行有较小之字一行为"祭伯父濠州刺史文，似在正文在之前加上小字标题者，如用二本紧接对看，其笔划可以衔接。

故祭伯文前有此小字一行者为自原本上摹下者，翻本往往删去此题，不知馆藏四家帖中祭伯文有一行小字否？

再上

吕长生，就职于中国国家博物馆。

日

記

1. "文化大革命" 初期

（1966 年 1 月—1967 年 11 月）

1966 年 1 月 12 日　下午

讨论海瑞、讨论吴，自批。

1966 年 1 月 13 日　上午

总结思想部分。

1966 年 1 月 15 日

继续谈思想总结。

1966 年 1 月 31 日

1966 年春季开学。上午自学布置思考题：

1. 为什么搞半工半读？

2. 文科改革的主要矛盾是什么？

下午漫谈：

1. 半工半读是消灭差别反修防修的措施，也是战备的措施。

2. 工后再读才实际，更易了解。

3. 文科改革的主要矛盾是世界观问题。

1966 年 2 月 1 日

校党委副书记谢芳春同志报告半工半读问题，传达中央关于半工半读会议的决议。

下午讨论。

1966 年 2 月 3 日、4 日、5 日

参观石钢、座谈。

1966 年 2 月 8 日

上午：系总支召开全系教职工会，谈留学生问题，学习毛主席著作。

下午：全校报告，学习毛主席著作的经验交流。

1966 年 2 月 9 日

工会小组讨论学习毛著的问题。

1966 年 2 月 17 日

讨论程今吾报告、半工半读方案。

1966 年 3 月 19 日

学校统战部召开学习毛选座谈会。

1966 年 3 月 21 日　星期二

参加五年级活动（中五蹲点），同学的政治活动、文体活动可参加。

4：20—5：00 文体活动，5 点以后自由活动。

同学的业务活动，古典文学 6 节，学术讨论 2 天，西斋北楼三楼西头。

张晞逸　　1 班　1 组　梁（张广福）

李修生　　1 班　2 组　长之（郭宗克）

张　俊　　1 班　3 组　黄药眠（　　　）

文　保　　1 班　4 组　帆（陈辅成）

黄　会　　2 班　1 组　龚（335 杨建国）

石弘、韩　2 班　2 组　启（334 周家庆）

聂　　　　2 班　3 组　（许平心）

绍明　　　2 班　4 组　锺敬文（刘永才）

1966 年 3 月 22 日　星期三

五年级二班二组讨论阶级斗争问题。

五年级二班二组：

周家庆（梅、凌）、李长铎、查麟根、蔡长存、陈品楼、杨宁、王秀云、刘新光、胡中孚、林瑞奇、戴经书。

1966 年 3 月 24 日

讨论清官问题。官有无清贪之别，清官对社会发展有无作用，怎么评价？对清官的评价和对历史遗产的评价问题。

1966 年 3 月 26 日

五年级二班二组小组讨论红专问题。

1966 年 3 月 29 日　星期二

工会小组谈政治与业务的关系。

1966 年 4 月 2 日

校统战部召开讨论会，讨论政治与业务问题。

1966 年 4 月 4 日

系里报告下一阶段教学措施：

学术讨论与古典文学课及教材建设结合起来。

《史记》各篇与农民战争问题结合讨论。

教师要参加并领导讨论，必要的知识在其中讲。

四年级古典文学讲到唐代。

五年级明代亦然。

现在教材是基本的重点的，如杜甫、司马迁，搞教材写文章。

现代组教师与五年级同学搞近 30 年的教材。

教学中贯彻批判精神，培养教师队伍。

1966 年 4 月 6 日　星期三

讨论突出政治问题。

自己不知何为突出政治，突出后是什么样？

1966 年 4 月 11 日

批吴晗。总支报告去年 11 月姚批吴后的形势和当前任务。

1966 年 4 月 13 日

讨论关于吴晗的问题。

1966 年 4 月 18 日

讨论吴晗的朱元璋，揭邓。

1966 年 4 月 19 日

揭发批判吴晗、邓拓、廖沫沙的罪行，程今吾讲话，同学、工人、教师代表发言。

1966 年 4 月 20 日

讨论昨日程校长的报告。

1966 年 4 月 22 日

老教师会，讨论《解放军报》社论。

1966 年 5 月 6 日　星期五

李荣报告：前二十天的战斗小结，下阶段的任务。

1966 年 5 月 9 日　星期一

老教师会，漫谈高炬等批邓之文。

1966 年 5 月 11 日

布置今后讨论范围：

1. 认清阶级斗争形势的问题。

2. 对社论中提出的黑线怎么认识？有没有？有多少？在哪里？

3. 周总理说文化革命是关系到社会主义成功的问题，怎样理解？我们怎么参加？

1966 年 5 月 12 日

九三学社小组讨论吴晗问题。

1966 年 5 月 14 日

拔牙。

1966 年 5 月 16 日

因拔牙，牙龈肿请假。

1966 年 5 月 18 日

讨论、发言，摘录报刊要点。

1966 年 5 月 20 日　星期五

老教师会，讨论黑线红线问题。

1966 年 5 月 23 日

继续揭批黑线问题，学习文件。

1966 年 5 月 28 日

揭发批判反党黑帮大会。

1966 年 6 月 1 日

学习毛主席著作，学习今天《人民日报》社论《横扫一切牛鬼蛇神》，漫谈。

1966 年 6 月 4 日

程今吾同志传达李雪峰同志报告，《文化大革命的方向》，宣布党中央的几条指示。

1966 年 6 月 8 日

晚。新市委工作组来了七位，由领导人报告。

1966 年 6 月 10 日

核心组名单：

闻　惠（中五）	邓晋涛（中四）	唐政奇（中四）
苗复泉（中四）	孔祥中（中四）	王宏泽（中二）
单兆正（中三）	墨元守（中二）	焦先庆（中二）
郑芸芸（中五）	柴剑虹（中五）	李克臣（中四）
李少明　徐　健　刘锡庆　刘庆福　石　弘		

1966 年 6 月 11 日

上午看大字报，下午读社论《无产阶级文化大革命万岁》，读后座谈，揭旧总支领导情况。

1966 年 6 月 13 日

传达李少明核心组指示，今后上午开会，下午学文件看大字报。

1966 年 6 月 14 日

工作组孙同志报告："形势迅猛异常，左派力量占绝对优势……"

1966 年 6 月 15 日

全系大会，写大字报揭发批判。

1966 年 6 月 16 日

写大字报。钟、启合写揭方铭二条一张贴出。

1966 年 6 月 17 日

上午学习文件《湖南农民运动考察报告》四节。

下午写大字报。

1966 年 6 月 18 日

工作组报告："昨早教育系辅导员蔡钦山自杀是叛变行为；戴高帽游行、罚站、打人是可以理解的，但对运动发展不利……"

1966 年 6 月 19 日

全日休息。

1966 年 6 月 20 日

传达李少明指示，放手发动群众，大家要动起来。史锡尧说明斗争陈灿大会情况，曹述敬说明斗争方铭情况。

上午 10：30 工作组长孙有馀报告。

1966 年 6 月 22 日

上午学习《关于正确处理人民内部矛盾的问题》。

下午写大字报，康、启合写揭发牛栏山时事的大字报。

1966 年 6 月 23 日

看新贴出的反动大字报，有余成等各件，看毕回来讨论、批判。

下午准备大字报，今日见专批肖的大字报，部分人参加批二李的会。

1966 年 6 月 24 日

上午学习毛主席著作（宣传讲话）。

下午贴大字报，贴出刘、启揭郭预衡编教材事的大字报。

老教师合写揭刘漠的大字报二份，签名后贴出。

1966 年 6 月 25 日

学习昨日社论、漫谈。《党的阳光照亮文化大革命的道路》。

1966 年 6 月 26 日　星期日

休息，在西四红庙正骨门诊看左臂，经捏、按后贴麝香回阳膏。

1966 年 6 月 27 日

自学《宣传会议讲话》。

上午有人听传达报告，老教师组沈去听。

下午到系里，3 时请假到护国寺门诊部针灸左臂。

1966 年 6 月 28 日

上午我与钟值日，扫除，自学社论（照亮）漫谈。

下午组织编写大字报。

1966 年 6 月 29 日

李少明同志布置庆祝七一事，会后回组学习。

下午请假在护国寺门诊部做第二次针灸。

1966 年 6 月 30 日

上午 8 时在北饭厅听孙有余传达北京市委李雪峰讲话。

1. 形势三阶段：

①5 月 8 日—5 月底何明、高炬文章把三家村提到新高度。

②5 月 25 日北大聂等大字报，6 月 1 日公布大字报。

③6 月 3 日改组北京市委进入新阶段。

1966 年 7 月 1 日

七时半集合入场，八时开会，九时开始游行，在校内游一大周近十一时散会。

1966 年 7 月 2 日

阅读《人民日报》社论《毛泽东思想万岁》，读后讨论拟发言稿未发。

……在文化大革命中，以我这样的旧知识分子，更要时时刻刻学习毛主席著作，学到手。怎知学到手？先看能否大破，破敌、破我、破身内外之敌，化为力量。……

1966 年 7 月 3 日　星期日

上午，老教师组全到校，写大字报，揭批郭预衡。合组出名，未分别签名。

1966 年 7 月 4 日

上午学习昨天两篇《红旗》社论：一为《信任群众依靠群众》，一为《彻底批判前北京市委一些主要负责人的修正主义路线》。

1966 年 7 月 5 日

学习《红旗》杂志发表《在延安文艺座谈会上的讲话》的按语，批判周扬。

1966 年 7 月 6 日

工作组传达国务院、军委关于枪支弹药清理登记的请示。

1966 年 7 月 7 日

系工作组召开全系教职员会，布置选举事，条件是革命左派，下午酝酿选举，选出李少明为学校文革委员。

1966 年 7 月 8 日

酝酿选举师生代表，教师中选出五人：李少明、徐健、何乃英、石弘、钟子翱。

下午讨论七月份战斗计划。

1966 年 7 月 9 日

系工作组召开全系大会，李少明传达校革委会第一次会。工作组要求登记个人的问题，个人历史从十岁起逐年逐月分清次序写明，叙述历史上重大问题的详细经过。

1966 年 7 月 10 日　星期日

休息，写大字报，与爱人到市场买物。

1966 年 7 月 11 日

上午写大字报，九时请假诊左臂，针灸第三次。

下午学习《延安文艺讲话》。

1966 年 7 月 12 日

上午，全校大会，宣布全校革命委员会成立，师生代表大会成立。

下午，漫谈，批程今吾。

1966 年 7 月 13 日

批程今吾大会，批程反对毛主席思想。

1966 年 7 月 14 日

交个人历史材料。

批程今吾解放前的文章《延安一学校》。

1966 年 7 月 15 日

批程大会休会，系里布置老教师谈李容材料。

1966 年 7 月 16 日

批程大会在北饭厅开，中文系仍在 301 听。

晚上吴德同志报告，北京新市委决定，撤销师大工作组孙有馀的职务，因孙未贯彻执行中央文革的方针路线……派刘卓甫为师大工作组组长、党委书记。

1966 年 7 月 17 日　星期日

休息。

1966 年 7 月 21 日

上午孙有馀检查。

下午，李少明传达刘卓甫讲话，关于援越抗美，中央决定 22 日首都百万人大会，各界通电，会后游行（过去游行 50 万人）。每人要突出政治，防暑，风雨雷雹都不怕，以团连排班编队，十人编一组，听指挥、带红旗、宣传标语、口号、横幅、活报剧、领袖像。师大在人大会堂前，6 时至 6 时半到场，中文系去 420 人，走去，途经新街口、丁字街、府右街、西四新华书店门口（4：30 前到达）。明天 2 点起床，2：20 吃饭，3 点集合出发，带水壶、带一顿饭、草帽雨具，不许光脚、背心，今晚 8 时睡。

1966 年 7 月 22 日

看坏电影《桃花扇》。

1966 年 7 月 23 日

上午 8 时在组中学习，九时全校大会，重播吴德报告录音。

讨论孙有馀检查。

1966 年 7 月 24 日　星期日

上下午休息，晚上到系里参加小组讨论，孙有馀影响。

1966 年 7 月 25 日

继续讨论孙有馀影响，下午学习毛主席著作，看大字报。

1966 年 7 月 26 日

上午值日。

下午学习《人民日报》社论及关于毛主席游泳的报道。

1966 年 7 月 28 日

放送昨晚中央文革小组到校的讲话录音。

1966 年 7 月 29 日

9 时广播新市委的决定，撤销各大专学校的工作组，中学同此。

1966 年 7 月 30 日

上午广播昨日下午人大会堂大会实况录音，李雪峰讲话、邓小平讲话、周恩来讲话、刘少奇讲话。

下午请假看病，量血压 160/110。额上麻木，右脸流汗，左脸不流，左脸有时麻木一丝，经久不止，左臂麻痛，在福绥境诊所看，吴大夫诊，云是血压上升所致，给三天药再看。

1966 年 7 月 31 日　星期日　休息

马四拉在北海乘凉休息。

1966 年 8 月 1 日　星期一　上午

8:15 广播：北京市提高粮食统购统销价格宣传提纲，53 年以来，13 年未变，偏低。58、61 年两次提高，共 28％左右，六月提统购，6 种成品粮提 11％，北京 6 种粮提 5％。

8:45 播送刘英俊同志事迹。讨论粮食报告一小时，10 时看大字报。下午集组中，四时看大字报。

1966 年 8 月 2 日　星期二

上午值日扫除，学文件。

下午请假看病，仍服降血压药。晚有大辩论，自 8 时至晨 7 时。

1966 年 8 月 3 日　星期三

上午到系，10 时下楼看大字报，下午到系，又看大字报。

1966 年 8 月 4 日　星期四　热

上午到系，又看大字报，气弱不接，早归睡移时。近午传达关锋同志谈话，号召学生团结、不互攻。转入选筹委。

下午到系，讨论关锋谈话，再谈酝酿人名。

1966 年 8 月 5 日　星期五　热

上午，第五组值日扫楼道，学习文件，看大字报。

下午，到组写大字报，警告黑邦分子汪毓馥、梁仲华好好交代，全组签名。（穆、锺、黄未签，未许其签）。

1966 年 8 月 6 日　星期六　热

上午到组，学文件。

1966 年 8 月 7 日　星期日　热

休息。

1966 年 8 月 8 日　星期一　热

上午学习，下午集会后看大字报，晚广播文革决定 16 条。

1966 年 8 月 9 日　星期二

上午学习十六条，下午集会后看大字报。

1966 年 8 月 10 日　星期三

上午学习十六条。

上午 9 时半听广播，毛主席给林彪同志的信。

1966 年 8 月 11 日　星期四　热

上午，看大字报，9 时半，自学中央文革决定十六条。

下午，讨论选举办法。

1. 人数　17～21；

2. 比例　每系一人，大系二人；

3. 选法　普选（？）；

4. 名额　内有教职工各几人。

1966 年 8 月 12 日　星期五　热

上午，发毛选，大会，游行。下午传达：中共北京市委关于工作组撤出大中学校的通知。

根据中央决定，市委派出的工作组至今尚未撤出的，在接到通知后，于最近两三日内，工作组的全体人员，全部撤出，集中整训。

会后讨论。

1966 年 8 月 13 日　星期六　热

上午，系中全体集合后，由工作组许尚运检查。临时改变，许不检查，讨论选筹委联络人代表问题，辩论系核心组存在问题。

下午，看大字报，石弘临时召集会，八届十一中全会公报发表。

1966 年 8 月 14 日　星期日　雨

休息。

1966 年 8 月 15 日　星期一　晚雨，通夜

上午看大字报，学习文件，下午看大字报。

1966 年 8 月 16 日　星期二　夏历七月初一　雨

上午，8：30 文革会宣布批判孙有馀（今晚、明日下午）。学习文件。

1966 年 8 月 17 日　星期三　晴

上午、下午到组，学习，看大字报。

1966 年 8 月 18 日　星期四　晴

上午，天安门庆祝文革大会，在家听广播。下午 3 时到校，看大字报。

1966 年 8 月 19 日　星期五

上午 7：30 到系，古典组值日扫除。看大字报。

下午系中师生在八楼开辩论会。

1966 年 8 月 20 日　星期六

上午，继续开辩论会，在北饭厅。

下午，组中集会后看大字报。

1966 年 8 月 21 日　星期日

上下午休息，晚斗孙有馀。各商店取消旧字号，红卫兵提出禁止流氓服装。

1966 年 8 月 22 日　星期一

上午，看大字报，组中集体学习十六条。

1966 年 8 月 24 日　星期三

从房管所领表，寄给房东于振芳。

1966 年 8 月 25 日　星期四

早晨发出寄于振芳的信。学校红卫兵通牒降工资登记，去登记。

1966 年 8 月 26 日　星期五

上午文革筹委会召开大会，会后九三临时集谈退社、解散事。下午红卫兵命令解散退社，限明日上午贴出大字报。

1966 年 8 月 27 日　星期六

上下午学习、看大字报。下午报告红卫兵，愿交出所有自存一切书籍等物，晚红卫兵到家查封书籍等。

向系中红卫兵交代所封的书稿中有：旧小说、日文美术书、老舍《猫城记》、小牛牌、帽徽记不得、旧铜元两小包约几十个、银元一个、预支稿费还上、章家棉衣棉套一柳箱、刘盼遂书二套。

1966 年 8 月 28 日　星期日

未出门，休息。下午到邮局寄还中华书局前预付《中国书法》一稿稿费二百元。（此已报红卫兵，指示如此。）

1966 年 8 月 29 日　星期一

上午学习，下午看大字报，晚休息。

闻清华附中红卫兵出"十条估计"的呼吁书。

1966 年 8 月 30 日　星期二

上午值日扫除，学习，看大字报。下午到组，晚泻肚。

1966 年 8 月 31 日　星期三　有雨

上午到组，泻肚，下午请假。

1966 年 9 月 1 日　星期四

上午学习，旋开全系会，到不全，解散教研组学习形式，将分到学生组中，校筹委会提出斗争程今吾方针，各组讨论。腹泻服黄连片，身冷，下午请假。

1966 年 9 月 2 日　星期五

上午下午到组，看大字报。

1966 年 9 月 3 日　星期六　冷

晨广播台风预报。早到校，全校辩论会，辩论斗程今吾问题。近午进城到房管局，询问房东是否寄来房契，据云未寄，即将再写信。下午到组，辩论大会续开。

1966 年 9 月 4 日　星期日　阴有小雨，晚晴

休息，终日未出门。今日发寄于振芳房东信，催其速寄房契来。

1966 年 9 月 5 日　星期一

到组，发工资，摘帽右派按人口每人 15 元，共领 30 元。

1966 年 9 月 6 日　星期二

到组，晚斗程今吾大会。

1966 年 9 月 7 日　星期三

到组，晚斗程大会。

1966 年 9 月 8 日　星期四

到组，上午搬屋子，由东头大室搬至次西一间。

今日于振芳寄到房契。下午全校布置国庆准备事项。会上有人递条，驱穆、启出场，即退出。

1966 年 9 月 9 日　星期五

上午先到沈藻翔家，问今日参加何处会，沈云只好先到组中，即到组，下午仍到组。

1966 年 9 月 10 日　星期六

上午到组，10 时筹委会宣布斗争程今吾方案，中文系原定斗李容会改明日。

1966 年 9 月 11 日　星期日

上午八时半中文系斗黑帮，十一时半散，下午休息。

1966 年 9 月 12 日　星期一

上午到组，古典组教研室被用作接待外地同学宿室，老教师组自行解散，搬移全室书柜等物，归于一室，然后下楼散去。下午在家等待同学来画头像（据穆云有同学将来画）。傍晚葛信益来通知，明早 9 时隋延堂召集陆、肖、穆、启等谈话。

1966 年 9 月 13 日　星期二

上午八时到隋宿舍，隋布置学习办法，肖、陆、葛、穆、启自己组织起来，学习主席著作，学习文件社论，揭发问题交代问题。下午劳动。

下午二时半，到西北楼打扫，五时半毕。下决心，从思想上改造自己，思想指挥身体。

1966 年 9 月 14 日　星期三

上午到 624 清理室内什物，布置桌椅，为今后学习室。谈计划，肖汇报，隋来看学习室。下午扫宿舍忽临时改刷主楼门面（有畏难想，怕高，但也克服未净），当日下午未完，晚筹委会报告大会，穆、启不参加。

1966 年 9 月 15 日　星期四

上午继续刷主楼门面，上午未完，下午继刷，因需刷处增加。晚自学，在家看语录，补日间未学的（今日自学被劳动挤掉故晚间自学）。

今日下午天安门大会，主席和其他领导同志接见外地串联师生。

1966 年 9 月 16 日　星期五

上午到组自学。起床时听昨日天安门大会录音。自学毕漫谈、谈自己对这样学习劳动的认识。李谈扫厕是一关，自谈想到老刘扫厕，自己如觉不该，即是剥阶丑罪思想。下午刷门窗，今日刷毕。下午四时刷毕，往西看大字报，未及看，九三有人来了解牟小东事，谈一小时馀。买馒头，晚餐到葛家饮水，七时馀大会斗程今吾，十时馀赶车归，因入城后尚须换车。

1966 年 9 月 17 日　星期六

上午六时馀广播《红旗》社论，到组，再听广播，讨论《红旗》社论，并讨论自己这周的思想。

发言：1.《红旗》社论有三项明确的：一、资阶右派资义思想立场是最危险的敌人，它能通过党内当权派使社会主义国家变色。二、整走资路当权派，即为堵塞此危机。三、炮打司令部不是打一切领导同志，混水摸鱼是绝不允许的。

2. 自己犯过右派罪行，虽蒙宽大处理过，但是并未改好的。不管群众对我如何宽大，我还自己应以赎罪改过为中心，革自己的命，决不让自己这个人再成绊脚石。

这周心得：

①看主席著作较能深入一步，觉得给我真理，给我力量。

②学习文件，也能比较踏实想：想社义社会的前途，如无此文化大革命，将成什么样，许多罪恶的地主官僚资本家隐藏财宝作为他们再次骑在人民头上的资本，不这样搞一下行不行。

③劳动是赎罪的机会，怕脏怕累的思想能克服些，但下意识、灵魂深处并未全净，还有怕危险的一种思想，我曾强调别出事故，这并不错，但其深处也有自己怕危险的因素。

上午10时，小饭厅，全系大会，师生结合问题。唐政奇同志讲下段战斗部署。

下午原定斗程大会，临时改为晚间，3至5时劳动。扫厕所楼道。晚7时斗程今吾大会。

1966年9月18日　星期日

在家想问题，写材料，准备揭发，未写清。

1966年9月19日　星期一

上午在组中讨论（继续前天），讨论《红旗》社论及劳动情况。10时后自学文件，下午劳动（扫楼道，不会用拖把，葛教，临时学）。

1966年9月20日　星期二

上午8～10时，自学文件，之后看大字报，下午劳动扫楼道，运纸箱，甚吃力（肖刷厕干净）。想到从前扫厕多看人，恐人见己。今知看活儿，何者未净，应再进一步看罪行，看思想，看劳动人民，看革命事业。

1966年9月21日　星期三

上午8～10时自学，之后写材料，老葛锁门，即回家写。

下午扫除楼道。文博所文革来人了解王辉材料，谈至5时馀。晚在家想材料问题。谈后未到各层楼道找别人看活儿完否，交材料（第一次）。

1966年9月22日　星期四

上午学习，下午劳动，扫三层的楼道厕所，擦玻璃（一楼的）。发现洗脸间案上有积物，未及时清除，留到明天不对。晚毛著学习讲用会。

1966年9月23日　星期五

上午学习，下午劳动，扫楼厕，擦玻璃，晚斗程大会。

1966 年 9 月 24 日　星期六

上午学习，下午劳动，扫楼厕，擦玻璃，晚无会。今日劳动擦玻璃有怕高的思想，仍是怕危险，交揭发郭预衡编教材的材料（第二次）。

1966 年 9 月 25 日　星期日

休息，想材料，写材料未完。打扫院子，拆兔窝，清洁卫生迎接十一。

1966 年 9 月 26 日　星期一

上午，到组，学习，今日上午大操场报告国庆动员，本组人未参加，学习后讨论如何投入一斗二批三改。

1966 年 9 月 27 日　星期二

上午学习，继续昨天，漫谈这段收获，我两日记录，今日发言。

下午劳动，扫除楼厕，擦玻璃毕。今日上高处较多，只是不向下看，即不眼晕，逐渐克服。交材料（第三次）。

1966 年 9 月 28 日　星期三

上午学习，10 时后看大字报，下午扫楼厕。今日各室扫除，垃圾甚多，扫除数筐。

1966 年 9 月 29 日　星期四

上午学习，10 时后写材料，未完。下午扫除楼厕，晚有晚会，先演节目，后 32111 工地英雄报告救火事迹。

1966 年 9 月 30 日　星期五

上午学习，下午劳动扫厕，晚无事。自明日起，放假三日。

1966 年 10 月 1 日　星期六

上午 10 时起听天安门大会实况录音，至下午三时四十分散会，盛况空前。足见七亿人民在伟大的毛主席领导下的无比团结和无穷的力量，晚放焰火。次日见报，登有毛主席席地而坐观看焰火的摄影，激动人心。

2 日，3 日，俱在家，未出门。3 日下午头眩，是着凉之故，服 APC，早睡。

1966 年 10 月 4 日　星期二

上午筹委会刘兴隆同志代表检查，印发谭力夫发言记录。检查内容：

1. 谭说 20 年代观点与 60 年代观点不同。

2. 为工大的工作组辩护。

3. 客观上对少数派形成压力，对井冈山战斗团形成压力。

4. 不能只限谭的问题，要更大的。

井冈山战斗团代表发言。

1966 年 10 月 5 日　星期三

上午学习，下午劳动。

1966 年 10 月 6 日　星期四

上午学习，讨论批判谭力夫发言，下午劳动。

今日街道粮店询问为何封书，五七年右派是否摘帽，摘后是否再犯错误，以决定售粮标准，要学校证明。

1966 年 10 月 7 日　星期五

上午学习，批判谭力夫发言，我发言另见学习笔记。与隋延堂同志谈粮店事，隋说研究后再谈，下午劳动。

1966 年 10 月 8 日　星期六

上午学习，下午听全校辩论会。用去污粉洗尿池有效。

1966 年 10 月 9 日　星期日

整日休息，下午同爱人到西直门外漫步，买食品菜蔬归。

1966 年 10 月 10 日　星期一

上午听传达中央三个文件，对军委意见的批示，财贸十条，工矿等红卫兵问题。听后归组，葛念传印周总理 10 月 3 日讲话。下午劳动，早散，看大字报。晚继续辩论大会，因雨移室内。今日向隋延堂同志问如何答复粮店，隋嘱开来粮店电话，归问明粮店。

1966 年 10 月 11 日　星期二

上午学习，下午劳动，上午讨论军委指示、中央批示。军委学校开展文革办法，去掉被压制的左派群众的材料等。

1966 年 10 月 12 日　星期三

上午学习，读社论，讨论反右倾路线的问题。

拟发言：

1. 谭力夫发言的错误已明，但我昨天想筹委会除了印谭发言外，也一般都作了，如斗程、斗各牛鬼，怎为右倾，怎为资路，脑中不够明白了然。

2. 经过看大字报，思考了然一些，首先是否按主席思想办事，发动群众够不够，少数派解放了没有，思想上是否已与谭力夫思潮划清界限。

3. 那天争论读语录问题，我即晕了不知何对何错，这必须用主席思想判断，因为红旗革命者能打，反红旗的人也能打，如不能识别，即易犯错，此是锻炼。

4. 我有保姆思想，此是安于旧习惯。

1966 年 10 月 13 日　星期四

上午学习，讨论右倾路线问题。下午劳动，见红卫兵王永敬，谈粮店要证明事，王嘱向派出所谈，即找派出所，云仍须革委会出证明。

1966 年 10 月 14 日　星期五

上午学习，下午劳动，上午找到中文系文革小组吴世良同志，为开证明，下午交给粮店（先请派出所过目）。

证明信：

南草厂粮店负责同志：

兹有师大中文系教师启功，五七年曾划为右派，五九年摘帽，五九年以后还未戴过其它帽子，封书之事是因为我系红卫兵扫"四旧"时干的，别无他因。粮食待遇请按规定处理。此致

师大中文系临时领导小组

（北京师大中文系文化革命委员会印章）

一九六六年十月十四日上午

1966 年 10 月 15 日　星期六

上午学习，下午劳动。上午漫谈反右倾路线问题。

1966 年 10 月 16 日　星期日

休息。

1966 年 10 月 17 日　星期一

上午学习，漫谈如何学习主席著作，下午劳动。

1966 年 10 月 18 日　星期二

上午因天安门大会，全市交通车暂停，徒步至校，学习老三篇（今日开始学习老三篇，自思不能在第一日即缺席，尤其应在用字上下功夫，徒走亦须走到）。

1966 年 10 月 19 日　星期三

上午学习，十时筹委传达华北局北京市委关于学习钻井队，学习主席著作，传达周总理讲话。下午劳动。

1966 年 10 月 20 日　星期四

上午学习，漫谈连日反右倾路线斗争情况，原定学习老三篇因漫谈近日情况而挤掉。

1966 年 10 月 21 日　星期五

上午学习，下午劳动。

1966 年 10 月 22 日　星期六

上午学习，下午劳动。

1966 年 10 月 23 日　星期日

休息。晚到校，讲用大会。

1966 年 10 月 24 日　星期一

上午学习，今日新闻报道苏令中国留学生休学回国，外交部照会抗议，校内大字报记国务院紧急通知，自今四天内外地师生暂停来京，调整人数，今来京已过 150 万人。

1966 年 10 月 25 日　星期二

上午学习，阅读老三篇，下午到教育部看大字报，到家已昏黑，车太挤。

1966 年 10 月 26 日　星期三

上午到组学习，漫谈昨看大字报事。

1966 年 10 月 27 日　星期四

上午漫谈长征问题，下午劳动，夜宣布导弹成功。

1966 年 10 月 28 日　星期五

上午学习，谈导弹成功问题，写贺信，写大字报，再谈长征问题，下午劳动。

学习老三篇总结劳动：

1. 渐熟练，但有局限，看不出活。由于过去不劳，家事由人管，剥阶生活习惯。

2. 愿人见己成绩，不敢口说，心有，请葛看质量，是流露，禁得起检查。

3. 有干不了的事，墩布太沉，拖不好，后换小的。

4. 怕人，愿人见，愿外人见（私杂）。

5. 曾不知如何——扫赎一罪，而是改造思想意识，如何看待劳动，是否甘心作勤务员。

6. 如今后派作本楼勤务员，有无"屈材"之心，白求恩不"鄙薄技术微不足道"。

7. 昨想到帝洋曾说中国人脏，今一楼洁净，也是一种工作，与民族光荣有关的工作。

8. "低级趣味的人"初只觉指流氓、嬉皮、无赖等，今知于人民无益、剥阶思想都是低级趣味，作为人民勤务员是不低级趣味。

1966 年 10 月 29 日　星期六

上午学习，下午劳动。

1966 年 10 月 30 日　星期日

休息。

1966 年 10 月 31 日　星期一

上午到组学习。

1966 年 11 月 1 日　星期二

今日请假，十时往系中通电话找葛请假，服药。

1966 年 11 月 2 日　星期三

今日因风疹请假，未能通电话。

1966 年 11 月 3 日　星期四

上午学习，下午因风疹请假。今日主席第六次接见外地师生。

1966 年 11 月 4 日　星期五

上午学习，下午到中宣部看大字报。今日发工资，30 元。

1966 年 11 月 5 日　星期六

上午学习，下午劳动。

1966 年 11 月 6 日　星期日

休息，夜风疹复发，奇痒，彻夜不安。

1966 年 11 月 7 日　星期一

上午学习，漫谈《红旗》14 期社论。到校医院诊湿疹，注射溴化钙，静脉一针。下午劳动。

1966 年 11 月 8 日　星期二

上午学习，漫谈主席致阿尔巴尼亚五大贺电。中午至校医院续注第二针，下午到文联看大字报。

1966 年 11 月 9 日　星期三

上午漫谈昨日文联大字报。中午到校医院打第三针，下午劳动。

1966 年 11 月 10 日　星期四

上午毛主席第七次接见外地师生，全市无车，徒步走至校，学习。中午在太平庄午饭，饭后在 624 室休息。下午劳动，徒步而归。

1966 年 11 月 11 日　星期五

上午请假，主席（第七次）接见群众之第二天，仍无车，昨夜身痒未睡，晨起力疲，无法走去。下午走至校，未劳动（原组决定今日不劳动，出去看大字报）。至电影学院看大字报，走归。

1966 年 11 月 12 日　星期六

上午到校学习，下午劳动。劳动后到西单乐仁堂看病，医生今日下午学习不在，车挤，徒步归。

1966 年 11 月 13 日　星期日

休息。

1966 年 11 月 14 日　星期一

上午到校学习，传读陈伯达同志关于二个月（10 月 24 日）来文化革命总结报告（某中学油印材料）。劳动。

1966 年 11 月 15 日　星期二

上午到组，肖谈如何订今后学习规划，下午到文化部看大字报。

1966 年 11 月 16 日　星期三

上午到组，葛谈昨晚传达周总理在 14 日讲话，20 日以后暂停免费乘车，暂停一段时间串联，放假到明年暑假后。今日下午劳动，将皮猴大衣挂在西北楼一楼东头厕内遗失，报给保卫科。

1966 年 11 月 17 日　星期四

上午到组，葛传达周总理讲话录音。10 时馀到系红卫兵中队部报告失衣事，请求将衣箱封条打开取出先母皮衣以备改做大衣（程国新同志接头）。下午中队部王起兰同志到家启封拿皮衣，下午到校劳动。

1966 年 11 月 18 日　星期五

上午到组学习，下午到中宣部看大字报。

1966 年 11 月 19 日　星期六

上午学习，下午劳动。

1966 年 11 月 20 日　星期日

上午看陈老，略谈，辞归，老人体尚好，只耳目更昏，午后休息。

1966 年 11 月 21 日　星期一

上午到组学习，10 时全校开会，报告接待工作，呼吁腾房间，为串联同志住，师大须接住三万人。下午扫除，山西六中一同志来了解关于傅山事，详谈 61 秋冬时牛树坛来求鉴画事及 64 始至 65 春钟信求看序言等事，65 春在钟家吃饭商写说明事。伊询及邓拓、黄胄、侯恺、侯外庐等。我俱不相识或无往来，提及侯外庐捐给历史博物馆傅山大修篆字幅事。下午自家拿一旧毯来支援串联人用（次日退回未收，因接待站无收条，并已买了几千条毯，可暂不用此）。

1966 年 11 月 22 日　星期二

上午学习，下午到教育部看大字报，车极挤，步行来去。

1966 年 11 月 23 日　星期三

上午学习，下午劳动。

1966 年 11 月 24 日　星期四　大风

上午学习，下午劳动，下午有文化部一姓张同志（工作同志），到家来访，未留。云先到校，云在家，到家，尚未归，云明日再访，晚葛来电话，云明日到校（勿到北大去看大字报，原订明日去）。

1966 年 11 月 25 日　星期五

上午 22 路无车，步行到校，闻今日主席接见串联群众，到校学习，同读主席语录一章，又数条。十时隋延堂召集老教师开会，谈关于工资补发问题，又提自愿降薪问题，可自报。下午原定自己支配时间，在家写材料。

1966 年 11 月 26 日　星期六

上午到组，今日仍是主席接见革命群众，步行到组，肖传达隋指示，我组可下乡下厂。下午劳动。

1966 年 11 月 27 日　星期日

今日休息，一日未出门，抄主席诗词，看传印的大字报材料。

1966 年 11 月 28 日　星期一

上午到组学习，谈下乡的定义，下午劳动，散后到市场看外衣，拟改做一件御冬，但成做时间过久，车极挤。

1966 年 11 月 29 日　星期二

上午到组学习，讨论下乡事，今晨车挤，迟到。10 时馀有清华大学"首都红卫兵赴晋造反团"战士任传仲、邢晓光二人来了解关于傅山画集事，谈至中午同去找李行百，路上吃火烧一枚，下午在李家等他回家，见面后，我又被派往董寿平家要他写材料。归甚晚。

1966 年 11 月 30 日　星期三

上午到董家取材料，及《傅山书画选》一册，自己写材料，下午在西北楼等候，二人未来。今日听传达报告，因等二人又误了听，四时半将材料留交隋延堂（二人五时半才来，到 210、208 室未取去材料），将降薪申请书交隋（请由 177 元降至 97 元），隋云又有新规定，照发，不再在此次降，以后自愿，方式随便（大意）。

1966 年 12 月 1 日　星期四

上午学习，讨论下乡事，任、邢来，同到隋室取材料，认为我的材料不足，当再补，令我去董处取《傅山画集》，董此册已交荣宝斋，电话接头，由其侄女带归，即留晚饭，饭后到其侄女家取册归。

1966 年 12 月 2 日　星期五

上午写补充材料（关于钟信曾说李雪峰之话），持册见隋，下午到清华，见邢，约明早同在隋室交册（当晚邢至隋处，未见册）。夜发烧，39.1 度。

1966 年 12 月 3 日　星期六

上午到组，隋、邢、任在组中交傅册，邢以为昨话不实。发工资，本月全薪。

1966 年 12 月 4 日　星期日

发烧，38.4 度，爱人亦病。

1966 年 12 月 5 日　星期一

在怀仁堂药店诊，刘至中医生诊，误断为阴亏，用生地元参等药，胸膈忽阻，四肢疲惫，发寄董寿平信（邢要其再写详材料）。发寄肖璋信，述病情请假。

致董寿平函

寿平先生：《傅山画集》已交，红卫兵战士为开了带公章的收据，上款是给荣宝斋文革的，《傅山书画选》亦开了收据，是给私人的。

功自前日重感冒，发烧 39.1 度，今当未全退，收据容亲自送上，不敢附入信函，恐有遗失。

两位战士指出：您前写的材料过简，因您于此事有上下牵线的重要关系，前写材料不够详尽，战士们在山西所知比您写的还多，故此要您速写一份详尽的，速寄太原市山西社会主义学院主楼 416 室清华大学井冈山野战军邢晓光同志收，愈速愈好，此致

敬礼。

　　　　　　　　　　　　　　　　　　　　　　　　　　　　　启功

　　　　　　　　　　　　　　　　　　　　　　　　1966. 12. 5

1966 年 12 月 6 日　星期二

请假，看护国寺中医门诊部，桑医生（小女孩）不敢用药，但转刘医方。服无效。董寿平来询详情（傍晚来）。

1966 年 12 月 7 日　星期三

请假，看护国寺门诊，由邓医生（中年女医）用石膏等药，服有效，曹傍晚

来，询病情，谈下乡事。

1966 年 12 月 8 日　星期四

仍续假，服第二剂药。

1966 年 12 月 9 日　星期五

上午到组，谈下乡思想，10 时同肖、葛入城买漆纸等，下午诊病未到校。

1966 年 12 月 10 日　星期六

上午学习，下午劳动，4 时到组折书页，所印主席语录，预备带下乡的。

1966 年 12 月 11 日　星期日

今日又病，食物恶心，身体发冷，下午到诊所看病，人太多，未能看，往系中打电话。（今日下午仍折页）请假，电话三次（2 时、4 时、5 时）俱不通，晚写材料，关于《傅山画集》事，交我校红卫兵的。

1966 年 12 月 12 日　星期一

上午到校，决定 14 日走，下午照顾看病，未到组折页。下午到大觉门诊部看，服金霉素等。上午交上关于傅山问题材料。

1966 年 12 月 13 日　星期二

上午到校须补发所扣工资 441 元，下午买药，准备行李。

关于四个口袋问题（钞存）

大字报中，如周纪彬及沈藻翔等部分老教师的大字报中，都谈到过我的"四个口袋"问题，现在详加交代（时间可能有出入）：

在约 62 年近夏时，旧总支提出所谓发挥潜力的号召，叫老教师们各自贡献"所长"，订出科研计划，并先谈每人擅长什么，想作什么？把各老教师分成几个小组来说，我的一组是刘盼遂、杨敏如、李长之和我，在刘盼遂家开的会。我说我的知识有四个方面，我这四个方面积累的材料各置一处。因平时有些零星札记或草稿，常放在纸袋中，所以我用"口袋"代表这四堆材料，我说我有四个口袋（其实纸口袋很多，每一类并不止一个口袋），这"四个口袋"一是古典文学的一些心得如注释等，包括拟作的诗律研究等；二是关于书法方面的笔记，这方面拟写关于怎样写字的文章；三是文物鉴别方面的笔记，如繁琐考证的《兰亭帖考》；四是清代掌故方面的，这方面写成《读红楼梦札记》。

我这时的思想，是想表襮我的"专长"，使人知道我擅长的方面多，也是想在这几个"市场"贴广告，以使将来出卖自己这些罪恶的货底。当时并没听到那时旧总支的当权人物有什么回音，也没人告诉我"批准"我或"指示"我在哪方面着力。今年在大字报上才看到刘漠对于我这"四个口袋"的说法很欣赏。我现在觉得刘漠这样的黑帮分子对我这种表现欣赏完全是合逻辑的，因为我的腐朽的一套罪恶货底，正合他们的口味，他们曾拿了我这说法去毒害青年学生，我有一份罪恶，即使他们没把我的话向同学去说，我只按照我这方向去作文章发表出来，已经罪不容逃了，我那种"治学"观点，"治学"方法、名利思想等等，应该详加检查批判，现在为了交代这事的情况，先写出经过如上。

1966. 10. 30 写 12. 10 交

1966 年 12 月 14 日　星期三　上午阴　下午晴（十一月初三日）

晨六时乘五路电车，六时半至天桥，八时乘长途汽车往周口店，九时四十分到。住在大队后二间空房，队长魏广仁同志为安排照顾甚至，小屋现装电灯，中午自备午餐，下午一时下地劳动。我与陆在第二小队，铲土装筐，盖玉米秸积肥，五时收工。在一农家派饭，主人姓李，是工人，女主人姓王，吃白薯小米粥。劳动时年青社员姑娘互背老三篇，队长安排活茬，非常体贴我等体力，晚睡长炕，五人并排。

1966 年 12 月 15 日　星期四　（初四日）晴

上午六时起床，七时早饭，仍在李家（傅淑兰）吃派饭。上午写墙上语录（队里安排今日不下地劳动，近几日突击专写语录），午后仍写语录，晚饭后原定随着党团员学习，临时不开会，在住处谈思想。肖、陆有老人送茶事，忽略了解其阶级成分。谈到我们没有阶级观点，有旧习惯。自觉有老阶级观点，要实在，并非无产阶级的阶级观点。我以为此即是学，正在随时随地的事件上考查自己，才是改造的每一步骤。

今日到周口店换粮票钱票，我换了四斤的零粮票，五元零钱票。写家信一封。

1966 年 12 月 16 日　星期五（初五日）冷

上午写墙上语录。下午校对所印一百条语录，校后仍写墙上语录，下午发家信。写语录冻手。

晚随二队一个组开学习会，会上听到念张凤兰学习主席著作的典型发言。她十一岁时被卖三次，后作童养媳，今四十一岁，自学习主席著作后，人骂不还骂，为五保户扶持病人，以自己奶喂小猪，告诫参军的儿子学习张思德、黄继光、董存瑞。

1966 年 12 月 17 日　星期六（初六日）稍暖

上下午俱写语录，晚五人开生活会，下午在医疗队看咳嗽。

生活会发言：

1. 农民热爱主席是救星；

2. 农民纯朴真诚，我们有阶级劣根；

3. 农民问工资，我说几十元，是双重罪恶，一是高薪不合理，二是说假话（肖亦说几十元，四清如此）；

4. 自己怕苦，写语录手冻时活思想，想到是为写主席语录，克服了此想；

5. 农民以我们为客人，甘当小学生须先令人愿收肯收此学生。

1966 年 12 月 18 日　星期日（初七日）阴

昨夜有雪，晨起地面积雪全白，上午传达报告。村大队书记报告农村展开文化大革命，又报告学习老三篇，表扬好人好事（由书记李金、副书记许学科报告）。下午传达中共中央关于农村无产阶级文化大革命的批示（十条），报告后讨论。我与陆在二队青年组，发言者不多，晚无学习，昨夜生活会过迟，十一时睡，过十二时方入睡。晨五时馀起床，终日头晕困倦。

1966 年 12 月 19 日　星期一（初八日）晴，下午寒

上午下午写墙上语录，今日组中写汇报一份，交隋延堂，由叶苍岑带回。今日下午叶回家，明日归。晚组中学习，学习报纸及老三篇，晚与肖谈意见，互相批评，辩论甚久，以致过疲，彻夜不眠，小便五次。

1966 年 12 月 20 日　星期二（初九日）阴，中午飞小雪花

终日头晕心跳，服药，上下午俱在家休息。晚组中小会，谈如何安排后面学习。今日写语录牌毕，全村宣传主席思想写语录工作完毕，自明日起上午劳动，下午五人自己组织学习。老叶今日下午归，言校中情况仍旧，没有大事，大字报揭出两条路线斗争更往上更尖锐了。

1966 年 12 月 21 日　星期三（初十日）晴，晚雾

今日上午开始再下地，仍铲土垫盖棒秸沤肥。后又放水浇上，以起沤渍作用。八时开始劳动，十二时下工。下午在组自学，学习《红旗》十五期社论《夺取新的胜利》，又学语录一章。刮胡子，算这次购物账目：

为大队买漆、印语录百条、笔等，赠送大队，肖、陆、叶、启每人 17.36 元。

小组公用买物，肖、陆、叶、葛、启，每人 2.50 元。

还陆垫车钱（自京至周口村）1.05 元。共 20.91 元。

1966 年 12 月 22 日　星期四（十一日）晴，寒

上午下地劳动，铲土垫盖肥料，午后学习老三篇，漫谈个人几日体会（另记）。接家信（21 日发的）。晚学习报纸，宋孔广团长的事迹极重要。今日老葛到周口店缝鞋，换粮票未成（当地无零票）。托葛代买梳子小镜（2毛8分），晚写家信，寄回面票20斤，请换成零斤的寄来。

1966年12月23日　星期五（十二日）晴，薄阴

上午全队社员俱到周口店开大会，肖问大队，副队长王仲说我们仍留下劳动。上午在二队场院装运玉米，今日留下劳动者除老弱、有孩者外，多四类分子。下午组中学习，研究我辈如何自处于当前村中文化革命中，研究村中领导对我辈的看法，大家讨论甚深。晚读报，下午寄发家信寄回粮票。

1966年12月24日　星期六（十三日）晴，寒

上午劳动，仍铲土，稍得门，用力较省。下午组中生活会，大家对肖、陆提出意见。对陆是评其生活习气，对肖谈其接受意见态度。晚学习报纸社论等。

1966年12月25日　星期日（十四日）晴，寒

上午下地劳动，今日积肥压土工作，因土不易刨下，分一部分人去运石子填坑。我与陆去运石子，觉石子较土易铲。

下午全村大会，我们五人参加，书记李金报告节约用粮事，晚各分队讨论订计划、落实数字，我们未参加。晚洗脚，洗鞋垫。

1966年12月26日　星期一（十五日）晴，寒

上午劳动，仍刨土、压肥料。今日挨户派饭（今日在何金坡家），下午继续生活会，大家给肖提，我给陆提对青年谈话太随便的毛病。晚读报，今日接到家信挂号条，须明日到周口店邮局去取。今日换到何金坡家吃饭。

1966年12月27日　星期二（十六日）晴，寒甚

上午劳动，锄土压垫脚。下午到周口店取信，五人同去。我缝鞋（二角）、买口罩，自周口店大桥西走至宿舍门，共3500步，合四华里零500步。家信是保价信，小怀所写，知本月十几日家中曾来的第一封信竟已遗失。今日仍在何金坡家吃饭。

寄来粮票20斤。

1966年12月28日　星期三（十七日）晴，和暖

上午劳动，倒粪肥，下午学习老三篇，谈体会，晚写信给小怀，今日在李玉书家派饭。

1966年12月29日　星期四（十八日）薄阴，寒

上午劳动，倒粪肥，下午学习老三篇，背诵《纪念白求恩》，谈劳动体会，我未及发言（记录），最后表示尽力作而已暂不多谈，晚读报。

今日广播我国第五次核爆炸成功。今日发昨写寄小怀的信。今日在杨如山家派饭。

1966 年 12 月 30 日　星期五（十九日）薄阴有时晴寒轻

上午劳动，锄土，两头锄并装车，下午学习共背《纪念白求恩》，晚参加社员学习，学习《为人民服务》，后许登科副书记谈话，启发大家写大字报。今日在李桂书家派饭。

1966 年 12 月 31 日　星期六（廿日）晴，温

上午劳动，锄土，向青年女社员询从前阶级斗争情况，锄土时，一女青年田畹香问我们是否"少而精的观察员"，为之解释。

下午学习，默写《纪念白求恩》，我未背熟，算分是负 94 分，即错 194 字。

晚广播中听到社论《把无产阶级文化大革命进行到底》。

今日派饭在傅淑兰家（李俊书家），缝鞋绊，缝被卧护单。

1967 年 1 月 1 日　星期日（丙午年十一月廿一日）

夜大风，晨晴，今日队中放假，不劳动。下午全村演节目，三队四队社员因出场有意见，后即中止。我补默写《纪念白求恩》，得 79 分。

今日派饭在傅淑兰家（李俊书）。今日报纸发表社论，共同学习。

253

1967 年 1 月 2 日　星期一（廿二日）

夜大风，晨晴寒，我头痛，服银翘解毒二丸。

今日上午全村学习社论，不劳动，我与陆参加在许家的片会，由陆念社论，我接念一段，队长念老三篇之二。

下午背麦秸垫坑（叶铺处坑面塌下，所以铺此），接隋延堂信，有鼓励有要求。日后五人漫谈。今日派饭在李林书家。

晚鼻塞伤风。

1967 年 1 月 3 日　星期二（廿三日）晴和

上午劳动，倒肥料，下午趁晴和到周口店理发，肖同去，肖亦理发，晚葛读叶家寄来传单材料。晚谈近十馀日工作计划。

今日肖将毛线背心借给我穿。陆、叶今日到房山洗澡，代我买棉手套一付（8 角 5 分），今日派饭在杨如山家。

1967 年 1 月 4 日　星期三（廿四日）晴和暖

上午劳动，铲石子筛石子，午后学习《光明日报》社论，社论指出要学习劳动人民热爱毛主席的深厚阶级感情，爱憎分明的阶级立场，一心为公的高贵品质，热爱劳动艰苦奋斗的优良传统，又读《人民日报》元旦社论。讨论。

晚访问老贫农段世明，段十三岁为地主常三做小活的，被骂，不干了，到灰窑煤窑作工，撞伤，至今咳喘。煤窑把头压迫，如每班十背筐，因故缺一筐，其前九筐俱不算，每筐应百斤，把头用秤称毕，口说七十斤，即算不足，下次须背百卅斤方能算足数。煤窑用外村人三五十元一季，等于典质，每月不歇工，可受优待，背近处煤，外村人有歇工，即须背窑中远路煤。段谓今日煤窑公平合理，是几斤算几斤。对新社会作本质的肯定和歌颂。

今日接小葵和小怀的信。今日在杨玉霞家派饭。

今日初能背诵老三篇中《为人民服务》。

1967 年 1 月 5 日　星期四（廿五日）晴和暖

上午劳动，起土。午后自大队抬煤末黄土，下午学习，读房山县棉织厂徒工杨采琴向其反动父母杨铭三、李敬敏斗争经过。讨论昨日访段世明的体会（昨晚大家向隋延堂写信报告这段经过，肖执笔，今日付邮）。晚李文来谈煤窑及地主剥削情况，极明晰，富有感性内容，另记。

李是贫下中农，本队一队饲养员，50 岁。

今日派饭在杨芳家。写家信，次日发。今日接到小怀所寄之第一信。因地名写成周口店村，故误，今始转到。

1967 年 1 月 6 日　星期五（廿六日）晴和暖

上午劳动，起土。有肖汝铭四十四岁，劳动极强，凿土甚多，铲土甚费力。此人举重若轻，深见老农之优越：1. 态度朴实，不多言，全神专注；2. 力大，准确；3. 熟练，故效果极强。下午学习葛家中寄来之印刷传单，关于文化大革命事的。下午发信，今日派饭在杨德尔家。

夜间大风。

1967 年 1 月 7 日　星期六（廿七日）晴，上午大风

上午劳动，起土垫猪圈，在街上堆起土，装小车，今日装车较多。下午小组生活会（另记）。晚访郭海，十几岁即在煤窑背煤，受苦二世（父子），今日派饭在贾淑卿家。

1967 年 1 月 8 日　星期日（廿八日）晴和暖

上午劳动，在饲养场铲牲口棚中粪土，甚疲，近午，几乎不支，何满仓说："老启现在不行了吧，今日够呛。"又说"这还不算累，到了夏天热也把你热死。"又说："再练练就行了。"此青年朴实诚恳，真是吾师。午后：在肖汝仪家开会，全队社员听许登科副书记讲解十条。讲解为人民服务，会后各组讨论。我在青年

组，青年多不发言（陆头痛请假未参加小组会），据云此情况甚久了，不知何故。晚饭前，在医疗队看咳嗽，给黄连片及甘草片，又要如密纳耳四片，晚读房山学习毛著典型报告王春、张凤兰、杨凤兰各件材料。今日派饭仍在贾氏家。

1967 年 1 月 9 日　星期一（廿九日）晴和暖

上午劳动，今日仍清马棚，但铺土铺棒秸，即较昨为轻，午后讨论王春等事迹，晚读报。今日派饭在杨如山家。

1967 年 1 月 10 日　星期二（卅日）晴和，夜有风

上午劳动，郭家坟倒肥。午后谈郭海等事迹，葛到房山要回王春等材料 27份，看到新大字报，晚读学习毛著典型材料。

村中选革委代表，有青年在夜间九时馀广播反对。洗脚。派饭卢月家，大字报渐多。

1967 年 1 月 11 日　星期三（丙午年腊月初一日）晴，风，上午后有风

上午劳动，仍在郭家坟倒肥。冰冻难锄，进度甚慢，葛昨晚封火灭，中午升火。午后一时听广播（公社广播大会）关于生产分配问题，下午谈如何作个人总结（另记），晚访佘秀兰，此人不识字，由于学习老三篇由私变公，事迹动人，谈约一小时（另记），派饭卢江家。还向许琴科、杨玉霞所借的 27 份学习材料。

1967 年 1 月 12 日　星期四（初二）晴，不冷，晨有风，旋止

上午在郭家坟劳动，倒粪，能初抢铁锤，能初用镐，午后打水，叶挑，今日我值日。下午准备互相鉴定，晚肖作试点鉴定。今日派饭在何桂芬家。晚写家信，说明十七日十时到京，嘱人接。

1967 年 1 月 13 日　星期五（初三）晴和

上午郭家坟倒肥，下午鉴定，互相鉴，今日是葛、叶、启三人。晚随社员开学习主席著作经验交流会，我为作记录。今日发家信，今日派饭何清家。

1967 年 1 月 14 日　星期六（初四）晴，下午四时起风，冷

上午郭家坟倒肥，下午陆鉴定，晚与陆同找许登科副书记谈鉴定事，许谈我们优点很多，实是有意鼓励，许表示由他写，不用魏广仁大队长之办法自己记录。今日派饭贾淑清家。

1967 年 1 月 15 日　星期日（初五日）晴，微雾

上午劳动，仍倒肥，下午随社员开会，谈学习主席著作心得，我作记录。晚讨论鉴定落实，归纳优缺点各四条。今日派饭郭海家。

1967 年 1 月 16 日　星期一（初六日）晴和暖，极好

上午劳动，仍倒肥，今日最后一天劳动，仍贯注始终，午后与叶步行到房山洗澡。在房山饭店吃卤面二碗（四两）买花卷二个，坐汽车归。杨如山来送行，今日午间许登科为写成鉴定。今日派饭在杨如山家。

1967 年 1 月 17 日　星期二（初七日）晴，暖

上午五时馀起床，收拾行李，用扁担抬，每二人抬二被卷（小者三卷）至村口汽车站，候至 8：30，汽车来，不停即走，遂误一班车，于是又共背行李至周口店，十时二十分乘车归。至天桥已过午，小怀在站候接，被卷由其载在自行车后先归。余乘五路无轨至西直门，归京一观，街上人又拥挤，标语又多于昔。下午休息。

1967 年 1 月 18 日　星期三（初八日）晴

上午休息，接葛电约下午三时五人见面，下午到葛家，肖、葛昨晚见隋延堂。隋云今后不管我组学习了。我组诸人可自行分合或另组战斗组。

夜间小便痛且痒，已二日矣，疑前日洗澡时感染。五人今日约定本周休息，下周一二三作个人小结，四五六共谈全组小结。

1967 年 1 月 22 日　星期日（十二日）

连日休息，晚接葛电话，明日十时北饭厅听报告，小便不好，服长效膀胺二日不见效。

1967 年 1 月 23 日　星期一（十三日）

上午到校，北饭厅另有斗争会，无报告，即归。下午到东安市场修理假牙，行走摩擦小便愈益肿痛，归在大觉胡同口外诊所诊视，杨柏森大夫看，服四环素，用过锰酸钾洗，敷四环素膏。

1967 年 1 月 24 日　星期二（十四日）

昨晚写信致肖今晨发（具今日日期），请其代向组中请假，在家服药。

1967 年 1 月 25 日　星期三（十五日）

上午到诊所续诊，人多改下午，下午往诊，续服四环素。

1967 年 1 月 26 日　星期四（十六日）

上午下午服药，未全消肿。晚写小结（下乡四月）未完。

1967 年 1 月 27 日　星期五（十七日）上午雪，下午阴，晚雪

上午写小结未完。下午取修理之假牙，晚续写小结。

1967 年 1 月 28 日　星期六（十八日）昨夜雪，午后晴

上午写小结未完，终日未出门。

1967 年 1 月 29 日　星期日（十九日）晴，暖

上午至西直门买电车月票，因脱月，须 31 日买，下午写小结。

1967 年 1 月 30 日　星期一（廿日）上午晴，下午雪至晚雪

　　上午至校，我组五人由系中夺权后新领导（井冈山公社挺进大队及井冈山大队合管）代找一室，即原古典组之最东一室。自己组织学习组，拟订计划。每日上午至此学习，下午看病，小便感染外肿已消，内道仍时热辣，继服四环素，血压试表 140/90，正常。

1967 年 1 月 31 日　星期二（廿一日）晴

　　上午至校，小组学习，谈如何命名战斗组事，未谈定。十时半，招待站令我去取支援的被褥，已用毕还回，即取归一被一褥一毯，乘汽车入城，自新街口肩回至家甚累。下午休息，服药，小便尚未好，原定今日下午出去看大字报，未去，我改在明日下午。

1967 年 2 月 1 日　星期三（廿二日）晴

　　上午小组学习，仍谈命名事，未定，尚谈大字报等事。下午至组织部看大字报，我因昨日下午未去，换于今日去。

1967 年 2 月 2 日　星期四（廿三日）晴

　　上午小组学习，下午在家自学，考虑个人小结未完部分。

1967 年 2 月 3 日　星期五（廿四日）晴

　　上午小组学习，最后葛说小组定名是大家都一致的，实则尚未一致。即未知如何落点。下午到组织部续看大字报。

1967 年 2 月 4 日　星期六（廿五日）晴（立春）

　　上午小组学习，领工资。下午到组，因楼道内堵住过道门，未能进屋内，即同下楼看大字报。

1967 年 2 月 5 日　星期日（廿六日）晴

　　休息，与老伴在新街口买洗脸盆等，又看她的七妹，她最近结婚。

1967 年 2 月 6 日　星期一（廿七日）晴

　　上午小组学习，下午到组讨论。

1967 年 2 月 7 日　星期二（廿八日）晴，较冷

　　上午小组学习，下午到府右街南口统战部看大字报。

1967 年 2 月 8 日　星期三（廿九日）晴，微冷

　　上午小组学习，今日我值日，下午在家未出门。

1967 年 2 月 9 日　星期四（夏历丁未年　正月初一日）晴

　　国务院通令今年春节不放假。上午到组学习，下午在家自学未出门。

1967 年 2 月 10 日　星期五（初二日）晴

　　上午到组学习，午后未出门。

1967 年 2 月 11 日　星期六（初三日）晴

上午到组学习，下午到组学习。

1967 年 2 月 12 日　星期日（初四日）晴

终日未出，休息。

1967 年 2 月 13 日　星期一（初五日）晴

上午到组学习，听学校请来之陈里宁同志报告其受迫害经过，听谭厚兰讲话，谈井冈山公社整训，号召社外群众参加。下午到组讨论。

1967 年 2 月 14 日　星期二（初六日）晴

上午学习，晚学习。

1967 年 2 月 15 日　星期三（初七）

上午周双利报告挺进大队斗争经过，晚讨论。

1967 年 2 月 16 日　星期四（初八）

上午，老教师组继续讨论。我先作记录，后发言，重点如下：

1. 周报告，令人清楚，信服，摆事实，讲明道理。

2. 认识了校系黑帮的罪恶，修义道路，中文系如周纪彬事。

3. 昨葛说的二杆红旗，我们没有怀疑过，今更清楚、更具体的是李少明挺进报。

4. 工作组筹委会排挤最恨黑帮的，没无缘无故的爱恨，他们是什么路线，什么立场，什么目的，都很清楚了，更明确。

5. 几事，如红梭标等人的面目行动更清楚，选筹委时短兵相接图穷匕见，直到五人在此屋李文保还说"红挺都对"。

晚小组继续学习。

1967 年 2 月 17 日　星期五（初九）

上午小组学习，江华生及其他三同志为我组解答问题，江谈整训布署，馀谈《北京日报》《工人日报》等问题。晚学习。

1967 年 2 月 18 日　星期六（初十）

上午学习，下午诊病（咳嗽）。诊为支气管炎，服药，晚班请假。

1967 年 2 月 19 日　星期日（十一）中午小雪，陆续未停

与老伴出门，买物。

1967 年 2 月 20 日　星期一（十二日）雪

上午小组，发寄周口村许翠英等语录牌，晚北饭厅大会，谭厚兰等传达戚本禹、王力等讲话。

1967 年 2 月 21 日　星期二（十三日）阴

上午小组学习，讨论拟出大字报的稿子，杨敏如起草。

下午北饭厅斗争肖望东、熊复、何伟、钱信忠四人大会。晚北饭厅大会，革命干部站出来座谈会。

1967 年 2 月 22 日　星期三（十四日）

上午小组，写大字报，晚小组旋散。

1967 年 2 月 23 日　星期四（十五日）晴

上午井冈山半周年庆祝大会，晚文工团表演大会。

1967 年 2 月 24 日　星期五（十六日）晴

上午辩论大会，午归。（今日下午五时谭宣布已捕反动组织，晚上街贴布告）

1967 年 2 月 25 日　星期六（十七日）晴

上午小组，沈谈昨日部署，晚校内有电影，小组未开，到组后即归。

1967 年 2 月 26 日　星期日（十八日）晴，暖

上午休息，下午到市场买物。

1967 年 2 月 27 日　星期一（十九日）晴，暖

上午小组，下午加会讨论干部政策问题，晚有晚会，自由参加，未去。

1967 年 2 月 28 日　星期二（廿日）晴

上午小组学习上海鲁迅兵团的文章。晚小组。

1967 年 3 月 1 日　星期三（廿一日）

上午学习，下午井冈山整风动员报告，晚小组，晚咳。

1967 年 3 月 2 日　星期四（廿二日）

上午学习，十时半到校医院诊，晚间之会请假，晚胸堵。

1967 年 3 月 3 日　星期五（廿三日）大风，寒

晨因昨夜嗽，请假，未出门，休息服药，晚略好，仍胃痛。

1967 年 3 月 4 日　星期六（廿四日）大风，晚止，寒

上午小组，晚有晚会，未参加，请假，服药。

1967 年 3 月 5 日　星期日（廿五日）晴

休息。

1967 年 3 月 6 日　星期一（廿六日）晴，晚风止

上午小组自学，晚小组会。

1967 年 3 月 7 日　星期二（廿七日）晴，无风

上午小组会，晚小组会。

1967 年 3 月 8 日　星期三（廿八）晴

上午全校批资阶路线反扑（批谭震林）。下午到校，会未开，晚无组会。

1967 年 3 月 9 日　星期四（廿九）晴

上午小组，吴万刚布置老教师参加军政训练问题，讨论。

1967 年 3 月 10 日　星期五（卅日）晴

上午小组，下午批判陈云大会，晚无会。

1967 年 3 月 11 日　星期六（农历二月初一日）阴

上午小组，规定新作息时间。自明日起，自早八时起，今日见大字报抄出新八条，下午三时学习，背老三篇。

1967 年 3 月 12 日　星期日（初二日）晴

休息，今日甚疲惫，不知何故，仍咳，晚出门买物，写歌辞二张，明日组中张贴。

1967 年 3 月 13 日　星期一（初三日）晴

今日改为早八时开会，我记误，仍八时半到，背老三篇，讨论政训精神。

1967 年 3 月 14 日　星期二（初四）

上午小组。

1967 年 3 月 15 日　星期三（初五）

上午小组，下午小组。

1967 年 3 月 16 日　星期四（初六）

上午小组，下午整风大会。

1967 年 3 月 17 日　星期五（初七）

上午小组，下午请假，拔牙（左上犬齿及左上门牙）。

1967 年 3 月 18 日　星期六（初八）

上午小组，默老三篇三段，下午请假复查牙。

1967 年 3 月 19 日　星期日（初九）

休息。晚北饭厅大会，井冈山报告当前资本主义复辟逆流的情况。

1967 年 3 月 20 日　星期一（十日），晚有雨变雪

上午继续昨晚报告。下午小组。

1967 年 3 月 21 日　星期二（十一）阴

上午小组，下午无会，晚原定听报告，临时改期。

1967 年 3 月 22 日　星期三（十二）晴，昨夜有风寒，晨见冰

上午小组。

1967 年 3 月 23 日　星期四（十三）晴

上午小组，下午看大字报。

1967 年 3 月 24 日　星期五（十四）晴

上午小组，下午谭厚兰检查（代表井冈山公社）。

1967 年 3 月 25 日　星期六（十五）晴

上午小组，十时到校医院透视（全组），下午请假看牙。

1967 年 3 月 26 日　星期日（十六）薄阴，晴

上午接葛电到校听传达报告。（关于揪余问题）（九至九时四十分）

下午休息。

1967 年 3 月 27 日　星期一（十七）薄阴

上午小组。下午小组，抄大字报，五时整地震，甚剧，约数十秒钟，震后大风，晚听说是沧县附近。

1967 年 3 月 28 日　星期二（十八）

上午小组，下午小组，晚报告会。

1967 年 3 月 29 日　星期三（十九）

上午小组，下午小组。

1967 年 3 月 30 日　星期四（廿日）

上午小组，下午不开会，晚石森检查。（下午传达陈伯达同志关于教改讲话，次早葛传达）

1967 年 3 月 31 日　星期五（廿一）

上午小组，工会发毛选一部。

1967 年 4 月 1 日　星期六（廿二）

上午大会，欢祝《红旗》评论员文，戚本禹文（批清宫秘史）。会后游行。下午小组。

1967 年 4 月 2 日　星期日（廿三）

休息。下午到前门买鞋。

1967 年 4 月 3 日　星期一（廿四）

上午小组，下午大会，校内校外各单位联合批刘大会。

1967 年 4 月 4 日　星期二（廿五）

上午、下午小组。

1967 年 4 月 5 日　星期三（廿六）

上午十时全校大会，纪念毛主席大字报发表八个月。今日领工资。下午听录音（控诉反动路线，丰台中学一教师陈里宁）。晚电影看不见遂归。

1967 年 4 月 6 日　星期四（廿七日）

上午小组，下午小组。

1967 年 4 月 7 日　星期五（廿八日）

上午请假看牙，尚不能全补，下午学校大操场大会（批薄、余、谷）。

1967 年 4 月 8 日　星期六（廿九）

上午纪念十六条大会，革命同志控诉反动路线。下午小组。

1967 年 4 月 9 日　星期日（卅日）

终日休息，未出门。

1967 年 4 月 10 日　星期一（三月初一日）

上午小组，下午补牙，补门齿一枚。

1967 年 4 月 11 日　星期二（初二）

上午小组，九时半全校大会，报告批刘修养动员，下午小组。

1967 年 4 月 12 日　星期三（初三）

上午小组，下午眼病请假。诊视结膜炎，血压 160/110，服药利血平、芦丁、地巴唑，各一、三次。

1967 年 4 月 13 日　星期四（初四）

上午全校辩论大会，下午无会，晚间有会，眼痛未来，服药。

1967 年 4 月 14 日　星期五（初五）

上午小组，下午无会。

1967 年 4 月 15 日　星期六（初六）

上午小组，下午组会改期，全校有会。今日邮电学院斗争胡乔木，各组分别参加，无规定。

1967 年 4 月 16 日　星期日（初七）

同老伴到动物园等处散步。

1967 年 4 月 17 日　星期一（初八日）

上午小组，下午小组，揭陈璨。

1967 年 4 月 18 日　星期二（初九）下午雨

上午小组，下午写大字报（批修养）全组所出，杨、曹拟写改订之稿，五人分写。傍晚至市场等处买药，未买到。

1967 年 4 月 19 日　星期三（初十）晴

上午全校大会，三结合动员会，下午小组揭陈璨问题。

1967 年 4 月 20 日　星期四（十一）晴

上午小组，九时后揭陈璨会。

1967 年 4 月 21 日　星期五（十二）晴

上午听报告，下午至校，听辩论会及看大字报。

1967 年 4 月 22 日　星期六（十三）今晚月晕甚美

上午小组，下午无会，准备批修养。下午到市场买药，街上庆祝游行甚盛。今日市革命委员会成立。

1967 年 4 月 23 日　星期日（十四）

休息。下午至人民大学门外看大字报（东城铁狮子胡同）。

1967 年 4 月 24 日　星期一（十五）今晚月全蚀

上午小组，揭陈璨及设计以后揭的问题。下午"从头越"小组开会，谈拟写大字报事。上假牙中断，到六部口口腔诊所接修，后天成，价一元。

1967 年 4 月 29 日　星期六（廿日）

上午小组，下午本校革命委员会成立大会。

1967 年 4 月 30 日　星期日（廿一日）

今日不放假，上午小组，下午大会斗陆定一、彭真、程今吾、吴子牧、李维汉、徐冰。

1967 年 5 月 1 日　星期一（廿二）

放假，终日未出门，听广播。

1967 年 5 月 2 日　星期二（廿三）

放假，傍晚到西单买物、买单布帽子。

1967 年 5 月 3 日　星期三（廿四）

上午小组，下午全校大会，谭厚兰讲下段运动计划。

1967 年 5 月 4 日　星期四（廿五）

上午小组，下午无会，傍晚到动物园散步。

1967 年 5 月 5 日　星期五（廿六）

上午小组，下午略聚旋散。

1967 年 5 月 6 日　星期六（廿七）

上午小组，下午无会。

1967 年 5 月 7 日　星期日（廿八）晚小雨旋止

上午在西郊买食品、散步，晚到西单买袜。

1967 年 5 月 8 日　星期一（廿九）

上午小组，下午小组，配笔杆，晚毛著学习报告会，解放军、同学报告心得。夜爱人泻肚甚剧。

1967 年 5 月 9 日　星期二（四月初一）

上午小组，下午无会。

1967 年 5 月 10 日　星期三（初二）

上午解放军新二教室报告学习毛著，后上楼小组，下午无会。晚传达报告，戚本禹谈关于《纪念延安文艺座谈会讲话》发表纪念会的事及《欧阳海之歌》事。

1967 年 5 月 11 日　星期四（初三）

上午小组，下午小组。

1967 年 5 月 12 日　星期五（初四）

上午小组，下午小组，到校医院看眼病，结膜炎，血压高 160/100。

1967 年 5 月 13 日　星期六（初五）

上午小组，下午小组。

1967 年 5 月 14 日　星期日（初六）

休息，终日未出，服药。

1967 年 5 月 15 日　星期一（初七）

上午大会，四川宜宾地委刘结挺、前宜宾市地委张希挺，报告受迫害经过。下午小组。

1967 年 5 月 16 日　星期二（初八）

上午大会，庆祝《人民日报》发表关于师大军训的报导，九时半以后劳动、打洋灰板，下午仍劳动，平坑道边小路，此为系内全体劳动的第一次。

1967 年 5 月 17 日　星期三（初九）

上午小组，十时半谭厚兰报告。下午小组，讨论《人民日报》文件。

1967 年 5 月 18 日　星期四（初十）

上午小组，继续讨论。

1967 年 5 月 19 日　星期五（十一）

上午小组。

1967 年 5 月 20 日　星期六（十二）

上午小组。

1967 年 5 月 21 日　星期日（十三）

休息。傍晚到西郊散步。

1967 年 5 月 22 日　星期一（十四）

上午小组，下午小组。

1967 年 5 月 23 日　星期二（十五）

上午小组，下午无组会。

1967 年 5 月 24 日　星期三（十六）

上午本校庆祝《讲话》25 年大会，下午雨，到校，组中未有人来（只陈一人）。

1967 年 5 月 25 日　星期四（十七）

上午小组，九时半听报告《关于追查 8.25 反动标语事》，下午讨论此报告。

1967 年 5 月 26 日　星期五（十八）

上午小组，下午小组，中学在我校借场开大会。

1967 年 5 月 27 日　星期六（十九）

上午小组，下午无会。

1967 年 5 月 28 日　星期日（廿日）

休息。取毛线衣。

1967 年 5 月 29 日　星期一（廿一）

上午小组，十时全校大会，总结公社一年。下午小组。

1967 年 5 月 30 日　星期二（廿二）

上午小组，宣布 29 日发现反动标语事，随即讨论。下午讨论。

1967 年 5 月 31 日　星期三（廿三）

上午讨论，十时大会，报告查 25 反动标语事。下午讨论。

1967 年 6 月 1 日　星期四（廿四）

上午讨论，25 事件的线索。下午小组仍漫谈。

1967 年 6 月 2 日　星期五（廿五）

上午小组，自学，漫谈。下午小组，仍谈破案事。

1967 年 6 月 3 日　星期六（廿六）

上午小组，发工资，十时全系大会，石森报告以后破案工作集中在中文系，其他各系转入日常工作。下午漫谈。

1967 年 6 月 4 日　星期日（廿七）

休息，晚出门买物，葛电话通知晚有传达报告，未能去，归家已九时馀矣。

1967 年 6 月 5 日　星期一（廿八）晚小雨旋止

上午小组，十时全系大会，继续追查反动分子，可以班际串联。下午小组。

1967 年 6 月 6 日　星期二（廿九）

上午小组，下午小组。

1967 年 6 月 7 日　星期三（卅日）

上午小组请假到精益验目光，下午小组，晚校革命委员会报告斗批改动员。

1967 年 6 月 8 日　星期四（四月初一）有雨

上午小组，下午小组。

1967 年 6 月 9 日　星期五（初二）

上午小组，下午小组。

1967 年 6 月 10 日　星期六（初三）

上午小组，下午小组。

1967 年 6 月 11 日　星期日（初四）

休息。

1967 年 6 月 12 日　星期一（初五）

上午小组，九时有破案问题串联会，下午小组。

1967 年 6 月 13 日　星期二（初六）

上午小组，下午全组各自到外边看大字报及展览，我看电影《不夜城》。

1967 年 6 月 14 日　星期三（初七）下午雨

上午小组，沈传达昨晚石森报告《号召中、教、史三系大联合》，下午全系大会，促联合献计会。

1967 年 6 月 15 日　星期四（初八）

上午周耀文传达报告，下午四时全系大会，曾昭耀讲话，关于联合问题。

1967 年 6 月 17 日　星期六（初十）

上午小组，下午看电影《不夜城》，晚十二时广播氢弹试验成功。

1967 年 6 月 19 日　星期一（十二）

上午小组，下午小组。

1967 年 6 月 20 日　星期二（十三）

上午小组，下午小组。

1967 年 6 月 21 日　星期三（十四）

上午到八一学校参观，下午小组。

1967 年 6 月 22 日　星期四（十五）

上午小组，九时半全系大会，动员下乡，下午扫除，吴万刚告诉沈，老教师俱不下去。

1967 年 6 月 23 日　星期五（十六）

上午小组，吴来，沈问。解放军二团陈团长说的老教师不下去。下午小组。

1967 年 7 月 1 日　星期六（廿四）雨

上午全校大会，纪念七一，下午无会。

1967 年 7 月 2 日　星期日（廿五）

休息。

1967 年 7 月 3 日　星期一（廿六）

上午全系动员会，动员下午午门大会，文艺口抗议缅甸大会，老者未去，下午无会。

1967 年 7 月 4 日　星期二（廿七）

上午小组，下午小组。

1967 年 7 月 5 日　星期三（廿八）

上午小组，领工资，下午小组请假到六部口看牙，不行；又到东安市场看牙，仍不行。

1967 年 7 月 6 日　星期四（廿九）

上午小组，下午小组，本校提出复课闹革命。

1967 年 7 月 7 日　星期五（卅日）

上午小组，下午小组，文博所刘启益来问王辉事。

1967 年 7 月 8 日　星期六（六月初一）

上午小组，下午小组。

1967 年 7 月 9 日　星期日（初二）

休息。

1967 年 7 月 10 日　星期一（初三）

上午全校大会，解放军报告学习主席著作，董连猛报告复课闹革命。下午小组。

1967 年 7 月 11 日　星期二（初四）

上午小组，下午小组。

1967 年 7 月 12 日　星期三（初五）

上午小组，下午无会，晚全校大会，报告、介绍旧学制。

1967 年 7 月 13 日　星期四（初六）

上午小组，吴有新大字报，涉及本组。下午小组，全校到城内反对刘的反扑（认罪书）。

1967 年 7 月 14 日　星期五（初七）晚雨

上午小组，沈写大字报，下午请假，回忆及写出王辉材料。

1967 年 7 月 15 日　星期六（初八）

上午小组，下午小组，晚大风雨。

1967 年 7 月 16 日　星期日（初九）

休息。

1967 年 7 月 17 日　星期一（初十）

病，请假。

1967 年 7 月 18 日　星期二（十一）

病假。

1967 年 7 月 19 日　星期三（十二）

上午小组，下午小组。

1967 年 7 月 20 日　星期四（十三）

上午桃园贫下中农吴、陈等控诉，下午小组。

1967 年 7 月 21 日　星期五（十四）

上午小组，下午无会。我看批判电影"两访"。

1967 年 7 月 22 日　星期六（十五）

昨夕爱人突病，喘堵发烧，晨到校遇范，请代请假。

1967 年 7 月 23 日　星期日（十六）

休息，爱人病仍剧。

1967 年 7 月 24 日　星期一（十七）

爱人病仍剧不能进饮食，组中请假。

1967 年 7 月 25 日　星期二（十八）

上午到校，大会，传达谢富治同志报告（武汉事，谭讲）。下午无组会，下午全市大会，百万人。

1967 年 7 月 26 日　星期三（十九）

上午全组到展览馆参观，我请假，爱人到北大医院诊视，透视。

1967 年 7 月 27 日　星期四（二十）

上午小组，下午请假。

1967 年 7 月 28 日　星期五（廿一）

上午小组，下午无会。

1967 年 7 月 29 日　星期六（廿二）

上午小组，下午无会。

1967 年 7 月 30 日　星期日（廿三）

休息。

1967 年 7 月 31 日　星期一（廿四）

上午全系大会，解放军同志报告纪念八一建军节，下午小组。

1967 年 8 月 1 日　星期二（廿五）

上午全校大会，李政委讲话，纪念八一节，下午小组，我在家抄资料（高教六十条）以备组中批判。

1967 年 8 月 4 日　星期五（廿八）

上午小组。

1967 年 8 月 5 日　星期六（廿九）

上午听报告，外交方面造反派报告批判，下午领工资，未开会。

1967 年 8 月 6 日　星期日（七月初一）热

休息。

1967 年 8 月 7 日　星期一（初二）热

上午小组，九时半听报告，报告全国各地文革情况。

1967 年 8 月 8 日　星期二（初三）热，晚有雨，立秋

上午小组，下午无会。

1967 年 8 月 9 日　星期三（初四）晴，夜雨

上午小组，文博口有二人来了解唐兰事，尤详询《兰亭汇编》事。下午小组。

1967 年 8 月 10 日　星期四（初五）自夜雨，终日不止

上午小组，十时放广播批彭德怀，下午小组。

1967 年 8 月 11 日　星期五（初六）

物理系询金永龄家事。

上午小组，下午小组，晚批彭德怀大会。

1967 年 8 月 12 日　星期六（初七）

上午小组，上午听传五位首长讲话，下午劳动，全校拔草。

1967 年 8 月 13 日　星期日（初八）

休息，矮三姑来。

1967 年 8 月 14 日　星期一（初九）

上午小组，学习后回家写关于金永龄家庭的材料，下午将材料交吴万刚。下午小组，散后到西单一看，商场武斗已完，军警防守，车通。

1967 年 8 月 15 日　星期二（初十）

上午小组，下午小组。

1967 年 8 月 16 日　星期三（十一）

上午小组，下午小组。

1967 年 8 月 17 日　星期四（十二）有雨

上午小组，下午小组。

1967 年 8 月 18 日　星期五（十三）有雨

上午全校大会，师大民兵师成立，全校游行，下午小组。

1967 年 8 月 19 日　星期六（十四）有雨

上午小组，下午小组。

1967 年 8 月 20 日　星期日（十五）

休息。

1967 年 8 月 21 日　星期一（十六）

上午小组，下午小组。

1967 年 8 月 22 日　星期二（十七）

上午小组，下午小组。

1967 年 8 月 23 日　星期三（十八）

上午全校大会，解放军学习主席著作代表大会的三位同志来校报告，下午到北京图书馆参观天津东亚毛纺厂展览。全组有七人去。

1967 年 8 月 24 日　星期四（十九）今日处暑

上午小组，下午小组。

1967 年 8 月 25 日　星期五（廿日）有雨

上午大会，传达中央文件，会后小组。下午写大字报《驳斥王光美检查 7.27》全组作，分手写。

1967 年 8 月 26 日　星期六（廿一）有雨

上午小组，继写大字报未完部分，下午继写大字报，贴出。

1967 年 8 月 27 日　星期日（廿二）闷热

休息，复写大字报稿。

1967 年 8 月 28 日　星期一（廿三）

上午小组，下午请假补牙。在东安市场口腔站补镶。

1967 年 8 月 29 日　星期二（廿四）

上午小组，下午小组。

1967 年 8 月 30 日　星期三（廿五）

上午小组，下午小组。

1967 年 8 月 31 日　星期四（廿六）

上午小组，下午到市场取补修的牙，晚斗罗瑞卿大会。

1967 年 9 月 1 日　星期五（廿七）雨

上午小组，下午小组。

1967 年 9 月 2 日　星期六（廿八）

上午小组，校内广播中央首长在市革委会上讲话的传达报告，下午小组。

1967 年 9 月 3 日　星期日（廿九）

休息。

1967 年 9 月 4 日　星期一（八月初一）

上午重新广播中央首长讲话，下午全校大会，拥护中央首长讲话，会后游行。

1967 年 9 月 5 日　星期二（初二）

上下午小组。

1967 年 9 月 6 日　星期三（初三）

上下午小组。

1967 年 9 月 7 日　星期四（初四）

校内樊立跃等突然抓谭厚兰斗争，成立"专政委员会"。推翻原革委会，下午外校与校内人共开大会，下午六时馀中央文革电话指示保谭，七时半北京卫成区副司令李钟奇来校讲话，夜十二时宣布将樊等拘留审查。

本小组未开，下午修假牙。

1967 年 9 月 8 日　星期五（初五）

上下午小组。

1967 年 9 月 9 日　星期六（初六）

上下午小组，夜，谭召大会，宣布九·七事件为反革命事件。

1967 年 9 月 10 日　星期日（初七）

休息，修假牙。

1967 年 9 月 11 日　星期一（初八）

上下午小组，上午广播江青同志在 9 月 5 日对安徽代表讲话录音。

1967 年 9 月 12 日　星期二（初九）

上午小组，下午井冈山后勤部揭发九·七事件，全校广播，小组未开，院中听。

1967 年 9 月 13 日　星期三（初十）

上午小组，下午小组。

1967 年 9 月 14 日　星期四（十一）

上下午小组。

1967 年 9 月 15 日　星期五（十二）

上下午小组。

1967 年 9 月 16 日　星期六（十三）

上下午小组。

1967 年 9 月 17 日　星期日（十四）

休息，与老伴出门买线衣等。

1967 年 9 月 18 日　星期一（十五）

上午传达江青、总理诸领导对"地派"的讲话。下午小组。

1967 年 10 月 1 日　星期日（廿八）

国庆，自今日起放假三日，今日未出门。

1967 年 10 月 2 日　星期一（廿九）

休息。

1967 年 10 月 3 日　星期二（卅）

休息。下午到百货大楼买用物。

1967 年 10 月 4 日　星期三（九月初一）

上午小组，下午小组。

1967 年 10 月 5 日　星期四（初二）

上午小组，昨晚全校报告，传达首长讲话，号召下乡秋收，老教师组俱报名。下午小组。

1967 年 10 月 6 日　星期五（初三）

上午小组，确定下乡。

1967 年 10 月 7 日　星期六

上午大会，下午准备。

1967 年 10 月 8 日　星期日

　　上午六时到校约八时集体乘车到回龙观，下午劳动，捡玉米棒，晚八时馀即睡。

1967 年 10 月 9 日　星期一

　　上午五时半起床，六时早饭，七时半集合，下田割豆，午归，十一时半午饭，下午二时集合下田，割豆。

1967 年 10 月 10 日　星期二

　　上午起床吃饭下田，下午一切如昨。今日上下午仍割豆。

1967 年 10 月 11 日　星期三

　　上午割豆，下午割豆，下工时遇雨，全湿。

1967 年 10 月 12 日　星期四（初九）晴

　　上午割豆，完毕。下午割玉米，晚有电影《地道战》，未看，写家信。

1967 年 10 月 13 日　星期五

　　上午、下午割玉米。发家信。

1967 年 10 月 14 日　星期六

　　上午割白薯，下午参观畜牧场，归时四时半，又剥玉米皮，晚早睡。

1967 年 10 月 15 日　星期日

　　割白菝、割豆。

1967 年 10 月 16 日　星期一

　　割白菝等，摘棉花。

1967 年 10 月 17 日　星期二

　　摘棉花。

1967 年 10 月 18 日　星期三

　　上午总结，午饭后到回龙观乘 44 路回城。

1967 年 10 月 19 日　星期四

　　休息一日。

1967 年 10 月 20 日　星期五

　　上午小组，下午无组会。

1967 年 10 月 21 日　星期六

　　上午小组，下午清洁扫除。

1967 年 10 月 22 日　星期日

　　休息。

1967 年 10 月 23 日　星期一

上午小组，下午小组。

1967 年 10 月 24 日　星期二

上午小组，下午小组。

1967 年 10 月 25 日　星期三

上午小组，下午听传达谢富治同志报告，马建民代表校革委会讲话，据谢副总理报告精神，我校自明日起当即复课。

1967 年 10 月 26 日　星期四

上下午小组，我组各老教师仍在此共同学习。沈前六日已向解放军请示，据云老先生现仍旧在楼上学习。

1967 年 10 月 27 日　星期五

上午小组，下午到展览馆参观阿尔巴尼亚摄影展览。晚全校教师大会，廿三中复课教师二人来谈经验。

1967 年 10 月 28 日　星期六

上午小组，下午到美术馆参观。夜三时章景德夫妇来，言其十叔病危。

1967 年 10 月 29 日　星期日

晨到 301 医院。十内弟已死，至下午二时殡仪馆来运至八宝山火葬场，诸人乘公共汽车往八宝山，四时半归。

1967 年 10 月 30 日　星期一

上午听中央首长报告（国庆前）的录音。下午小组。

1967 年 10 月 31 日　星期二

上午、下午小组。

1967 年 11 月 1 日　星期三（九月廿九日）

上午小组。

1967 年 11 月 27 日　星期一（十月廿六日）

上午小组，下午小组，晚放解放军学习主席著作代表讲话录音，听过的不再听。

1967 年 11 月 28 日　星期二（廿七）

上午小组。

2. 一九六八年日记

1968 年 1 月 1 日　星期一（丁未年十二月初二日）晴

今日学校放假。

1968 年 1 月 2 日　星期二（初三日）晴，风

上午、下午小组。

1968 年 1 月 3 日　星期三（初四日）晴

上午小组。

1968 年 11 月 1 日

讨论《工人阶级必须领导一切》。

1968 年 11 月 2 日

交学习思想汇报。

1968 年 11 月 4 日

讨论八届十二中全会公报。

学习要求：要怀着对伟大领袖毛主席深厚感情，怀着对大叛徒、大内奸、大工贼刘少奇的刻骨仇恨学……

1968 年 11 月 9 日

交学习思想汇报（略）。

1968 年 11 月 16 日

交学习思想汇报（略）。

1968 年 11 月 18 日

大批判，出批刘少奇"阶级斗争熄灭论"墙报。

1968 年 11 月 20 日

讨论对公报的认识，讨论北京市革命委员会关于坚决拥护、坚决贯彻执行党的八届扩大的十二中全会公报的决定。

1968 年 11 月 25 日

大批判，出批刘少奇"驯服工具论"的墙报。

1968 年 12 月 2 日

交思想汇报（11.18—11.24 学习汇报）。

3. 标点清史稿初期

（1971 年 8 月 30 日—10 月 24 日）

1971 年 8 月 30 日　星期一

上午到校，晤郭玉秀同志，又见指挥部李占国同志，李为开介绍信，十一时到中华书局报到。

午后在医院看视老妻，自 27 日入院，每日见好转。

1971 年 8 月 31 日　星期二

上午到书局，中午到医院，下午书局有会，至四时馀宣布会不开了，又回医院，大见效，强地松用对了，黄正退，仍输液。

看中华书局给总理、文元的关于廿四史报告。

1971 年 9 月 1 日　星期三

上午八时到局（今日起改 8 时上班）。旋即开会，宣布讨论学习计划。

看出版工作会议总结报告。

中午回家，下午到医院，妻病正见好。

1971 年 9 月 2 日　星期四

上午上班，带卧具去，自今日起，开始读六本哲学著作，本月读《共产党宣言》。今日搬办公室，自二楼搬至三楼，帮助搬移家具图书、换饭票，中午在此吃午饭，饭后到医院。

妻病正好，陈大夫对她说，你不是瘤子，肝炎也已好转，黄色去了大半，明天再输液一次即可不输了。晚看陈家扬大夫，告以病况，因她非常关心。

1971 年 9 月 3 日　星期五

上午上班，因旧习惯，竟忘记已改八时。到班七时半，各室无人，以为开会，忽悟来早了，亦神经衰弱之一证。午在局休息，午后到医院，今日病稍好，大便不出。输液只输了一半，因血管不好，流得不畅即撤去，预定自明日起可不输。小怀、小葵寄来十元为其三姑看病。

1971 年 9 月 4 日　星期六

上午到班，读后，十时半往学校领工资、取学习材料，午后到医院。

1971 年 9 月 5 日　星期日

上午曹家琪来，病仍旧，此次看病可停十天，石志廉诸同志来，午后到医院。

1971 年 9 月 6 日　星期一

上午上班，下午到医院。上午《清史稿》组开会，分工，我先点志（舆服、礼、选举）三种。

1971 年 9 月 7 日　星期二

上午上班，读时作小讨论，准备下午会上讨论。下午到医院，今日医生言黄疸明显下降，激素仍须服，继续观察。

1971 年 9 月 8 日　星期三

上午到班，学习后看列传，午后到医院，傍晚看老谢。

1971 年 9 月 9 日　星期四

上午上班，下午到医院。今日始点志。

1971 年 9 月 10 日　星期五

上午上班，下午到医院，病人做肝扫描。

1971 年 9 月 11 日　星期六

上午上班，下午到医院。

1971 年 9 月 12 日　星期日

上午九时到西华门与王仪生、章景荣参观出土文物，老谢与其友人同去，陈滋德同志约看鲁王墓中画卷，今日星期天，修复工厂无人，未看成，约下周再看。下午到医院。

1971 年 9 月 13 日　星期一

上午上班，清史组商讨标点事，下午点书 3200 字。傍晚到医院，《选举志一》点毕，自今日点书始入正轨。

1971 年 9 月 14 日　星期二

上午读后全组开会，讨论标点体例，午后学习。晚到医院，医云腹内钝状块仍为肾下垂，肝亦大，二者合于一位。

1971 年 9 月 15 日　星期三

上午上班，中午回家，下午到医院，老伴今天又撤激素一片，自今日服五片，自入院以来长时服八片，七日前开始撤，今日已撤三片矣。

1971 年 9 月 16 日　星期四

上午上班，下午学习讨论，晚到医院。

1971 年 9 月 17 日　星期五

上午上班，下午到学校，军宣队刘同志约谈话。有田同志外调。

今日老伴的药又撤激素一片（明日起服四片）。

点《选举志》一、二、四毕。

1971 年 9 月 18 日　星期六

上午上班，中午到医院，下午上班，晚到医院。今日点志五毕三半，共计已点四卷半，自 9 号起至今共 9 个单元共点 37440 字，计每半日点 4160 字。

1971 年 9 月 19 日　星期日（八月初一日）

上午在家收拾屋子洗衣服，下午到前门买酱羊肉，看吴镜汀先生，到医院，晚归。

1971 年 9 月 20 日　星期一（八月初二）

上午到班点书，中午后至故宫看画，陈约也。下午补点完《选举志》三，至此共点毕《选举志》四卷。晚到医院，内侄怀、葵寄钱 50 元。

279

1971 年 9 月 21 日　星期二（初三）

上午到班，点《选举志》第五，下午学习，自学。晚到医院。

1971 年 9 月 22 日　星期三（初四）

上午读毕到医院，今日解除隔离，搬至 40 床，三人同一房。激素自昨日撤至三片。转氨酶 288，三 T15，胆红素已正常。中午十一时归班上点书，午后续点，今日点十二页。晚到医院，又到余（光明）、鲍（瑛）家未遇。

1971 年 9 月 23 日　星期四（初五）

上午上班，迟到五分钟，读毕点书，六页。中午到医院，下午学习，讨论《宣言》第二章，晚到医院。

1971 年 9 月 24 日　星期五（初六）

上午上班，中午到医院，晚五时半到学校系中，送关婉福家托带之衣物。今日点读九页，晚给小怀小葵写信。

1971 年 9 月 25 日　星期六（初七）

上午学习毕即点书，中午到医院，下午仍点，晚到医院。今日共点十五页，共 11700 字。

1971 年 9 月 26 日　星期日（初八）

上午看驹公，复至马四家，在彼吃午饭，饭后睡觉。下午与马同看驴，在北医住院。晚到医院。

1971 年 9 月 27 日　星期一

上午到班，上下午点书，今日点 9300 字，晚至医院。今日王请假。

1971 年 9 月 28 日　星期二

上午到班，读毕，谈统一标点事，下午学习。

1971 年 9 月 29 日　星期三

上下午点书。今日点约一万字，到协和。

1971 年 9 月 30 日　星期四

上午点书约五千字，下午扫除，到北京医院看咳嗽，到协和。

1971 年 10 月 1 日　星期五

国庆放假二日，到医院。

1971 年 10 月 2 日　星期六

放假，看鲍（瑛），到医院。

1971 年 10 月 3 日　星期日

休息，到医院，今日激素撤完。

1971 年 10 月 4 日　星期一

上班，上午讨论标点划一事，下午写标点例，复写七份，晚到医院。

1971 年 10 月 5 日　星期二

上班，上午点书五页，下午学习，晚齐治平来。

1971 年 10 月 6 日　星期三

上午下午点书一万馀字。

1971 年 10 月 7 日　星期四

上午头晕，多睡未起，到班已十一时矣，点书约三页，下午学习。晚到医院，昨日以前食欲不振，乃撤激素之故，今日加一药，食又复佳。

1971 年 10 月 8 日　星期五

上下午点书十一页，约一万字。翻拍晋人书残纸。晚到医院，转氨酶 260，比上次降 20，并未加助消化药。

1971 年 10 月 9 日　星期六

点书十一页。

1971 年 10 月 10 日　星期日

上午吴小如来借帖数种，午后睡觉四时馀起，到医院，妻今日食欲不佳，体疲乏。

1971 年 10 月 11 日　星期一

上午碰头会，商量标点，交换看已点之册，余将已点三册（舆服一、选举二）交孙毓棠，自看刘大年点文苑传一册。上午部分时间及下午共复看 30 册。下午下班后到医院，妻今日转氨酶结果"正常"，三 T8，阴性，陈大夫云未必准确。食仍不佳。今日起改作息时间，下午自一时半（我们二时）至五时半。

1971 年 10 月 12 日　星期二

上午欲看咳嗽已晚，北京医院无号，十时馀上班，看《文苑传》，下午学习。

1971 年 10 月 13 日　星期三

上午校看《文苑传》，下午看毕，交刘大年（共用四个半日复看三卷）。下午点 5 页，到医院。

1971 年 10 月 14 日　星期四

上午点三页半。下午学习。

1971 年 10 月 15 日　星期五

上下午点书 12 页，晚到医院，小恩今日住院检查发烧不止的病象。

妻今日又取血化验。

1971 年 10 月 16 日　星期六

上下午点书约十篇，晚到医院。

1971 年 10 月 17 日　星期日

上午卜孝萱、李瑚来，午后到北大医院看小恩、大驴，旋到协和，妻之转氨酶降至 200，阴性。

1971 年 10 月 18 日　星期一

上午点书，到科学院图书馆查书，下午点书，到科学院图书馆查书。晚到医院。

1971 年 10 月 19 日　星期二

上午点书八页，下午学习，讨论《宣言》第三、四章，晚到医院。

1971 年 10 月 20 日　星期三

上午读毕点书，今日 8 页。

1971 年 10 月 21 日　星期四

上午点书四页，因遇矛盾，查书费时，下午学习讨论。晚到医院。

1971 年 10 月 22 日　星期五

上午值日、读、点。复看孙毓棠点的《交通志》。晚到医院。

1971 年 10 月 23 日　星期六

上午读、点，到下午点毕《礼志五》，及《礼志九》的一部分，到医院，晚华来。

1971 年 10 月 24 日　星期日

上午李行百、王静来，下午马四来，未到医院，褥面请章五妹缝好。

1971 年 10 月 25 日　星期一

上午讨论标点。下午点书，遇问题，查书甚久。

4. 住院日记

（1973 年 10 月—1974 年 6 月）

1973 年 10 月 18 日　星期四

下午二时馀到北大医院二部住院，住神经科六病房 126 室 9 床，刘大夫（解放军）详诊，血压 140/100 两臂一致，晚睡不太好。

1973 年 10 月 19 日　星期五

上午张大夫（解放军）诊视，血压左 170/110 右 170/100，注射烟酸二次，每次 40 毫克，服地巴唑，6911，另一种药片未详。上午楚白来，下午焕然来，中午景恩来，下午老伴来，写致中华书局赵（诚）、吴信，即发。

1973 年 10 月 20 日　星期六

上午王笑中大夫诊视，各医同诊，输罂粟碱、葡萄糖共 500CC，接输脉通葡萄糖 500CC。写致鲍瑛信，即发。仍注烟酸服药片。

1973 年 10 月 21 日　星期日

早 7：45 输液至下午 1：15 输毕共 1000CC。

小葵来，老熊（尧）来。昨晚睡不甚好，今晚稍不适。早睡不着。下午三时眼微震，血压左 150/90 右 150/95，近下午五时即愈，当时加注烟酸一次。

下午刘启益来看，正发病时，未谈即去。傍晚章景德携学晋来。景恩来带来《考古》杂志。

1973 年 10 月 22 日　星期一

上午照颈椎透视相，骨刺较多，自十时点滴，至五时三十分始毕。今日上午景怀来，被逐走，护士谓上午不能看病人，下午刘启益来，老伴带俞宁、小悦来，今日加服健脑三号一小杯。

1973 年 10 月 23 日　星期二

上午查病房，输液（8：40—1：55）服药注射如旧。今日捽折体温表一个。

晚写字二张，靠墙坐忽晕，躺下即止。

1973 年 10 月 24 日　星期三

上午查病房，血压左 160/100 右 150/90，输液、服药，下午二时馀正输液忽晕，四十分钟后止。禹言来，景恩来，中午方南生来，复夏承焘信，即发，傍晚刘铁宝、唐杰明来。

1973 年 10 月 25 日　星期四

医疗一切如旧，景荣下午来，知我点心已完，买来半斤蛋糕。晚写字，书毛主席西江月半首，忘记下文，用力思索，忽然头转，当即卧床，约一时以后起来如旧，但未知何时停止者。

1973 年 10 月 26 日　星期五（夏历十月初一）

服药点滴如旧，今日换用细针，二餐不碍，但太慢，至最末约百馀毫升时，针头堵塞不下，即拔除。未拔之前忽欲大便，病友为提瓶往厕所，大有耍狗熊之势，观者无不大笑。（今日自上午九时输液，下午六时拔除，馀约百馀毫升）今日下午俞宁来，老伴来买来许多点心，留下五元，敬莲老熊来。沈年润寄来超宽碑片二张（老伴送来）。

1973 年 10 月 27 日　星期六（初二）

服药输液如旧。至傍晚针移动血管不通，手臂微肿，即撤针管，当馀约百馀 CC。下午孟宪章来送橘汁果筐，晚景恩来，嘱其将橘汁及果带与悦、惟，景恩送来沙拉一碗、点心二块，晚即吃完沙拉。今晨王笑中大夫谈今后可停输液，用针、服、理疗烤电、牵引诸法，确诊为颈眩晕。晚写复沈年润信。

1973 年 10 月 28 日　星期日（初三）

今日已不输液，上午发信，在院中觉微恍惚，即归，看王代文，已撤管、能吃饭，小葵携悦来、鲍乐同来，老熊来，关婉福来。

下午林树芳来，带来郑诵翁信，郭亚英携章学晋来，史由中携小平来，颜冠雄来，小葵带来绿耳机收音机、《红楼梦》。洗汗衫。晚近九时量血压，左右 140/80。

1973 年 10 月 29 日　星期一（初四）

早五时馀醒未睡，六时半起床系裤时忽晕，即耳垂下，旋欲大便，老郭扶去，眼晕甚轻，只是头眩不稳，量血压右 110/70。八时半已能起洗脸，略吃点心，九时量 160/90 左右同，服药注射各药外，加注"心血通"一针。

近中午王笑中大夫为设计牵引，明天开始。

下午乔人、老伴、老五、王奎克、赵承泽、孟宪章来。

老伴带来马国权信，已托李孟东带来脉通及六神丸。

晚仍不适，服眠尔通睡甚安。

1973 年 10 月 30 日　星期二（初五）

上午服药打针仍加心血通。

理疗作超短波甚舒适。

下午景荣送萨其马来。

1973 年 10 月 31 日　星期三（初六）

上午作牵引、理疗、服药如旧，老七来。

因作牵引换床。

下午俞宁、中文系军代表徐同志、郭预衡、王世襄、杨敏如、老伴、刘铁宝、唐杰明、孟宪章来。

1973 年 11 月 1 日　星期四（初七）

服药，注射，牵引，烤电照旧。

1973 年 11 月 2 日　星期五（初八）

治疗照旧。

下午小怀、李瑚、卞孝萱、杨伯峻、王钟翰、刘乃崇、钟少华、廖增宝、老伴、小葵来，发信一封致谢辰生。

1973 年 11 月 3 日　星期六（初九）阴雨

晨近六时忽转（左肋卧时，后颈忽动），眼右侧视震，左侧视不震，中午未吃饭，下午好了。上牙裂，托王大夫代去粘，下星期三得，治疗如旧，只电疗未及作，牵引照旧作。

发信一封给老伴，索取上牙。上午本院内科护士安丽明来看，乃李桂生之女之同学，李命其来看者，七一届学生也。

1973 年 11 月 4 日　星期日（初十）晴

治法如旧，只未烤电。

下午鲍太太、俞敏夫妇、官策厂、郭增瑜、马尔静来。

1973 年 11 月 5 日　星期一（十一）晴

上午六时馀忽转，至十一时好，烤电，吃饭。刘大夫量血压左 145/86 右 140/80。

下午外文出版社的王同志来谈写稿事，为介绍马国权。老伴、马四姐、鲍瑛、陈璧子、柴邦衡、赵希敏夫妇来。

1973 年 11 月 6 日　星期二（十二）晴

晨起张大夫量血压，左 150/100 右 140/90，各项治疗如常，只烟酸减一针。

1973 年 11 月 7 日　星期三（十三）晴

上午注射只一针心血通，烟酸全撤，口服药如故。

下午外文出版社王同志来，仍谈写书事，为介绍马国权。王辉来，老伴与小怀来。今日牙补修成。

晚稍累，牵引时微晕即睡。王辉送来读者来信。

1973 年 11 月 8 日　星期四（十四）

上午六时起，一夜睡甚安。

服药、烤电、注射心血通、牵引二次。

1973 年 11 月 9 日　星期五（十五）

一切治疗如昨。

上午安丽明来看，下午赵守俨、吴树平、牟小东、王伍、王景芳来，王景芳带来日本印河南碑刻印本。

1973 年 11 月 10 日　星期六（十六）

治疗如旧，王笑中大夫查病房说牵引加二斤、超短波加几天，今晨四时馀醒，微晕，又睡，六时馀起床，上午张学铭来，留字与大夫，告以再造丸的流弊。

1973 年 11 月 11 日　星期日（十七）

服药、注射、牵引，今日理疗室休息。

下午老伴来，晚饭后稍晕即睡。

1973 年 11 月 12 日　星期一（十八）

上午治疗如旧，牵引加重一斤。

下午中医王大夫来诊，知我不能服中药，未处方。

钮隽来、小葵小悦来，金彝送其爱人来住院，到此室。

王代文出院，与叶青谷来，即送其出院。

刘铁宝、唐杰明来，晚微晕，旋止，服眠尔通睡。

1973 年 11 月 13 日　星期二（十九）

上午治疗如旧。

下午李爱冬来，老包出院，晚眼出金丝约一时止，晚睡觉未服药。

1973 年 11 月 14 日　星期三（二十）

治疗如故，过秤 136 市斤（连衬绒衣、汗衫、绒裤、单裤、鞋、医院衣裤），除衣物可得 130 市斤。

下午，外文出版社王炯光来，李修生、老五、谢元璐女来，李、谢时较长，谈较累，接陈凡、董琨、沈年润信，服眠尔通一片。

1973 年 11 月 15 日　星期四（廿一）

六时起床，仍出户呼吸，回至屋中，忽然大晕欲倒，经人扶住卧床平躺即好，大夫量血压左 130/80 右 140/80。

治疗如旧，下午小悦至放射科，晚未服药睡尚好。

接中华转来《文物》九期一册、吴小如信。

1973 年 11 月 16 日　星期五（廿二）

上午治疗如常，牵引多次。

午饭后晕，即睡，下午，王炯光（外文出版社）、葛信益、俞宁、老伴、乔人、陈家扬、孟宪章来，乔人的稿送审阅，看后晚近七时孟来即交渠送红楼，接潘际炯信。

1973 年 11 月 17 日　星期六（廿三）

下午治疗如旧，牵引两次。

终日未犯病。

1973 年 11 月 18 日　星期日（廿四）

上午治疗如旧，只未电疗（今日电疗休息）。

下午章景怀、刘松岩来。孟宪章来将前小楷帖四册还之。

1973 年 11 月 19 日　星期一（廿五）

上午治疗如旧。

下午马四来，陈璧子、余淑班来，李大櫆来，王家琦来，章景恩来。

1973 年 11 月 20 日　星期二（廿六）

治疗如旧，自晚间起药略变，6911，地巴生（二片），维 C，维 6，颠茄（各一片）。

发致陈凡信。

牵引加二斤。（共十斤）

1973 年 11 月 21 日　星期三（廿七）

早八时对表。

上午起床后微晕，上午颈俱不适，血压右 120/80。

下午俞宁来，老伴、小葵、小悦来。下午背靠枕曲项而坐，忽晕，旋止。治疗如旧。

1973 年 11 月 22 日　星期四（廿八）

上午起床时头不适，早饭罢即好，治疗如旧。张怀英出院。下午卧看《文物》，时稍多忽晕，约半小时即过，晚向大夫要咳嗽药，即加甘草药水一杯。

1973 年 11 月 23 日　星期五（廿九）

上午治疗如旧，取耳血，张大夫（女）查病，血压 130/80 左右同。

下午俞筱尧、叶青谷来，以洪仁玕字相示。官策厂来，老伴、章楚白来。谢元璐之侄来，言谢于午间住院，晚到三楼看谢。

1973 年 11 月 24 日　星期六（卅）

上午治疗如旧，查房，王笑中大夫说自明日停心血通针，下午上三楼看老谢。

1973 年 11 月 25 日　星期日（十一月初一）

上下午服药如旧，今日无理疗、牵引，针已停。

下午小怀、老狐、王岊安、谢小英、孟宪章来，禹言夫人及章学晋来。

1973 年 11 月 26 日　星期一（初二）

上午，五时半醒，忽晕，平卧即止，移时又晕又止，九时馀量血压右 130/80，烤电、服药、牵引。

下午，周燕孙及周瑛来，申学敬携一刘某来，老伴来。

写信致鲍璟，告以不必买天麻了。

1973 年 11 月 27 日　星期二（初三）

上午仍小晕三次，牵引、电疗、服药，晚与肖谈，忽晕倒于其床上旋即止。晚饭时章景恩来。

1973 年 11 月 28 日　星期三（初四）

上午，理疗、牵引（二次）服药。

下午，老伴来，刘启益、江淑娟来，崔净海来。

1973 年 11 月 29 日　星期四（初五）

上午起床时晕一次，烤电时枕略高晕一次。

查房右 130/80，下午骨科医师来诊，试颈位方向眩晕情况，果有眩晕。姜燕、牟融母女来，潘吉星来，景恩来持陈哲如信来。

1973 年 11 月 30 日　星期五（初六）

上午理疗、牵引、服药如旧，与吴树平通电话，谈曹家琪生前整理五代十国文事（陈哲如信所问），旋将陈信寄与吴。下午马四、俞宁、史树青、王靖宪、鲍琳、章五来。

1973 年 12 月 1 日　星期六（初七）

上午查病房，王大夫将配颈支具介绍信及骨科诊断意见书交我，下周自往假肢厂配装，十床郭新书出院。

1973 年 12 月 2 日　星期日（初八）

理疗休息、牵引二次，服药。上午谢元璐来谈间忽晕。

下午，朱希元、衰俊、李孟东、傅大卤、崔净海、张力来。

1973 年 12 月 3 日　星期一（初九）

理疗、牵引、服药。上午换褥单忽晕旋止。

下午许振轩（安徽合肥教育局）来，老伴来，接马国权信。

1973 年 12 月 4 日　星期二（初十）

理疗、查病房、牵引、服药，复马国权信，致王靖宪信询公园书展票事。上午祁大寿串门，其爱人住院在二楼。

1973 年 12 月 5 日　星期三（十一）

理疗、牵引、服药。

下午，老五来，在放射科见面旋走，交香蕉嘱带与小悦。连鑫来，老伴、小葵、小悦来。马尔华同文曾津来，张述蕴来，刘铁宝、唐杰明来。

1973 年 12 月 6 日　星期四（十二）

上午理疗、牵引、服药，量血压，左 160/100 右 140/90，下午到假肢厂配颈架，未配成，因须剃须。

1973 年 12 月 7 日　星期五（十三）

上午理疗，到假肢厂配颈架，昨日下午归院后剃须发，今日试石膏模，与吴树平通电话，昨通话托褚转告竟未转。夜梦先母与媳在西屋，媳为母按摩。

上午老伴来，同去配脖架，十时馀归，理疗，今日牵引一次，服药。下午王序与其弟王启来，王钟翰、陈述来，谈《清史稿》已找到，李步云、孟宪章来。

1973 年 12 月 8 日　星期六（十四）

上午理疗、验血、牵引、服药。

下午写信复天津艺术博物馆，代谢元璐写信给张政烺，言已代约诊病事。

1973 年 12 月 9 日　星期日（十五）

上午牵引。星期日无理疗，服药如常。

中午叶仰曦自外科病房来，下午俞宁来，老伴来。

煤气中毒之肖某搬至此室，闻王仪生得胃溃疡病，休息二周。

1973 年 12 月 10 日　星期一（十六）

昨夜梦驴与我同见老虎，又梦一人甚高云是李文田，又梦援师来病房看我，我迎去抱住，见言笑如平时，似未知其已死，又似知其已死复来，故迎抱也，旋醒。上午与吴树平通电话代续订参考。

上午查房王笑中大夫言可写信催促假肢厂，张钦鹏大夫为写信。下午俞宁来，将信交渠送往假肢厂。钮隽来，施式英来，章景怀来。买炼乳两瓶交景荣送王仪生，景荣退回一瓶。将积累各处信交怀带回，接陈凡信。

1973 年 12 月 11 日　星期二（十七）

上下午理疗、牵引（二次）、服药。

一日无事，晚与老谢送还考古报告，忽眩晕，旋止。再将牛奶一瓶送交景荣。将陈凡信与王笑中看，问日本药事。

写信问陈奇峰，书展事颜小雄要票也。

1973 年 12 月 12 日　星期三（十八）

上午、下午理疗、牵引、服药俱如旧。

下午老伴来，陈奇峰来，送纪念册一本。罗子期、吴九龙来。假肢厂做颈架经敦促提早半个月，于一月十五日往看。晚量血压左 165/95 右 155/85。娄师白与家中通电话要简历，下午写给陈奇峰求带交娄。

1973 年 12 月 13 日　星期四（十九）

上午理疗，上下午服药（撤甘草水）牵引，量血压左 170/100 右 160/100。与娄师白通电话，问昨写简历，已能用。写信与周瑛。

1973 年 12 月 14 日　星期五（廿）

夜梦先母与爹甚清楚。

上午理疗、服药、牵引，王大夫查了日本药名，待写信向陈索要。

下午聂石樵来。天津文管处张同志来，示新出汉碑。王家琦、官符、郭增瑜来。发信复陈哲如。章景荣去询颈架，云一月十号可问。

1973 年 12 月 21 日　星期五（廿七）

表慢 6 分，今午对表。

昨夜大风，今日止，较寒，电台预报降温，但未太冷。牵引服药如故。下午韩瀚兄妹来，刘家和来，接敦进甜信，周瑛信。

1973 年 12 月 22 日　星期六（廿八）　今日冬至

昨夜邻床病痛大便起床，夜半始睡。

王仪生来院复查，再休假二周，来病房谈多时。

牵引、服药如旧。

1973 年 12 月 23 日　星期日（廿九）

有风，寒。

服药、牵引如故。下午，李华锦来，章景葵、老伴来，俞宁来。

1973 年 12 月 24 日　星期一（十二月初一）

服药牵引如旧。上午不适，多躺。

下午乔人来同到老谢屋听谈马王堆发掘事。

1973 年 12 月 25 日　星期二（初二）

服药牵引如故。查病房，王大夫云脑电图已看毕，两边基本一致，只动脉硬化明显，自明日起再点滴一疗程。下午不适。

1973 年 12 月 26 日　星期三（初三）

上午点滴葡萄糖 500CC 加罂粟碱、维 C。点了 145 分钟。下午老伴来，小怀来。与老伴同出门买罐头，门前遇淙霏、淙鼎兄弟，稍谈分手。渠原欲来探视，见面后请其勿再进院，约出院后再谈。

1973 年 12 月 27 日　星期四（初四）

上午点滴，同昨，今日 115 分钟。病房指导员约病员开会，征求意见。下午为病房写住院须知，晚饭后谢晓莺与其弟来，原是看其父病，下楼相视，谈次知其父病相当严重，但平日见其父精神尚佳，不知重病况耳。

1973 年 12 月 28 日　星期五（初五）

上午点滴 110 分钟，量血压左 145/90 右 140/80。老谢下楼来，下午景荣带小悦来，服药牵引如旧。

下午买萝卜等，老伴来，淙霏、淙鼎来。

1973 年 12 月 29 日　星期六（初六）

上午点滴 120 分钟。下午在楼内遇王麦初来看胡传揆院长，因同去看，即出。服药牵引如旧。

今日病友邸老写信与神经科党支部（全室病员名义），祝贺新年，表示感谢。兹写诗一首（邸老名义），我为代写。

1973 年 12 月 30 日　星期日（初七）

上午点滴，左臂血管不好，扎二次不成，改扎右臂，100 分钟。与赵玉宾大夫谈，幼年头痛，眼前金线等症状，云为典型的血管运动性头痛（幼年有，至三四十岁即愈，发时有时半视等）。服药牵引如旧。

今早倒盆水，晃转之际，眼即眩晕（看写黑板时板动，看饭车推动皆如此），王笑中大夫查房与之谈此，王云头勿转，勿诱发，又云："你病能否巩固，我还担心。"

1973 年 12 月 31 日　星期一（初八）

上午点滴二小时，服药牵引如故。

下午王炯光来赠年历等，李华锦来。

邸老赠玻璃翠二枝，明天用土种上。

1974 年 1 月 1 日　星期二（初九）

上午点滴二小时又廿分。上午俞宁来，嘱其出门买电池及手电筒灯泡。

午后崔净海、章景恩、张述蕴、刘蕙如来。

服药牵引如旧。

1974 年 1 月 2 日　星期三（初十）

上午点滴二小时，今日牵引服药如故。

下午，章七弟妇、景怡来，老伴来，带来吴树平所带之物，有赵诚之信，可复陈哲如矣。牟小东与陈来，李步云来，小安来。今日不舒适，小晕数次。

1974 年 1 月 3 日　星期四（十一）

上午点滴 140 分钟。下午章景荣从家中带来书二册、裤一条。服药牵引如故。

1974 年 1 月 4 日　星期五（十二）

晨四时半小便忽晕，晨六时馀始起，上午多恍惚，近午始好。服药牵引如故。今日点滴停。发致陈哲如信，附赵诚来信及各件旧信。

1974 年 1 月 5 日　星期六（十三）

晨起不舒适，牵引一小时，服药如旧，晚仍牵引。

下午，故宫王海文、刘九厂来，以宋画嘱看，又看照片三件。

徐邦达来，马四携小雄来，颜冠雄来，发致孙毓棠、王俊恩信。

1974 年 1 月 6 日　星期日（十四）

牵引、服药照常，下午眩二次，后次较重，约四十分钟，眼右看、上看有震，左看不震。李华锦来（发病时李在座），陈大夫（河南人）来看，晚王俊恩来，还裤子书包。

1974 年 1 月 7 日　星期一（十五）

上午下午服药牵引如故。中午王世襄来。

下午老伴来，接敦进甜信，孟宪章来。

1974 年 1 月 8 日　星期二（十六）

服药牵引如故。

下午刘宗汉来，旋去，王景芬来，询自叙帖问题，谈稍久。

1974 年 1 月 9 日　星期三（十七）

晨起晕，移时渐好。上午邸老出院，送其出楼，在小卖部门外忽倒，旋起。下午老伴来、王炯光来。

1974 年 1 月 10 日　星期四（十八）

上下午服药牵引如常。电询颈架未得，须十五日再询。晚张钦鹏大夫来谈出院问题，告以春节疲劳事，张云可过节，晚略晕。

1974 年 1 月 11 日　星期五（十九）

上下午服药牵引如旧。午后，景怀、景葵来，李华锦来。

1974 年 1 月 12 日　星期六（二十）

上下午牵引服药如旧。上午王大夫（笑中）查房，诊气管炎问题，给"支气管炎四号"，中药片剂，每日二次，每次二片。

1974 年 1 月 13 日　星期日（廿一）

上下午服药牵引如故。

下午老伴来，官策厂来。晚校正牵引秤锤，共九斤。

1974 年 1 月 14 日　星期一（廿二）

上下午服药牵引如故。

下午老五来，小怀来言王炯光送票三张。

1974 年 1 月 15 日　星期二（廿三）

上下午服药牵引。下午遇吴逊大夫，为孙毓棠与吴约诊病，即发信寄孙，告以去诊之法。

1974 年 1 月 16 日　星期三（廿四）

上午老伴来，同赴假肢厂试颈架。接鲍璟信，知十一月廿六的信并未寄到。服药牵引如故。

下午陆京生来，黄书勋来。

1974 年 1 月 17 日　星期四（廿五）

上下午服药牵引如故。下午俞宁来，复鲍璟信。

1974 年 1 月 18 日　星期五（廿六）

上下午牵引服药如故。

下午中华赵守俨、吴树平来，赵承泽、王奎克来，申学敬与其同事刘某来意在求书。

1974 年 1 月 19 日　星期六（廿七）

上下午服药牵引如故。

下午章景恩来，接陈凡信。

1974 年 1 月 20 日　星期日（廿八）

上下午服药牵引如故。

下午老伴来、毛小妹来、崔净海来、陈滋德夫妇来。晚饭后章景恩来，取来颈架，试带合适。接夏承焘信，知其曾来一信，但未接到。

1974 年 1 月 21 日　星期一（廿九）

上午查房，见脖架以为宜垫布免伤胸上肩胛骨，续给气管炎丸。章景荣送罐头二个，发信复夏承焘。冯荫锡来。

下午刘漠来，送果一筐，代表系里慰问。傅熹年、章景葵、张政烺、王钟翰、刘启焯来。接马国权信。

1974 年 1 月 22 日　星期二（卅）

上午将果筐交景荣带回小乘巷，景荣送来菜一盒。牵引服药如故。晚与同室病友到医院门前一观，今晚鞭炮甚多，今年春节比往年繁荣热闹更多。下午俞宁来。

1974 年 1 月 23 日　星期三（农历甲寅年正月初一）

服药牵引如常。中午章宝良、章景怀、章景悌来。下午李华锦、崔净海、章景恩、章景葵来，张永祥、马尔静来。

马王堆汉墓出土的药物（下文是节抄的）

在女尸手中的香囊以及椰箱里的香囊绢袋绣枕中都装有不少药物，经有关部门研究鉴定为：辛夷、桂、花椒、茅香、佩兰等。

这些药物均具有芳香性和驱风、发汗、祛痰、利尿等作用。从出土情况分析，当时是有意把这些芳香药物用于防腐解秽的，多曾进行炮炙加工，如桂刮去外皮，切成小长方块，茅香装在绢袋中是切成小段的。

图一、佩兰，二、茅香，三、辛夷的花蕾，四、桂干皮。

（人民画报 1973.7）

1974 年 1 月 24 日　星期四（初二）

服药牵引如故。上午老五来。

下午老伴来，丁树奇来。

1974 年 1 月 25 日　星期五（初三）

服药牵引如故。下午鲍乐同来，陈奇峰来，赵璞珊、李瑚来，赵、李来时忽晕，旋止，王仪生来，马尔恭、李光沛来，马尔华来，孟宪章来，冯萨锡来，章景德来。今日甚疲。

1974 年 1 月 26 日　星期六（初四）

上午试改牵引方式，坐牵十五分钟。俞宁来，其父母继来，下午赵家琦来。冯萨锡送角子一盒，韩瀚来送月历等。发寄陈哲如信（询前信接到否）。

1974 年 1 月 27 日　星期日（初五）

服药牵引如常。

下午章景恩来，傅熹年来。

1974 年 1 月 28 日　星期一（初六）

清晨有小雪，未到地即化，九时日出，章景恩来送来茶叶，下午刘博琴来，老伴来，张平勋来，服药牵引如旧。

邓大夫与室中人谈我将出院。

1974 年 1 月 29 日　星期二（初七）

上下午服药牵引，发寄马国权信，查病房赵大夫谈可否出院。

1974 年 1 月 30 日　星期三（初八）

上下午牵引服药如故，上午小雪，日挣出。

下午老伴来，王炯光来，以马国权稿见示，章景怀带小悦来。

1974 年 1 月 31 日　星期四（初九）晨有雪旋止

昨夜邻床新来病人，诊查治疗，室内正乱，睡眠不佳，晨起头晕，晨有雪，较大。王大夫拿来灵芝液二瓶，今日开始服。

今日服药牵引如故。

1974 年 2 月 1 日　星期五（初十）

上午有雪较大，午止，服药牵引如故，今日晨起后微晕，午后仍霰雪至夜不止，章景恩来，接陈哲如信言十国文稿确无有。

1974 年 2 月 2 日　星期六（十一）

终日雪，上下午服药牵引如故。

下午金启淙偕贾来，王炯光来，以马国权稿还之。

1974 年 2 月 3 日　星期日（十二）

雪午晴，服药牵引如故。上午王畅安带敦煌来，敦煌已廿八岁矣。下午谢刚主偕王伯祥先生之子（王湜华）来，章景葵带小悦来，刘乃崇来，近七时陈滋德来。

1974 年 2 月 4 日　星期一（十三）今日立春

上午下午牵引服药如故。

下午傅苓来。

1974 年 2 月 5 日　星期二（十四）

上下午服药牵引如故，上午查病房，王笑中大夫云可出院治疗。

下午白冯家带来角子一盒。

1974 年 2 月 6 日　星期三（十五）

上下午服药牵引如故。

下午钮隽来、李华锦来、老五来、章景怡来。老伴来，告以王大夫所云出院事。发信三封：1. 陈奇峰（言草书释文事）、2. 刘乃和、3. 吴树平（转告五代十国文事，并附陈哲如信）。

接马国权信、陈哲如信、香港贺文略信。（贺为华侨日报编辑，以其画展印册相赠，夙不相识者。）

1974 年 2 月 7 日　星期四（十六）

上午陈清棠大夫（副主任）来，言组织病房学习批孔，留多住几天，以帮助学习。

服药牵引如故。今日新交来灵芝液两瓶（400cc），午饭后开始服此新液（前两瓶今晨服完）。晚看冯，其喘病正大发。

1974 年 2 月 8 日　星期五（十七）

上午看冯，其喘稍好。午景荣拿茶叶来。午后马四来，颜冠雄来，老伴来，接病友冯毓焯信。

服药牵引如故，买电池。

1974 年 2 月 9 日　星期六（十八）

上下午牵引服药如故，但睡不好。

1974 年 2 月 10 日　星期日（十九）

上下午牵引服药如故，上午起床早饭后又睡至午饭。

下午陈滋德来即同上楼看谢。午饭后看冯已好转，仍不能卧。张卓人来。

1974 年 2 月 11 日　星期一（二十）

上下午牵引服药，下午陈滋德来谈其爱人已作初次点滴见效，又同上楼看谢。老伴来。

1974年2月12日　星期二（廿一）

上下午牵引服药如故，上午老谢出院。

下午126、130两病室合组学习批林批孔。

1974年2月13日　星期三（廿二）

上午量血压，左150/100、右150/90，牵引服药如故。晚饭后看老冯仍喘，还其印泥等。灵芝液二瓶今晚服完。

1974年2月14日　星期四（廿三）

上下午牵引服药如常，下午王笑中大夫又谈到出院问题。

1974年2月15日　星期五（廿四）

上午与穆奎津大夫约明日到门诊看气管炎。

下午老伴来，淙鼐来，孟宪章来。

1974年2月16日　星期六（廿五）

上午王仪生来，同到门诊看气管炎，看后同到同和居午饭，饭后归病房，发信到师大中文系党总支，表明感谢，报告病况。

尊敬的党总支负责同志：

我因眩晕症在北大医院急诊室输液七日后住进北大医院，经过照像，知是颈椎骨质增生，椎间孔十二个中已有七个严重狭窄，挤得血管流通不畅，以致供血不全。除服药外，用牵引方法调整骨节之间关系，现觉症状有所减轻，仍在继续治疗。前承徐吉全、郭预衡同志亲到医院探视，又承古典教研组张俊同志关怀惠信，春节时承刘漠同志来看，携惠珍贵果品并传达宣传队领导同志的关怀，又在我住院后不久时，组织上还代为结算疗费，这都使我感到无比的感激！

我现在既已找到病源，试用的疗法也有效，因此我争取早日出院治疗，可腾出床位给更急需的病者。

我今后一定铭记领导的关怀，好好遵从医嘱，加速治疗，以便早日投入运动（批林批孔的斗争），改造自己的世界观，为祖国的社会主义革命和社会主义建设多作贡献。

1974年2月17日　星期日（廿六）

下午老伴来，接鲍瑛信。

下午吴晓玲、王金璐来、冯世善来。刘逖来持耿大夫信问草书释文事。景葵带章学晋来。接马国权信。

1974 年 2 月 18 日　星期一（廿七）

上午告诉大夫拟明日出院，午后老伴来，冯荫锡来。晚饭后看冯，告以明日出院，冯转来金五信。

1974 年 2 月 19 日　星期二（廿八）今日雨水

上午结算账目，九时半老伴来，出院。自去年十月十八日住进医院至今日适满四个月矣，归为小悦画小人忽晕。

下午甚疲，只卧，自到家，咳嗽顿减，足见与病室太热有关。

1974 年 2 月 20 日　星期三（廿九）

服药如常，略理书案，王湜华来看，自医院来也。

1974 年 2 月 21 日　星期四（卅）

服药如故，午间王仪生来看，送来咳药。

1974 年 2 月 22 日　星期五（二月初一）冷

服药如故。

1974 年 2 月 23 日　星期六（初二）冷

上午蔡超尘来，冯荫锡来，下午老七来。服药如旧。晚摘下颈架上厕所，忽晕甚厉害，即睡。

1974 年 2 月 24 日　星期日（初三）风、冷

终日服药，晚章景恩为做好牵引绳套滑轮等。

1974 年 2 月 25 日　星期一（初四）冷有风

今日开始牵引，为出院后第一日牵引，服药如故。晚刘铁宝、唐杰明来，接马国权信。

1974 年 2 月 26 日　星期二（初五）冷

牵引三次，服药，俞宁来。

1974 年 2 月 27 日　星期三（初六）稍回暖

上午章元美来，李桂生来，下午吴小如、钮隽来，香饵姥姥来，马四来，王钟翰、张政烺来。牵引服药如故。

1974 年 2 月 28 日　星期四（初七）

上午下午牵引服药，中午狄四叔来，午后孟宪章来，傍晚官策厂、郭增瑜来，郭以药水相赠，谓能治骨刺，其名曰"氢万"，乃 301 医院所出者。晚老熊来，旋去，见余太疲矣。

1974 年 3 月 1 日　星期五（初八）

牵引服药，上午淙霡来，在此午饭，饭后去，下午写字。晚吴九龙来，谈汉竹简中古书问题，夜咳甚剧。

1974 年 3 月 2 日　星期六（初九）

牵引服药如故。终日无人来，午饭甚少，因昨夜咳甚，午后睡较安适，服氨茶碱，发信三封：1. 致黄在山，2. 马国权，3. 何楚侯。

1974 年 3 月 3 日　星期日（初十）

服药牵引如故，上午俞宁来，忽晕。下午牟小东、马士良来，耿鉴庭来。

1974 年 3 月 4 日　星期一（十一）

中午关婉福送工资来，服药牵引如故。

1974 年 3 月 5 日　星期二（十二）

晨起欲赴大觉诊所量血压，出门觉晕眩，即归。何楚侯派重外孙刘世同来送所借帖。

晚陈家扬来。

1974 年 3 月 6 日　星期三（十三）

服药牵引如故，傍晚王仪生持血压表来，为量血压，左 145/85、右 150/90，甚平稳。上午老七来。

发致钱君匋、黄在山信。

1974 年 3 月 7 日　星期四（十四）

上午颜冠雄来，送来刘乃和信（寄至医院，由小安带来者）。

牵引服药如故。

1974 年 3 月 8 日　星期五（十五）

牵引服药如故，下午鲍太太来，晚与老伴同至北口吃饭，余未同去。发致何楚侯、刘乃和信。

1974 年 3 月 12 日　星期二（十九）

医疗如常，老伴值班站岗，王靖宪来。

1974 年 3 月 13 日　星期三（二十）

医疗如旧，午间韩瀚来。

1974 年 3 月 14 日　星期四（廿一）

上午到北医门诊看病，出院后复查也，血压：左 150/90、右 160/90。服药各种如旧，牵引嘱勿过重过久，现在程度即可，吴逊大夫所诊者。又到气管炎门诊看穆奎津大夫，续要灵芝液。遇余淑宜母女，闻让之又住院，其词闪烁，恐已不起，但不欲相告，恐余病中伤心耳。

下午接金五信，发寄泾县纸厂信，李华锦来。

1974 年 3 月 15 日　星期五（廿二）

牵引服药，上午往看傅老，病况不清。近午陈奇峰来，下午人民文学出版社林东海、盛永祜来，以有关《红楼梦》资料来询，并索书。晚刘乃和、梁敬莲、鲍琳、毛小妹来，晚疲甚。

1974 年 3 月 17 日　星期日（廿四）

上午俞宁来，服药牵引，下午杨敏如来，忽晕，孟宪章来。

1974 年 3 月 18 日　星期一（廿五）

服药牵引如故，上午陈家扬大夫来，李桂生母子来。下午王晖来，晚饭前晕。

1974 年 3 月 19 日　星期二（廿六）

上下午牵引服药，下午刘博琴来为余刻印二方，王靖宪来，狄四权来，同至北口便饭，饭后理发，发信二封，金协中、韩瀚。

1974 年 3 月 20 日　星期三（廿七）

上午看傅老，病甚剧矣。中午国际俱乐部尹同志送纸属写大横幅，俞达送来其父答余问题，问音韵问题者。

1974 年 3 月 21 日　星期四（廿八）

牵引服药如故，晚看铁宝，索还王帖，托其寄钱与上海书画社买赵帖。

1974 年 3 月 22 日　星期五（廿九）

牵引服药如故，终日身体不适。

1974 年 3 月 23 日　星期六（卅）

1974 年 3 月 24 日　星期日（三月初一）

牵引服药如故，上午王畅安来，谈赵州桥题名事，并言史树青之夫人无故自缢死。下午来人甚多甚疲。计：陈奇峰、锺敬文、张述蕴、牟小东、衷俊，官策厂。

客去后，闻傅老故去事，当即前往，已送到八宝山矣，闻是昨日下午一时卒，其家以余病特不通知。今早王畅去，傅家嘱其勿泄，至晚始知也。不怡者竟夕。

1974 年 3 月 25 日　星期一（初二）

服药牵引如故，写信答复陈奇峰问草书释文事即发。偕老伴同访何楚侯，送去册页，在西单吃饭。

上午陆颖明来。

1974 年 3 月 26 日　星期二（初三）

服药牵引，下午张光宇大夫来相看，惠大前门烟一条。

1974 年 3 月 27 日　星期三（初四）

上午周瑛来，下午天津艺术博物馆二同志来问字体问题，欲作书法展览，并征作品。马四来，同至北口饭馆吃饭。

1974 年 3 月 28 日　星期四（初五）

上午赵元方、朱家溍来，午后李桂生母子、牟小东来。

接陈凡信。

1974 年 3 月 29 日　星期五（初六）

上午马士良来，下午王炯光、李海同来，谈书法小册如何撰写事，余仍推荐马国权。

1974 年 3 月.30 日　星期六（初七）

下午同老伴到邮局取上海书店退回书款。

1974 年 3 月 31 日　星期日（初八）

今日晨醒不适，未敢即起。今日来客太多，极疲。自晨来人计：俞宁、周振甫、李仲耘夫妇、老熊。下午何楚侯之婿及外孙婿来送帖，赵璞珊、刘翰屏、高殿卿，晚傅熹年来。

1974 年 4 月 1 日　星期一（初九）

下午钮隽来，坐甚久，余不支，即卧。上午张中行来。

1974 年 4 月 2 日　星期二（初十）

上午章熊来、王炯光来，嘱题出版之《鲁迅诗选》签，章来是问书法。臧华云来。

下午卢松厂来。王钟翰来，王送来"科学实验"数册，中有余为写之版头，故送书为酬，张政烺托其带来也。即将公谦白寿彝夫妇之款，求带交张政烺，又将参考消息费三元交吴、又将香港贺文略来信并画册托交中华组织上一观。

1974 年 4 月 3 日　星期三（十一）大风

上午到傅家。

1974 年 4 月 4 日　星期四（十二）

上午发工资，关婉福送来。蔡超尘来看字帖。下午与老伴到北医住院处问王笑中药物，将假牙交王大夫修补。晚傅熹年来还书。

1974 年 4 月 7 日　星期日（十五）

廖增宝来，以米帖赠之。

1974 年 4 月 8 日　星期一（十六）

中午过后吴树平来送毯子等，下午同老伴为何楚侯送册页，在西单吃饭。

301

1974 年 4 月 9 日　星期二（十七）

周瑛来，燕孙约游颐和园，不能去谢之。晚看傅家。

发信复金五、陈奇峰。

1974 年 4 月 10 日　星期三（十八）

赵元方来，午后林树芳取字去，王湜华送所借稿。

发信复马国权、吴小如。

1974 年 4 月 11 日　星期四（十九）

赵元方来。

1974 年 4 月 12 日　星期五（廿日）

尹敬坊来，余让之二女儿（嗣音、嗣弁）来谢，下午张忱石来送书。禹言来。

1974 年 4 月 13 日　星期六（廿一）

陈奇峰来，谈展品释文等，以汉瓦赠之。

晚俞宁、李华锦来。

1974 年 4 月 15 日　星期一（廿三）

晚吴九龙来，言竹简问题，牟小东来，以其侄画问。

1974 年 4 月 16 日　星期二（廿四）

上午整理拓片，下午吴九龙来，仍谈竹简说明稿。刘伯琴来，以印求其再刻。王靖宪来，病休半日也。

1974 年 4 月 17 日　星期三（廿五）

上午到诊所量血压，150/90 右，尚平稳，买食品买药，在北口吃午饭。下午王辉来，以文稿嘱修理一部分。晚暖水瓶因踢倒炸碎，接魏启后信。

1974 年 4 月 18 日　星期四（廿六）

下午王静、刘铁宝来，晚与老伴收衣服。

今日上午不适，未吃午饭，发信三封：郑万、夏承焘、刘博琴。

1974 年 4 月 19 日　星期五（廿七）

上午肖甲来，比在医院时痊可多矣，但仍颤抖，赠小花二棵。下午谢刚主、王靖宪来看碑帖也。晚俞宁来还帖，刘铁宝来谈借碑事。

1974 年 4 月 20 日　星期六（廿八）

上午下午整理北屋书架，晚写字之际忽又眩晕。牟小东、陈秉立来。

1974 年 4 月 21 日　星期日（廿九）

上午王靖宪来、王宏钧来，午陈奇峰来送还拙书一幅借走《楚辞》，下午徐邦达来借去《急就章》。

1974 年 4 月 22 日　星期一（四月初一）

上午同老伴到新街口买药等。

下午史树青、陈鹏程同来，以出土文物到日本展览画册为赠，乃出土文展所赠者。

1974 年 4 月 23 日　星期二（初二）

上午老七来，同到北口吃饭。接夏承焘信。下午铁宝来还书，申学敬、刘煜来同来。

1974 年 4 月 24 日　星期三（初三）

上午同老伴至新街口换水壶，在北口吃饭，王靖宪来未坐即同出，借去《鲜于璜碑拓本》，午后拆炉子。

写信致夏承焘，今晨寄去《红楼梦》，以书告其注意，恐再失也。

1974 年 4 月 25 日　星期四（初四）

上午淙鼐来，在此午饭。下午睡觉约二小时，俞宁来，晚老熊来。

1974 年 4 月 26 日　星期五（初五）

上午乔东君来，晚刘松岩来。

1974 年 4 月 27 日　星期六（初六）

今日无人来，甚清闲，写字，临唐人写经将毕，今日有二次恍惚。接金五信。

1974 年 4 月 28 日　星期日（初七）

今日晚饭后与王仪生谈话顷忽眩，即躺卧稍好，但恶心，陈家扬来，仍躺与之谈，未起。

1974 年 4 月 29 日　星期一（初八）

傍晚中华曹兴志来，旋去，接郑为所寄《赵千文帖》。

1974 年 4 月 30 日　星期二（初九）

晨未起，郑诵老介绍洪钧陶来，老七来以画求鉴，并问书法。下午施式美来、俞宁来，同在北口晚饭，遇老熊。

1974 年 5 月 1 日　星期三（初十）

王靖宪、孙德宣来。

1974 年 5 月 2 日　星期四（十一）

今日来人甚多，马四、马尔华、韩玉珉、小隆、锺敬文，晚刘乃和、乃崇、蒋建兰、小群。今日极疲。

1974 年 5 月 4 日　星期六（十三）

晨关婉福送工资，下午与老伴至新街口买物，在北口晚饭，饭后在熊家坐多时。

发信三：郑四、老五、陈凡，以《赵千文》还郑。

1974 年 5 月 5 日　星期日（十四）

晚艾连鑫来，将《汉鲜于璜碑》复借与刘铁宝。

1974 年 5 月 6 日　星期一（十五）

晨汪同萱来，言与鲍琳将离婚。张中行来。下午与老伴看鲍瑛谈鲍琳事真相，在帅府园吃烤鸭。取夏承焘寄来书信。发复夏承焘信、致费在山信，皆挂号。

1974 年 5 月 7 日　星期二（十六）

鲍太太来，谈鲍琳与汪相萱离婚事。张光宇大夫来。

1974 年 5 月 8 日　星期三（十七）

晚李行百来。

1974 年 5 月 9 日　星期四（十八）

中午忽晕。下午孟宪章来，以毛公鼎片还之。晚老熊来略坐，廖增宝来。

1974 年 5 月 10 日　星期五（十九）

终日写字，腰疼但非关写字。

1974 年 5 月 11 日　星期六（廿日）

王湜华来，以拙书数页赠之。

1974 年 5 月 12 日　星期日（廿一日）

接夏承焘、费在山信。

1974 年 5 月 13 日　星期一（廿二）

刘松岩来。

1974 年 5 月 14 日　星期二（廿三）

收费在山信。以十元托王大夫送与刘博琴。

1974 年 5 月 15 日　星期三（廿四）

下午王靖宪来，晚与老伴、景荣、小悦同至动物园广东餐厅吃饭。接魏启后信。

1974 年 5 月 16 日　星期四（廿五）

发寄费在山信，寄去所求写各件。

1974 年 5 月 18 日　星期六（廿七）

上午袁翰青偕王奎克来，陈奇峰来，下午俞敏来，晚熊偕梁静莲来。

1974 年 5 月 19 日　星期日（廿八）

连日不适，不喜吃饭，仍是住院前现象，中午章家两舅爷来，在章家呆一天，以其友人字相示，问书法。

1974 年 5 月 20 日　星期一（廿九）

不适，上午周瑛来午饭后去。

1974 年 5 月 21 日　星期二（卅日）

不适，上午方南生、黄克来，以活页文选签嘱题。

1974 年 5 月 22 日　星期三（闰四月初一）

上午至赵元方家，送所求写册，中午李桂生来，费在山寄羽扇来。

1974 年 5 月 23 日　星期四（初二）

复费在山信。

1974 年 5 月 31 日　星期五（初十）

上午李桂生母子来，外文出版社吴、张二同志来送《鲁迅诗选》印本。下午糊窗。

1974 年 6 月 1 日　星期六（十一）

蔡超尘来，下午李爱冬来，晚饭时夏四来，不适，未吃午饭。

1974 年 6 月 2 日　星期日（十二）

上午陆宗达与其外孙来，刘启钓来，陈奇峰来以梨膏相赠。下午，何楚侯遣其婿来，以册跋属改字。

1974 年 6 月 3 日　星期一（十三）

写国际俱乐部大幅字，不好。连日不适，至诊所量血压，左 170/100，右 160/100，晚张述蕴来欲借《红楼梦》资料，今已全失，下午傅太太来。

1974 年 6 月 13 日　星期四（廿三）

晚韩瀚来，偕张国樑兄长。

1974 年 6 月 14 日　星期五（廿四）

终日未出门，亦无人来，发复吴晓铃信，接韩继东、徐邦达信。

5. 赴香港讲学

（1982 年 3 月—1982 年 4 月）

1982 年 3 月 3 日　星期三

晨 8：30 自首都机场起飞，经天津略停，1 时馀抵港。牟、常、马、许来接，到中文大学住雅礼宾馆，晚常约晚饭。作书寄小乘、学校。晤文学院长刘殿爵，客坐教授周策纵。常字恕斋。

1982 年 3 月 4 日　星期四

偕常宗豪访马临校长、郑德坤教授，同在外午餐。下午由许陪同买（棉）衣、手表、圆珠笔三枝，访马，同晚餐，偕许归。早餐时遇台籍教师有：侯健为台大文学院长，朱立民台大外文系，各谈各的，侯对叶有评。

1982 年 3 月 5 日　星期五

早常约，下午随许到港，晚赴牟宴，有罗、常、刘殿爵、费十一，诸人有不识者，菜极佳，山东之精华。

此日与翌日，因宿于港，未携此册，三日后追记，已不太清，脑力衰颓可见。集古斋彭可兆、胡佳堃。

1982 年 3 月 6 日　星期六

上午偕许、马拜王匡、祁峰。下午拜陈凡、潘际坰、陈鸣，晚宿许家。在集古看书，到大业看书，就庄善春医（5 日事）。

1982 年 3 月 7 日　星期日

上午与吴羊璧、曾君访李启严，看其藏品三件，文衡山小楷古诗十九首及陶诗数首最佳，古缘著录者，《黄庭经》有王弇州跋，塗笔作双勾，张猛龙碑平平。吴约午饭，旋归许家作书了中华各件，李侃送礼者。晚赴马子婚宴，宿许家。

晚同席有陈炽为某公司经理、吴羊璧之同事《书谱》编者曾荣光。

1982 年 3 月 8 日　星期一

上午偕许赴大公报，拜罗于办公室，旋随陈鸣到中华总商会，孙城曾约也，有廖安祥（有事先行）、牟诸公，饭后随常车归雅礼。晚饭在常家，谈讲演事，晚归雅礼。

晚与常谈关于语言之管见，常极相赞许，观其藏书画，午餐坐有曾宪梓，赠领带皮带，黄家马原为孙之秘书长。

1982 年 3 月 9 日　星期二

上午中午常请吃饭，一日在雅礼未出门，与黄君（青年）谈诗律，渠借书与予在宾馆读。

1982 年 3 月 10 日　星期三

上午偕常到乐宫，牟先在，午饭后到牟家，谈甚久，晚牟夫妇复在乐宫饭，饭后常来接，归雅礼。

1982 年 3 月 11 日　星期四

上午偕许到大业，张待午餐，下午看金尧如，吴羊璧，遇梁披云，到中华门市，再到大业，张复约晚餐，餐后归。早张丹来电求题课本。今日理发。

在大业买书甚多，日本印文与可作二件共二个，王石谷山水、温泉化度各一册，买玻璃小兔85元。

1982 年 3 月 12 日　星期五

上午在研究室写字数张，金陵书画轩索者，午常约劳斯同饭，劳为雅礼会之代表约茶会事，下午常偕小冯拉予同到香港买朱色、笔等，晚饭后归。买圆珠笔，塑料毛笔等，约数十元。

1982 年 3 月 13 日　星期六

上午偕许到金钟，至其家写字，晚其母至其家，稍不便，屋小，即寓其家。

1982 年 3 月 14 日　星期日

上午在许家写字，下午偕许在街上买玩具等，晚在其家画竹，马国权来同看画竹，晚住许家，配眼镜二付，约徐冠华来许家谈。

买猫狗画片，小兔打鼓、魔方共80余元，作书致小怀，问郑喆眼镜事。

1982 年 3 月 15 日　星期一

早归大学，看图书馆，见日本印、台印许多古书，拟函购，下午拟讲稿，晚常请客，在乐宫楼，有港大认之人及罗、陈、牟、饶。

晚饭时陈鸣带来孙城曾所送纸笔，陈代印名片。

1982 年 3 月 16 日　星期二

终日在校，午常约饭，晚冯帼兒约饭，有曾宪通，黄坤尧，接中华寄来拙著十册。

1982 年 3 月 17 日　星期三

上午为郑画册书联，发寄傅璇琮信，午后四时讲课，听者不少，讲一小时谈论半小时，晚常约诸人晚饭，接章景恩信。

1982 年 3 月 18 日　星期四

上午待研究生于研究室，昨所约，竟未至，午王俊铭来同午餐，同出至尖沙咀逛书店，又到王家，晚同小吃，常接回。

王殊怪，其外号曰假洋人，气味与人殊也，有洋奴处亦有吹牛处，何也？

1982 年 3 月 19 日　星期五

上午常约游海洋公园，看海狮鲸鱼之戏，午后归，已一时半。

晚中文系设宴在马会二桌，甚盛，同张双庆归许家。

1982 年 3 月 20 日　星期六

上午偕许到铜锣湾，晚住许家。

十时访陈鸣，同访廖安伯及陈先生（忘名），午廖约午饭，饭后在陈处休息，后同马出门，到马家题画后，李侠文约在陆羽茶社晚饭，饭后上太平山顶观夜景，坐缆车下，归宿许家。

李有二画，罗汉图甚古，不减宋，似北画作，南田松石临本。

1982 年 3 月 21 日　星期日

上午在许家，午许之父请客在北园，席甚盛，下午偕高、许买衣物，晚马在家约饭，题画，归宿许家。

1982 年 3 月 22 日　星期一

早偕许坐校车归校，午周炳辉、黄毅、王桂鸿同来约午饭（在雅雍山房），午后休息，晚写论书诗稿，睡较迟。

1982 年 3 月 23 日　星期二

上午起晚，十时馀到办公室题画，下午四时香港大公报陈凡、李侠文、潘际坰约晚饭，晚拟诗稿，接徐冠华信。

1982 年 3 月 24 日　星期三

上午在办公室写字，题萧立声画，午后小憩，三时四十分至讲堂，座已满，约百余人，四时讲至五时又提问至五时半，据云今日为听众最多者，晚郑德坤先生约饭。

1982 年 3 月 25 日　星期四

上午到办公室写字，中午苏、孙、黄约饭，下午写字，晚在刘殿爵家壁栏看书。接章景葵信。

1982 年 3 月 26 日　星期五

晚在新亚书院晚饭，其院长等请客，饭后请谈清人生活。

1982 年 3 月 27 日　星期六

上午写字，看郑德坤藏写经。

中午随许到其家，午后小息，李鹏翥来，共在朝鲜馆晚饭，饭后在许家谈字，写字。

1982 年 3 月 28 日　星期日

上午在许家，旋与李鹏翥同至陆羽晤汪孝博，坐有李、马、许，常后来，午后在文联庄买帖，随常车归，晚在常家晚饭，看其藏字画，准备明日讲稿。

1982 年 3 月 29 日　星期一

上午在研究室写字，下午在港大讲红学之管见，"我对红学研究之管见"。

晚港大请吃晚饭，接郑喆信，眼无散光，发寄王悦信。

1982 年 3 月 30 日　星期二

上午下午俱在宾馆写字，晚陈天机约晚饭，坐有一陈太太，自称旗人，万分恶劣。

1982 年 3 月 31 日　星期三

上午在办公室接见音乐系叶明媚，询书法也，午蒙君请午餐，下午略息，六时半到敏求精舍，利荣森请客，并看其藏品。

沈石田盒子会诗大字高卷，谢时臣图已失，文征明小楷落花诗，真迹。其他祝、王宠、董字册俱假，王铎卷亦假，黄某藏扇数十页俱伪，今日所看皆字。唐六如诗卷，罗氏曾印者。

1982 年 4 月 2 日　星期五

讲写字于艺术系，午晚俱在马会，收拾行李。

1982 年 4 月 3 日　星期六

上午与冯帼儿、周策纵谈诗，中午往美丽华，正午到。廖老在、有女士佘妙枝在。晚何厚堂请乐宫楼。

1982 年 4 月 4 日　星期日

中午马国权在家约饭，修眼镜。晚大公报宴，陈鸣约也，乐宫楼。下午陈鸣、刘锐生访问。

1982 年 4 月 5 日　星期一

中午佘妙枝约饭，有赵少昂、廖、商承祚自广州来预宴，晚新晚罗公约，乐宫楼，晚张贾（乐亲戚）来。

1982 年 4 月 6 日　星期二

中午刘绵庆约中华总商会，晚庄善春大夫约，北达。张应流送行，乐宫楼曲经理赠萝卜丝饼。

6. 洛 阳 行

（1982 年 7 月 19 日—7 月 21 日）

1982 年 7 月 19 日—20 日

下午八时半自京乘 121 次车往洛，经一夜，次日上午十时半抵洛。前站交涉不太利，彼误认为中日合拍，遂有传，刁难，今似已释。午后李渠同志交涉具体日程。

1982 年 7 月 21 日　星期三

上午七时馀乘车出发，先到偃师县缑山，看升仙太子碑，继看少林寺，照裴璀书碑、赵书福裕和尚碑、董书碑、王知敬书武后诗小碑、蔡京面壁之塔四字，余无可取。午饭（在登封县街上）后摄录像（少林只拍照片），继到中岳庙，灵庙碑用小屋锁起，剥落不堪，三阙俱关起不能看（各在一处，太宝阙在庙对面）。到洛阳已八时馀，街馆晚饭。

7．日 本 行

（1983 年 2 月 28 日—1983 年 3 月 27 日）

1983 年 2 月 28 日

上午八时起飞，十时至上海，机坏。待六小时，再飞，过二小时四十分抵成田机场，住赤坂东急饭店。

1983 年 3 月 1 日

上午到三越参加宇野雪村书业展，余为剪彩人之一（三人），酒会，余致词。各写一幅，余写十六字令：

"豪。五岳遥齐富士高。兄弟谊，晨夕海通潮"

下午访每日新闻，又至大使馆，见宋之光大使、蔡子民参赞、文迟参赞、徐肖民同志，发家信。

1983 年 3 月 2 日

上午睡觉，十一时到雪江堂，赠礼，推董老致词，雪江夫人请午饭，在日本馆，涮肉极嫩。下午逛地下街市，友协交来每人七千余日币（六十元所兑）。晚仍吃日本小馆，汤面甚鲜，彬弘赠小猫画册。上午雪江堂各赠提包一个，晚写色纸十页。（未完）

1983 年 3 月 3 日

上午参观中村不折旧居书道博物馆，午归。饭后稍憩即出，访日中友协，再到使馆，写字数张（余与黄同写，董老腹泻未去），大使请晚饭甚精，今日咳甚。

1983 年 3 月 4 日

中午森住和弘请吃朝鲜烧肉，下午四时馀赴宇野祝贺会，看大鼓。

1983 年 3 月 5 日

赴京都，转宝塚，宿岛家旅馆。

参观金阁寺（又名鹿苑寺）、天满宫（菅原道真故宅）。

1983 年 3 月 6 日

赴奈良，招提寺、东大寺（有鹿），菊水楼午餐，下午归东京，晚宇野饯行会。

1983 年 3 月 7 日

上午到街上买物，余买圆珠笔、衣料等。下午沈绮云来，谈甚久，晚野阪请客，余拉沈同吃饭。

1983 年 3 月 8 日

整日在饭店休息，咳嗽服彬弘送来之药颇佳，晚董、黄等自箱根归，晚吃三明治。有客来看董，即看同人。

1983 年 3 月 9 日

上午十一时自饭店搬到使馆别馆（董、黄等下午飞回），下午索尼公司阿部、毛利偕沈绮云来看，送果一筐。晚冷早入寝，丁武官偕夫人来，即卧见，丁夫人为量血压，甚正常。

1983 年 3 月 10 日

未出门，与张光佩同志谈（本馆教育处同志），晚饭前茶叶、陈彬藩来，送礼物求字，晚徐效民来。上午中村申夫来电话，约十二日午后同游。索尼约十四日下午宴会。发家信一，致李修生信一，由使馆带京发。

1983 年 3 月 12 日

下午中村申夫来。

1983 年 3 月 13 日

丁武官约看公园，遇雨一时归。晚八时与中林通电话。

1983 年 3 月 14 日

彬弘送纸来，索尼请晚饭。

1983 年 3 月 15 日

2 时，西武人来。

1983 年 3 月 16 日

大使同访，柳田来接。

6 时广东饭馆，5 时馀大使车来接。

1983 年 3 月 17 日

四时半西武来接，移住王子饭店。

1983 年 3 月 18 日

上午字展开幕，十一时中村申夫来，下午同到博物馆。1. 蔡若天；2. 西武代表；3. 宋之光；4. 启功讲话。

1983 年 3 月 19 日

下午会井来看字展。下午一时柳田看展，开幕时已来。

1983 年 3 月 20 日

东方书店请晚饭，游浅草寺，欲买小鼠，小王相赠。

1983 年 3 月 21 日

到使馆辞行。六时上条信山先生约晚饭，上条约写文纪念张廉卿。

1983 年 3 月 22 日

使馆张光珮同志约会访永保秋光先生，已辞。下午到大阪，住西武招待所。

1983 年 3 月 23 日

上午乘飞机到长崎。在谦早江山楼午饭，饭后游原子爆炸展览馆、孔庙、唐人馆，晤林其根。晚华侨总会请客，在长崎江山楼，宿于一旅馆。

1983 年 3 月 24 日

上午在旅馆休息，兰雪游公园，午到王家午饭（谦早）。下午乘飞机归大阪，仍住原旅馆。

1983 年 3 月 25 日

上午高槻西武书展开幕，午后在高槻，一时到高槻市长处拜访，写诗一条：为鉴云书风信帖，自携拙笔过瀛东。春迟未饱看花眼，遍地繁樱一萼红。

晚高槻市长宴会。

1983 年 3 月 26 日

上午到大阪市内一游。一时到伊藤东海先生家拜访，下午归，晚饭未吃，因中午吃饭过晚。

1983 年 3 月 27 日

整日到奈良游庙，下午归，晚宿旅馆。

8. 搬入小红楼后

（1984 年 2 月 25 日—3 月 27 日）

1984 年 2 月，自农历元宵节前夕，校医宋大夫诊视，谓余心脏病较剧，又不肯当面相告，以告邓魁英同志，邓转向校系党委反映，胡学赞、郭玉琇二同志来看，决定每日请研究生一人来家值班。

后稍佳，邓始见告，宋云主动脉如墙壁声，则距梗死不远。

宋大夫 25 日云，下周四五六间，找一日作心电图，是日下午牟小东陪郝诒、陆晏来，谢芳春同志偕萧仲圭来，晚柴剑虹送书来，晚极疲，未吃晚饭。以稿数篇交柴，投《学林漫录》。

1984 年 2 月 26 日　星期一

睡以医乏，究不如不过疲。为刘凌沧题捣练图卷，小字长跋。雷明馈救心丹。

1984 年 2 月 27 日

陈荣琚来，意为余值班，谢之。以汉简说明请陈代送与崔兴仁，发致刘凌沧、雷明二信。章正感冒，郑喆在家，晚史世奇来，袁行云来，章五妹、景恩来。

1984 年 2 月 28 日

早赵展来，求写书签。田南池来值班，下午田仍来，锺敬文来。以开会所作二绝句相示，钟少华晚送沈尹老诗集来。

今日郭玉琇路遇张景怀，问值班如何。

1984 年 2 月 29 日

今年闰年，二月多一日。早有曹小秀研究生来，替李军，李病。谢之使归。章五妹在此。拟"古典文学进修要求"计划。宋大夫来，看血压 160—80 馀，心脏亦好转，以值班事询之，同意取消。

下午将计划示（邓出门）与聂，同访仲，示以计划。

晚饭后龚兆吉来，谈古研所事。胡云复来送稿费140。重抄修改书法答问稿。

1984 年 3 月 1 日

早耿福荣来，告以可以不用值班了，旋去。

中午香港黄港生来快信，以《论书绝句》插图要求见告，付邮费八角，信封口已剪。上午下午无人来。抄稿。给苗子通电话，询蓝玉崧电话，云可能尚未自南方回。

晚赵鹏飞、崔月英同志夫妇来，询写字方法。

刘兴印师傅送柑子甚佳。

1984 年 3 月 2 日

终日剪贴、补抄答问旧稿。

下午九三李书来（于天池及社中另一干部同来），言明日民主党派展览招待记者，告以明日作心电图，不能出席。

接苗子信，录示赠聂翁打油诗，大康来函问病。

二日来心仍有发慌时。

1984 年 3 月 3 日（二月初一）

昨夜思及九年前今日老妻病逝，吟诗一首，汪然出涕，天明四时，始朦胧入睡。

九时馀起，将到校医院作心电图。郭慕启来取为题之画卷。川大骆女士来，忘其名，其人为佛教徒，来京访赵朴老，有所求。在川开会时，渠为研究生，今已留校。以我为佛教徒，而有同道之感，余深愧其误认也。下午柴偕刘新光来，同在实习餐厅晚餐。晚启骧来，袁行云一家来。

镜尘一首

凋零镜匣忍轻开，一闭何殊昨夕才。照我惭魂无赖住，念君英识几番来。绵绵青草回泉路，寸寸枯肠入酒杯。莫拂十年尘土厚，千重梦影此中埋。

夜阅龚定庵诗，庵忽想到题小红楼一联曰：

一生荡气回肠命，小住浮光掠影楼。

昔见赵扐未集龚句为联曰："别有狂言谢侪辈，但开风气不为师"，亦佳，以后可书之。

1984 年 3 月 4 日　星期日（初二）

终日未动，下午史世奇来，旋同出门，至北太平庄买电池、药、菜等。

1984 年 3 月 5 日　星期一（初三）

下午偕侯刚、胡云复、邓若翔同访虞愚，未遇，以吴检斋稿留请审阅，参观法源寺。夜找拍照书法插图资料，李一氓赠书，致函谢老。

1984 年 3 月 6 日　星期二（初四）

上午写字数幅，下午与侯、胡、周至图书馆拍照资料，晚侯、胡来看写字，傅熹年来，李凯、董明求写书签，柴来。

1984 年 3 月 7 日　星期三（初五）

早柴剑虹来，领宋陵文管处人求题宋陵字。午后侯、胡来，王宪达来，写证书。淙萧来，饭后去，写黑纸粉书。

1984 年 3 月 8 日　星期四（初六）

晨起近九时，薄松年偕松村茂树来。松村为美院研究生，因病将回国，来辞行。宋大夫来诊，血压 170—90，高于往日。

下午九三送条案，史世奇来，侯、胡拿黑纸上写的字交摄影。杨碧波来，晚饭后于秘来，安排桌案。

1984 年 3 月 9 日　星期五（初七）

上午修水暖管，宋大夫来，谈甚久。

午饭后睡，四时黄克、柴剑虹偕科影一人来，谈写书头，摄燕石雕刻事。

刘艺来谈对外友协办日本鸥亭展百首论书诗事，余请假，子纯来吃晚饭，晚王连启来，送托照之赵字天冠山（陕本）。接苗函，和余打油词。

1984 年 3 月 10 日　星期六（初八）

上午、下午史世奇来，欣赏朱竹画。中午胡云复来，以所摄白字黑纸照片相示，直是旧拓帖，极妙。晚宝鸡石油公司人偕刘锡庆来，谈振兴中华四字重写事。苗、罗等来，极无聊，迫写数条。

1984 年 3 月 11 日　星期日（初九）

上午九时偕章景怀带章正到章景荣家，在彼午饭，饭后睡 2 小时，下午五时徐同回。牟小东夫妇偕于永水、郑康来，郑送食品求写匾，牟带来邹霆送审稿费一百元。

1984 年 3 月 13 日　星期二（十一）

上午有宝鸡石化公司人来取字。东北聂某求题孙奇峰之女画。中华傅璇琮、许逸民来。

下午到系中将国库券款交王宪达（400）。

晚章景葵来，为其写字样。

1984 年 3 月 14 日　星期三（十二）

夜眠近日极差，晚饭后虽倦，睡一二小时即醒，必至晨四时始入睡，终日精神不振。中午胡云复来，以照片见示。

下午郭晋人来，偕其二楼王氏父子来，郭属写册页二幅。晚十时睡，一时馀醒，看书，五时复睡，九时馀起。

今日刘继卣追悼会，未能去。谢思纬送来《历史研究》。

1984 年 3 月 15 日　星期四（十三）

上午甚疲，写稿（聂、邓文集序）下午完成。

下午杨敏如偕于翠玲来。李桐华偕《殷都学刊》人求书签。杨碧波来，字有进步。

1984 年 3 月 17 日　星期六（十五）

谢辰生、郑广荣来，言将开始鉴定了。晚傅璇琮携其小女来。

1984 年 3 月 18 日　星期日（十六）

上午起甚迟，午后至政协礼堂开吴承仕百年纪念会。

章五妹，章景荣、景葵，王悦、惟，乐嘉来，同吃小餐厅。

1984 年 3 月 19 日　星期一（十七）

上午启源来，旋去。下午余筱尧偕钟俊、沈百昌来，言此次鉴定由钟主持编辑。晚傅熹年来。

1984 年 3 月 20 日　星期二（十八）

上午大风，写字，补充印本材料，下午看书亦无人来。

晚邓魁英来改序言，聂菊孙来，谈吴检斋稿事，夜睡不着。

1984 年 3 月 21 日　星期三（十九）

上午本定鉴定组开会，车未来，下午郭晋人来，已买月票乘电车，送之到北太平庄上车。

晚谢稚柳、谢辰生、刘九庵、王南访、庄嘉怡、陈治安、董彦明、劳继雄同来。侯、胡来八客即去。

上午周绍良、黄炳章同来，送印光文抄等，牟小东所要。但只有馆藏旧书，并无存书赠人者乃罢。周携来千手眼观音像稿征求意见，适壁悬敦煌画影片，即

317

此稿，相印证，极巧合。黄以弘一大师永怀录见借。

1984 年 3 月 22 日　星期四（廿日）

上午整理研究生作业，近午 11 时馀郑广荣来接，到"一招"午饭，饭后小憩。下午开会讨论鉴定小组事，晚饭后归。鲍瑛、鲍琳夫妇各一对来，张铁英来。

1984 年 3 月 23 日　星期五（廿一日）

上午到政协礼堂开常委会，午后聂菊孙、侯刚、胡云复同志来，谈吴检斋遗稿事，晚中国艺苑王峰，于全瑛（经理，女）来相看，携羊肉片等相赠。偕《人民日报》秘书长徐同志来，嘱写年历封面。

上午神剑派人来相看，送食品。史林峰同志来看，俱因开会未遇。

1984 年 3 月 24 日　星期六（廿二日）

上午政协常委会，午后有电影未看。下午感奇冷，仍是感冒，柴剑虹来，留吃涮羊肉。晚九时馀即倦极，遂睡。凌晨三时即醒，不能再睡。

1984 年 3 月 25 日　星期日（廿三日）

下午到东风市场，在湘蜀小餐厅吃饭，章景怀三人又小惟。买书二种。

1984 年 3 月 26 日　星期一（廿四日）

上午到历博，看书画，今年首次。

下午在主楼开会，讨论吴检斋遗稿事。

1984 年 3 月 27 日　星期二（廿五日）

上午到九三看录像，《第三次浪潮》，停电，改放钱学森讲话录音，谈产业革命问题。下午陈英金岚夫妇同来看视，自去年病中来后，闻余病谢绝探视，故未来。董寿平、汪锋继来，谈甚久，汪为其子补修夜大事，嘱代询。晚刘永泰、张猛来，询张猛何以无试卷，答之导师许嘉璐不令作。欲补作，答以服从其导师。

9. 京西宾馆

（1984 年 7 月 21 日—7 月 26 日）

1984 年 7 月 21 日　星期六

下午三时和爱君来接，住进宾馆，拟先拜访几位领导（王副局长、张政委、钟政委、张科长）俱有公事。近五时，张、钟二位来房间看望，六时约晚餐，只四人，甚佳。

洗澡，睡甚晚，接到李鹏蠹信，又接《唐代文学年鉴》。

1984 年 7 月 22 日　星期日

每日上午七时半，中午 11 时半，下午 6 时，俱在十三楼吃饭。

上午早餐后王、钟来谈，颇久。旋写稿（学校出版字册序），晚饭后写毕共约 1700 字。

1984 年 7 月 23 日　星期一

与牟小东、沈锡麟通电话，知兰亭已送到李老处。写稿约二千馀字。发于思老之唁电。

1984 年 7 月 24 日　星期二

上午写稿，不多。下午看马四，自上星期六动手术后经过尚好，但已扩散，肝上已有五六小点，人生不过如此！到家取政协提案附签之件（钱昌照为保护文物之呼吁），又报名参观北京农业。新疆一行不能去了，以鉴定文物工作冲突只得请假了。

1984 年 7 月 25 日　星期三（六月廿七）

上午改稿，倦卧。吴志达政委来，约同午餐。

午后小憩后写稿，思路甚顺。

傍晚九三请祁龙威，在十三楼吃饭。赵、牟先来，在此坐移时，旋即金开诚来，即同至餐厅入座。夜起写董寿平画展前言。

饭后甚倦，十二时馀复起记此，睡不着，入睡已四时后。

1984 年 7 月 26 日　星期四（廿八）

上午早餐后即睡，傍午不能吃饭，要素菜一小碗，馒头一个，又睡至三时起，吃馒头素菜，晚吃饭照常，此老毛病也。

景怀车已买到。

发信三封，一致杨仁恺，一致董寿平（寄稿去），一致金开诚。刘琨来电话，告以谢、范事。

10. 一九八五年日记

1985 年 11 月 26 日　星期二

谢辰生、高履芳来，谈到上海鉴定事，拟于一月份鉴事期去。发寄出信：复李鹏翥，寄出《书法作品选》三册（李鹏翥、许礼平、饶宗颐）。复苏庚春（附韩退之遗墨碑写本及照片）。接电话，新华社误称朱启功。晚心慌、失眠，晨七时后入睡。

1985 年 11 月 27 日　星期三

西苑饭店舒栋送宣纸二刀，万光治之姐、谷谿等来。午未睡；晚睡约九时，次晨七时起，夜醒三个小时，晨血压高。

1985 年 11 月 28 日　星期四

终日在家，下午到邮局取汇款 30 元，到主楼前看二亭。范用公来，还摄影插图资料，适出未遇。晚侯、胡来，送印本拙书选及日历等，夜睡少。

作书致香港杨裕平，言机票事。

1985 年 11 月 29 日　星期日

晨 11 时起，昨夜未眠，五时睡。洪钧匋、孟宪章来，分校孙珏偕河北大学女校长来，约往讲课，拖之。午偕洪吃小餐厅。午后《人民日报》许静来送月历并稿费百元，魏九如大夫来求字。自 26 日即不快，夜梦多，梦先慈、先妻、马四，知必病，每梦先亲愈真则病愈厉害，不可不记之。

连日读孙子（楷弟）书《沧洲后集》，字字读过，此君真学者也。

1985 年 11 月 30 日　星期六

昨夜睡稍可约四小时，晨郑喆赴校出版社谈其工作可在社（所晤为武静寰、胡云复）。李修生来，以所注《张春法书》来嘱复看。下午《中国轻工业报》来嘱写一版面刊头，谢之。王宪达来送挂号信，晚曹文翰、吴万刚夫妇来。

1985 年 12 月 1 日　星期日

昨夜睡四小时馀，晨六时半起。欲上北大不果，车太挤。买自选市场羊肉回，吃涮肉，晚未吃饭，陈莉莉来求字二幅，赵荫偶来，送水仙数头，夜睡三截尚足。

1985 年 12 月 2 日　星期一

早看李修生注释稿，李来看完携走。长春市文化局王永才来，送补药、求写字。下午写谷牧同志扇，未睡着，到聂家送赵求题签。到新街口复印稿子（《读艺集》、《金禹民印集序》）。挤车甚疲，晚饭后近八时即睡，晨一时半醒，醒来心慌。

1985 年 12 月 3 日　星期二

上午看李修生稿。下午求书者纷然。

夜三时馀起床写复谷信，下午画谷扇，书画小色纸二片，赠范用。

1985 年 12 月 4 日　星期三

上午偕张巨才到三联，告范用香港中心寄来机票价事，约范明日在咸亨午饭，电约苗、邕同去。

午后求字者纷来，小东奉许老命，写字二张。

将扇、信送与谢辰生转。

1985 年 12 月 5 日　星期四

谢辰生来电话，见到昨信等。午饭不能进，饮啤酒一瓶而已。写字若干张，为小餐厅写数件。

午听电告文艺之窗，王蒙之《风格散记》白话诗品，颇有精义，拟询之。

1985 年 12 月 6 日　星期五

3 时馀起，写致上海等信，写十六字令猫词。午到咸亨酒店请客，范用、黄苗、王邕、袁荃、牟小、张巨、司机二人。

据云李尚志介绍牟小东作画，亦不能顾也。

马春气功师来，略谈（到楼下杨家）。

1985 年 12 月 8 日　星期日

下午，往看夏衍同志，因其车误会时间，五时半始到北大医院。遂到同和居，王仪生一家，葵、乐嘉、章景怀一家，菜极佳，只算 70 元。

1985 年 12 月 9 日　星期一

写学校歌咏队礼品，誊改二李集序。

上午到故宫看澳门捐来之画。

1985 年 12 月 10 日　星期二

上午继看画，看枯松图、对印章真。看王晋卿词（蝶恋花），卷后苏、黄、蔡跋，蔡草书款只一襄字，可疑。又看赵书五律绢本幅影片，真，半疑赵无大书幅，此却真。

下午写字，李永悌来。夜睡甚好。

11. 烟 台 游

(1985 年 7 月 29 日—1985 年 8 月 2 日)

1985 年 7 月 29 日

晚十时乘车赴北京站，十二时半入站，上车，一时开，赴烟台。章景荣、景葵、郑喆、王悦、王维、章正、宋佳同往。

1985 年 7 月 30 日

下午七时到烟台。市委接，寓东山宾馆。

1985 年 7 月 31 日

上午上街，观市容、游百货店，下午景荣等游泳，晚黄市长来。

1985 年 8 月 1 日

上午参观博物馆（引起麻烦）。下午睡觉，城建李书记夫妇来。

1985 年 8 月 2 日

上午王秘书长陪游玉皇顶、小蓬莱阁及烟台岛本岛，路过齐鲁书社买书，晚饭后即睡，三个小时又起。张处长归。

12. 赴上海鉴定书画

（1986 年 4 月 18 日—1986 年 6 月 14 日）

1986 年 4 月 18 日

葛鸿祯等来，为饭店求字，拒之。邓大姐接见日本政治书团。

1986 年 4 月 19 日

文改会坐谈，书协讲演。杨乃骥来。日本书展开幕。

1986 年 4 月 20 日

有不识者电话、拒之。夜眠差，梦先慈。

1986 年 4 月 21 日

上午张应流约午饭，谢之，肚不佳也。午后翟（印堂）介绍去制衣，黄胄拉赴北京饭店，招待马临等。夜焚楮。

1986 年 4 月 22 日

夜泻肚，上午宋大夫来。叶嘉莹来校公宴，辞之。午后教委人来求书画，叶来。终日人来不断，晚睡尚好，心情不佳。

1986 年 4 月 24 日

上午浙江美院王冬龄带九名外国留学生来访，在主楼会面，下午山东政协王轩来求题摩崖拓本。

四时应小东约为张秀年夫人之公司写字，请在京伦饭店晚饭。吉林王永才来送所欠润金。

1986 年 4 月 25 日

上午为教委画礼品四幅，写字五幅。下午邹县人来，取峰山刻石题字，陆续有人来为书题词。晚为气功师的某写字，新华社杨朝岭，看访问稿。

1986 年 4 月 26 日

上午吴小如来，为其尊人题展览标识。陈荣玲来，写书签。不识之教师求写校牌。午在实习餐厅吃饭（葵、嘉、怀、喆、正，遇张巨才父女），午后邓散木夫人来，求写纪念馆标识，那启贤求写字（未及写）。晚与王大夫一家和怀、葵等共十人在同和居晚饭，晚陶来代人求字。

1986 年 4 月 27 日

下午到钓鱼台试所制衣（怀同去试），晚王明明父子偕一新加坡人来，看王字照片。

1986 年 4 月 28 日

上午二时起床写稿（恩师），写字数件（同和居的）。下午将字照片 30 件，画照片 4 件交穆杨。4：30 往机场，6：20 飞往上海（迟起一小时），住在上海音乐研究所（与小东），遇音研所田青。

1986 年 4 月 29 日

上午等待安排，午间到延安饭店，我住原房间，小东另间。午后（三时）到蔡家，看蔡老手稿，留晚饭，极疲劳。九时馀睡。午饭后方行拉我与出版单位共看贞石图，此书算了结了，再写一书签（第二种）。

1986 年 4 月 30 日

上午看蔡稿。

1986 年 5 月 1 日

上午看蔡稿。

1986 年 5 月 2 日

上午到蔡家看稿，午间归午饭。下午上海人美召为《艺苑掇英》座谈。

1986 年 5 月 3 日

上午看蔡稿，定方案，看毕。午间书画出版社岑久发来，告以经过，渠云今晨信来，文物局已允其请矣。下午看朵云轩数件藏品。晚方行来，以印本松江急就为赠，索王等论照片。王祖骥等来。

1986 年 5 月 4 日　夏季时间

自今日改夏季时间，晨 4：30 起，上午写稿（掇英记《灵飞》四十三行），下午脱稿交杨转。晚饭高景仰携酒菜来宾馆共餐。王了一逝世，发唁电。寄景怀等一函，告以归日。

1986 年 5 月 5 日

上午九时到圆明讲堂，继到龙华寺，牟与明旸会晤也，午在龙华受宴。午归过方行家，上楼略坐。午后睡二时馀，王运天来共晚饭。晚韩天衡来，求题印拓。蔡建国偕向虔来，张树年（菊生先生子）来求题签。

1986 年 5 月 6 日

上午与牟、郑广荣同游静安寺。午后到九三听牟讲社史。五时馀到蔡家，请晚饭也，吃至九时，未及席终而散，盖"疲劳轰炸"式也，归饭店已近九时半。上博马、汪诸公来，先去未晤。沈令昕来坐颇久，赠石印一方，自刻者。傅熹年昨晚来，今晨晤。

1986 年 5 月 7 日

上午 7 时 50 分乘飞机回京。55 分起飞，9:40 到，到家近十一时，午饭后小憩。下午 2:30 到主楼开模糊数学讨论会，王培庄与钱学森发起。晚睡较早，八时馀即卧。

1986 年 5 月 9 日

上午十时到八宝山与崔兴仁遗体告别，再到历史博物馆看于右任书展。开幕式已过，拉为题字，即为题五言古诗八句，归途在厂桥五洲餐厅午饭，偕周敬岐。下午未出门。

1986 年 5 月 10 日

右脚拇指痛。

1986 年 5 月 11 日

下午请俞、沈、牟、姜于同和居，归走路困难，右脚拇指病甚苦。晚牟小东夫妇来。葛信益之子送景泰蓝瓶，写牌匾之报酬，即赠小东作礼品。

1986 年 5 月 12 日

上午写字五条。下午刘永泰、谢思玮来，为彼写字四条。晚饭时，小李来，求写字三幅。牟、姜来。右手拇指染上脚气，涂药水，彻夜疼痛。上午为郭良玉、聂石樵送所写字。

1986 年 5 月 13 日

晨起手、脚指俱痛，不能执笔。晨起旋复睡，梦先慈甚清楚，在院内指示彗星。下午到主楼送肖兴华求写的字，访俞敏。明日下午同到八宝山吊王力。晚山东鲁萍来，手指略好。

1986 年 5 月 14 日

上午柴剑虹来，午饭后去。下午到八宝山与王了一遗体告别。

1986 年 5 月 15 日

上午到中日友好医院检查身体。胆有结石一块，约五毫米，馀有碎碴。心电图见不出，供血不足。肺部有不清处，明日到北大照 CT（宋大夫、章景荣同去）。下午晚俱有人来，甚疲。马樟根见告拙文有误处，乃黄永年所告者。

1986 年 5 月 16 日

上午到北医，章景荣为约照 CT，约四十分钟，近午归。午后照快像。

1986 年 5 月 17 日

上午李娜（承古斋）急求写字，为勉写之。下午《气功》杂志人来照像。取快像。刘克欣来。

1986 年 5 月 18 日

上午到自选市场买物。柴剑虹夫妇来，午饭后去。下午疲困，睡两次。晚景葵来，晚饭吃面条多，夜胃堵。北医嘱留痰，肺旧病灶复活，九三宴客辞之，以肺故也。

1986 年 5 月 25 日

下午李修生、宋大夫、张巨才、郑喆同到艺苑，见张宝胜。

1986 年 5 月 26 日

下午张宝胜为治疗，王大夫、李修生、郑喆同去。

1986 年 5 月 27 日

下午张宝胜为治疗，章景怀、郑喆同去。

1986 年 5 月 28 日

中午到艺苑，张宝胜为治疗，饭后归。

1986 年 5 月 29 日

上午华孟实来，洪钧匋来。午后三时到艺苑，张宝胜以接母不来，晚饭后归，极疲。羿良忠、官旸来，即睡。

1986 年 5 月 30 日

中午张宝胜来，施术后旋去。午后甚疲即睡，终日睡醒失序。

1986 年 5 月 31 日

上午新加坡潘受先生偕代表团长等来访，沈鹏、刘艺同来，即请假。开幕、宴会皆不去了。

下午刘志欣来，求题年历封面等。

1986 年 6 月 1 日

未施术疗。

1986 年 6 月 3 日

下午到日坛，在"雅居"术疗，晚饭后归。

1986 年 6 月 4 日

今日张有事不术疗。下午钓鱼台约去试衣，饭后归。约七日请潘受。

1986 年 6 月 5 日

晨三时起，作马家功十分钟。写字，谢稺来求字，王振稼来谈养病谢客法。午后回访潘受，到日坛术疗。约五时到琉璃厂买书，在孔膳堂吃饭，饭后归。陈荣琚、苏士澍、王仪生夫妇、雅纸厂人、万光治之姊来，旋即睡，约九时。

1986 年 6 月 6 日

晨三时起，作马家功，不到 20 分。中午到钓鱼台请潘受也。下午到艺苑术疗。

1986 年 6 月 7 日

晨作马家功，中午王振稼副校长来谈减轻负担事，下午到艺苑术疗。

1986 年 6 月 8 日

中夜未睡，晨夕后睡。午后到艺苑术疗，取出结石二小块，如火柴头而略小。写翁独健挽联等。自 5 月 26 日起张作术疗，至今日已十四日，中有三日未疗，始取出整块二石，至慎也。

1986 年 6 月 10 日

发信二封，一致上海书画出版社沈培方，寄去履历，一复徐文薇。

1986 年 6 月 12 日

下午张宝胜，送他酒十瓶。

1986 年 6 月 13 日

上午宋大夫偕三院等大夫来，约星期一赵大夫来。下午张宝胜来。接傅熹年信。

1986 年 6 月 14 日

上午连劭名来，下午陈奇峰来求题字，五时馀张宝胜术疗，侯刚、胡云复来。杨伯峻索书及王仲荦挽联，俱托连交李解民。

13. 兰亭笔会

（1987 年 4 月 7 日—4 月 30 日）

1987 年 4 月 7 日

午飞抵杭，住北山路新新饭店 102。

1987 年 4 月 8 日

省接待处招宴，华山宾馆写字。

1987 年 4 月 9 日

上午在杭州饭店开中日书法讨论会，下午到绍兴。

1987 年 4 月 10 日

上午在兰亭开笔会，继作曲水流觞之会，午酒会。

1987 年 4 月 11 日

上午回杭。

1987 年 4 月 16 日

晴天，略回暖。写复王景芬信，寄叶东海信，寄鲍琳信，给家打长途电话。今早晨血压 160/100。

1987 年 4 月 23 日

午睡欲醒时梦慈亲与先妻，忽痛哭，听枕前大声坠下，遂醒。以为收音机坠地，再看机在枕边，而壁上所挂镜框坠下砸扁灯罩，镜框插入床头桌下，玻璃未破，不知是何解也。

1987 年 4 月 26 日

忽右脚拇指痛，行动甚艰。

1987 年 4 月 30 日

一时自杭飞还京。

14. 赴香港筹备励耘奖学金义卖展

（1990 年 5 月 31 日—1990 年 6 月 9 日）

1990 年 5 月 31 日　星期四

上午 9 时 10 分起飞，12 时 20 分到港，住美丽华酒店，10 楼豪华间。午后睡，四时馀访荣智健，展览渠全负责。晚饭后九时给王宁世通电，告以荣事。十时睡，今日甚疲。

香港无夏时，表拨回一小时，

1990 年 6 月 1 日　星期五

上午与马通电话，马约午饭，谈甚洽。渠同意荣办，渠支持并宣传，晚与王、钟、安、郑同饭。

1990 年 6 月 2 日　星期六

上午钟来，偕往其店，其家。过大业（书店），张未到，店友不相识。在上环试衣不合适，饭后归，甚疲。

睡后黄亚蒙来，求为齐画、黄画题跋，未题，以无笔。晚荣宝全体自黄毅以下请晚餐，归甚晚。

有蔡豪杰者电话约饭，谓与国货经理黄同请，婉谢之。

1990 年 6 月 3 日　星期日

早张、周二女士，其戚顾君来。谈展事，彼仍无谱，设法留退路（谓待校方复之），彼求写礼品二件。

自在湄江午饭，买袖扣领带卡，睡甚久，五时起床。

早起为刘嘉福题画册，诗二首、签一，午交安。晚荣宝全体在"顶好"设宴。

1990 年 6 月 4 日　星期一

上午为荣宝题齐画《一帆风顺图》，中午与王桂鸿、王大山、孙日晓同午饭。见赵扨未扇面十二页，极佳。

晚，安约游艇上吃饭，有北京市派出人员经营企业者。

1990 年 6 月 5 日　星期二

上午五时起，写字，为张培薇写二大幅字，又写四大幅（王云忡要）。

十时许礼平来接，先至其家，给台静老通电话，与王静芝通电话，与苗子通电话，俱很好，台病甚重。

午，许约午饭，有刘作筹、马国权、金尧如。午归未睡，王、钟来，安来。赴杜夫人（赵先生之夫人）之约，在游艇上晚饭，十时馀归。有廖某来电话，不识，自云在广州曾见。

1990 年 6 月 6 日　星期三

上午，偕钟往鲗鱼涌看陈万雄，谈《论书百绝》，《汉语现象论集》，并介绍袁行云稿事。辞出往中环访董秀玉未见着，渠接东北三省书展代表团。在中环午饭，归旅馆休息。

三时半，与王大山偕安、郑及荣宝斋伍，到李胥之丽辉金店，三女士买饰物，李赠余、王各一领带卡。

钟领余看黄医生，血压 140—80？（忘）。约明早作心电图、验血脂。

黄约晚饭于天天酒楼，吃海鲜，极佳。

归甚疲，睡亦稳。

今日陈万雄谈余之韵语，虽有礼貌性之夸奖，却亦道着实际。谓五四以来，以所提倡之语言为诗文，但诗仍停于两极：旧体的人仍不懂，新体的人亦不懂，且脱离民族语言，不能上口背诵。谓余此作，开辟新路径，解决语言入诗的问题。此类评论，在京亦同，两三次矣。昔于思老谓余谐语诗，云你们莫看启功此作（不合传统）可笑，"将来不定谁对呢"，亦预言有见者。今日自问，亦纯属偶然，原来并无远见如何如何。曾国藩云"不行书，信运气。"学术何独不然！

1990 年 6 月 7 日　星期四

上午验血、尿、透视，心电。

在小馆午饭，归午睡不足。

下午与罗章明、王大山、郑喆同到国货公司，看其副总经理黄文照，略买小物。

晚杨永德请晚饭。

1990 年 6 月 8 日　星期五

上午偕钟往中环，看集古彭可兆，彭请陪同午餐，餐后看大业公司，与张应流谈笑多时，看印本大千《长江万里图》。

连日马延强打来电话，余不在家，回电，又不遇。上午张小姐、顾彦丹来，赠写字酬礼，晚霍宗杰请吃鱼翅。

1990 年 6 月 9 日　星期六

上午未出门，写字了债。宿债方清，立添新债。作诗八首题齐册，又一首题李可染白描仕女。

午在本酒店三楼与郑喆午餐，下午叶焕君来以夹克雨伞等相赠。五时馀，钟偕黄德彬来，黄约在鲤鱼门吃海鲜，求写匾，八时半归，算甚早矣。

马又来电，复电亦不遇，此第四次相左矣。